思考・論理・分析

「正しく考え、正しく分かること」の理論と実践

波頭 亮 *Hatoh Ryo*

産業能率大学出版部

はじめに

近年、論理的思考力に対する関心は、ますます高まってきている。

学校教育においては、ただ知識を詰め込むだけの勉強では不十分で、自分でものを考える力を養成することこそが大切だという考え方が主流になってきている。また、ビジネスの分野においても経験と人間関係に頼って仕事ができる時代は終わった。適切な情報に基づいて論理的に分析し、合理的に行動しなければ成果にはつながらないというのは、もはや常識である。

その証拠に、学校教育においては暗記中心の学習を減らして自分で考えることの演習を増やす方向でカリキュラムの改定が進んでいるし、書店に行けば論理的思考に関する本がビジネス書のコーナーの一角を占めて多数並んでいる。また、ＭＥＣＥとかピラミッドストラクチャーといった論理の専門用語が一般のビジネスマンから聞かれることも珍しくなくなった。

こうした論理的思考力重視の傾向は、まさに時代の要請である。

かつて高度経済成長の時代、すなわち先進欧米諸国というキャッチアップすべき対象が存在した時代には、その先進国が先に開発した知的資産を早急に吸収して模倣、活用することが効率的であった。あれこれ自ら試行錯誤したり他者とは違う新しい別の解答を探るよりも、先人によって正しいと検証されたパターンと知識を知って覚えることが合理的であった。

このような環境の中で、わが国の学習の方法論が成立したのである。類型化されたパターンの問題を大量にこなし、先生から与えられる答えと解法を徹底的に覚えていく。数学の定理の証明すら証明プロセスの論理展開の意味を理解しないで、一行一句暗記してしまうというようなやり方まで行われた。

その結果、正しいとされる既存の答えが一つだけ決まっている状況の中では、たいへん効率的な成長が可能になった。日本人は正しい知識を大量に身につけた人材となり、日本企業はどの国の企業よりも効率的にオペレーションを行えるようになったのである。

しかし、既存の知識を大量に取得して覚えた知識の中から答えを探すというやり方しか身についていない者は、確実に正しいとされる答えが存在しない状況になると途端に失速する。これが、学術的にも経済的にも完全に世界水準にキャッチアップし終わった九〇年代の日本の状態だったのである。

キャッチアップし終わって模倣する対象が消失し、何をすべきか、どうやるべきか、という目標設定と方法論の開発が必要になった途端に、かつてあれほど優秀であった日本人と日本企業が失速してしまったのである。欠けていたのは、自ら考えて、独自の答えを自分で創り出す能力。そしてこの能力の最も基礎を成すのが、論理的思考力なのである。

時代はあたかもコンピュータ技術の発達に伴って、百科事典と同様のデータと知識がほんの小さな一枚のディスクに収蔵されてしまうIT時代である。知識を覚えることに偏重した能力開発は、この意味からもはや合理的ではない。コンピュータや記憶媒体では不可能な頭脳作業こそ、これからの人材に求められる能力なのである。

こうした背景を踏まえると、論理的思考に対する関心が社会的に高まり、書店のコーナーに論理的思考に関する本が多数並ぶという現象は必然的であり望ましいことだと感じている。

ただし、残念な点もある。それは現在数多く存在する論理的思考の解説書のほとんどが、論理的思考のテクニックとフォーマットを紹介したハウツウ本にとどまっている点である。論理的思考プロセスをフォーマット化して、各人が指導要領に従ってフォーマットを埋めていけば論理的思考的な手順を踏めるというようなマニュアル本になっているのである。

これでは本当の論理的思考力を習得するのは難しい。なぜなら、マニュアルに基づいてフォーマットを埋める行為とオリジナルの思考とは、本質的に正反対の性質のものだからである。

では、どうすれば本当の意味においての人間の基礎的能力としての論理的思考力を習得することができるのか。

それは、「思考」の力を強化することに尽きる。本書は、この点を特に意識して構成してある。

まず、論理的思考を「思考」と「論理」とに分けて解説した。つまり〝考える〟ということをきちんと理解し習得した上で〝論理的に〟考えることができるようになれば、それが〝論理的思考〟であるというアプローチである。

第Ⅰ章で、そもそも「思考」とは何か、言い換えるなら、「ものを考える」という頭脳作業は何をしていることなのかについて可能な限り平易に解説した。また、〝正しく〟考えるためのいくつかのコツや勘所についても、「ディメンジョン」、「クライテリア」などのキーワードを用いて身につけやすいように説明、紹介した。

この第Ⅰ章は、「論理的思考」を習得する上での原論であり、第Ⅱ章の「論理」や第Ⅲ章の「分析」を学ぶためのインフラとなるパートである。

第Ⅱ章では、第Ⅰ章で説明した「思考」が論理的になされるために必要な技法として「論理」の解説を行った。「論理」とは何か。論理的であるとはどういうことなのか。論理を構築するための技術はどういうものなのか、等々についての解説と紹介である。

ここでは〝論理的である〟ということを扱う場合に、論理学の学術書が扱うような意味においての〝論理学的に論理的〟であることと、〝現実的な意味で論理的である〟ことのギャップにも十分配慮した。ロジカルでありながら、十分に実用性のある解説を試みたつもりである。

そして第Ⅲ章では、「思考」と「論理」の実践である「分析」について説明した。論理的思考が要求される最も現実的な行為である「分析」作業において、何をどのように行えば最も効率的に十分正しい答えを得られるのかという「合理的分析プロセス」の具体的作業と有用なテクニックについて解説した。

以上のように、本書は論理的思考という大テーマに真正面から取り組み、「思考」の原論、方法論としての「論理」、そして「分析」のテクニックという三部構成によって、体系的構造的でありながらかつ平易で実践的な解説が行えたと自負している。是非第I章から順に精読して頂きたい。

論理的に思考する力が強化されると、それまでよく分からなかった複雑な状況がすっきりとシンプルに理解できるようになったり、なぜ今よく分からないのか、あるいは分かるようになるためには何が判明すればよいのかということが自分自身で納得して分かるようになる。多少大袈裟な表現ではあるが、〝見える景色が変わる〟ようになる。

読者の方々が論理的思考の能力を習得し、仕事や生活における行動がより合理的になるだけでなく、そうした感動を味わって頂けるための一助となれば幸甚である。

「思考・論理・分析」もくじ

第Ⅰ章 思考

論理的思考は、「論理」と「思考」に分けて学ぶことができる。思考することの本質と方法論を理解し、そしてそれを論理的に行えば論理的思考が可能になる。

第Ⅰ章では、「思考」そのものについて解説する。思考とは一体どのような行為なのか。思考することによって、われわれは何を得ることができるのか。さらには、思考という頭脳作業はどのようなプロセスとメカニズムになっているのか。そして正しく思考するためには、どのような点に留意しなければならないのか。

これら思考のしくみと要件について体系的にかつもちろんロジカルに、そして可能な限り平易に説明してある。この第Ⅰ章で扱う「思考」は、論理的思考のインフラであり、本書の構成の中で原論を成すものである。論理的思考をマニュアルとして覚え込むのではなく、本当の思考能力を習得するためには是非確実な理解を得て頂きたい。

I・1　思考とは

1 思考の定義

思考とは、端的に定義するならば、「思考者が思考対象に関して何らかの意味合い《メッセージ》を得るために頭の中で情報と知識を加工すること」である。

具体例を用いて説明してみよう。

例えば、いつもどおり家路を辿っていたとしよう。と、突然目の前に不気味な物体が現れた。それは「低い唸り声を上げている、黒い毛に覆われた、軽自動車ほどもある大きな生き物」だった。さて、この予期せぬ事態に遭遇したらどうするだろう。おそらく条件反射的に、

「これは何だろう?」とか、

「なぜこんなものがここにいるのだろう?」とか、

「自分はどういう行動をとるべきか?」等々、

さまざまな思いが頭に浮かぶはずである。そしてこれらの「?」への答え《メッセージ》を求めるために、頭の

「思考」とは

「思考」とは：思考対象に関して何らかの意味合いを得るために、頭の中で情報と知識を加工すること

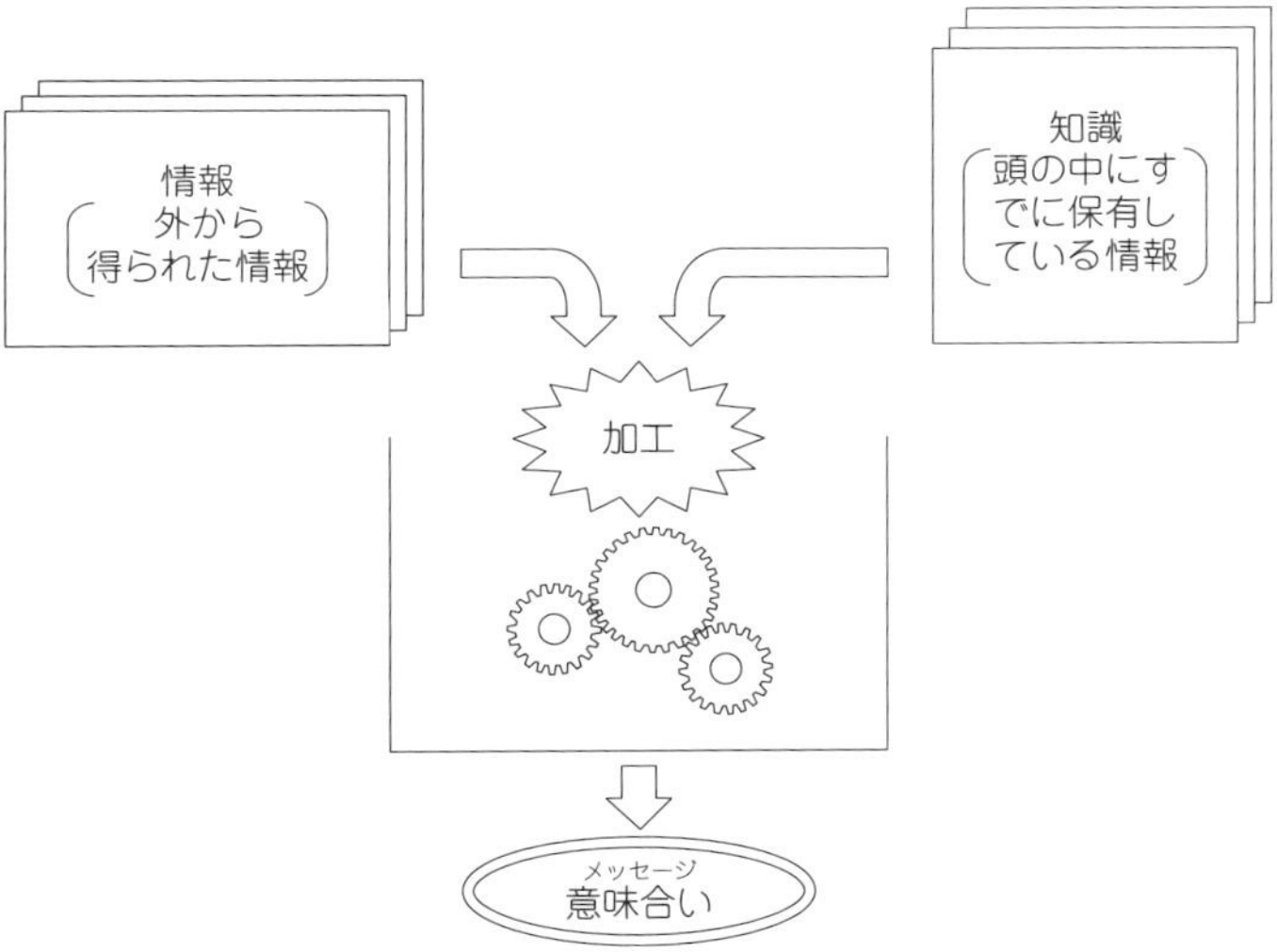

中で行われる頭脳の作業が「思考」である。

この例でいうならば、突然出くわした目の前の生き物の特徴を整理するところからスタートするはずである。

具体的には、

①低い唸り声を上げている
②黒い毛に覆われている
③軽自動車ほどもある大きさである。

次に、自分の頭の中にある知識と照らし合わせて、①～③の特徴を満たすものを想起しようとする。そしてもし①～③の特徴を満たすものが見つかれば、

それが「これは何だろう？」という問いへの答え《メッセージ》となる。

この頭の中で行われる特徴の整理、特徴が合致するものの想起と特定という一連のプロセスが「思考」なのである。

例を続けよう。例えば、この例で①〜③を満たすものが「ヒグマ」だったと仮定する。すると今度は、ヒグマについて自分の知識の中にある属性について想起することになる。

例えば、

ⓐ大型の哺乳類で雑食性
ⓑ北海道に生息し、冬眠する
ⓒ性質は獰猛《どうもう》で人間を襲うこともある

そして自分の知識の中から集めたこれらの情報を念頭に置いて、「自分はどう

思考の事例

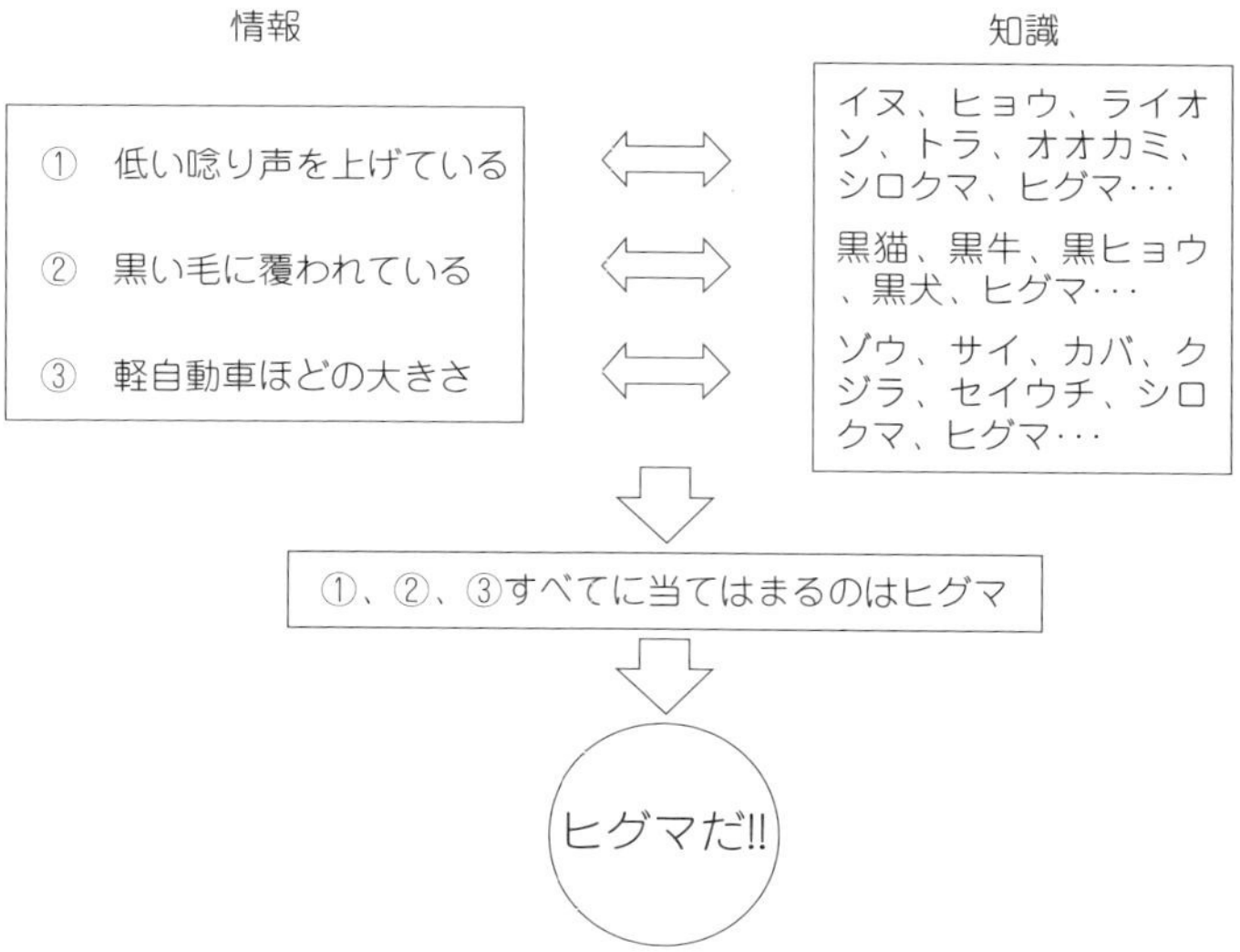
情報
知識
① 低い唸り声を上げている
② 黒い毛に覆われている
③ 軽自動車ほどの大きさ
イヌ、ヒョウ、ライオン、トラ、オオカミ、シロクマ、ヒグマ…
黒猫、黒牛、黒ヒョウ、黒犬、ヒグマ…
ゾウ、サイ、カバ、クジラ、セイウチ、シロクマ、ヒグマ…
①、②、③すべてに当てはまるのはヒグマ
ヒグマだ!!

思考と情報収集

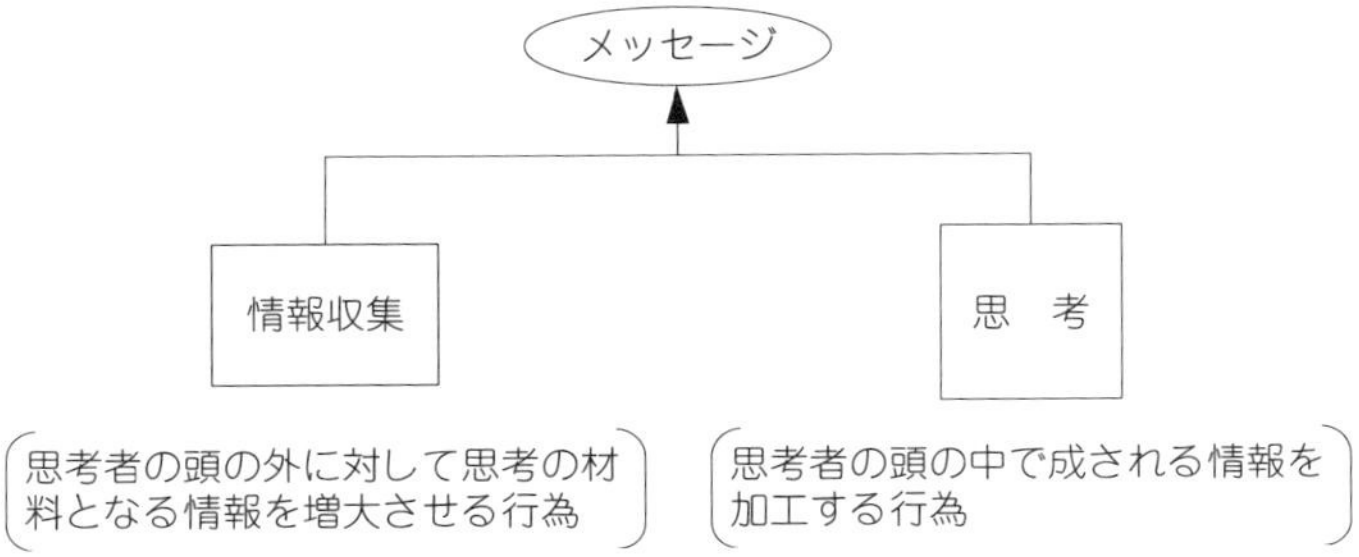
メッセージ
情報収集
思　考
思考者の頭の外に対して思考の材料となる情報を増大させる行為
思考者の頭の中で成される情報を加工する行為

いう行動をとるべきか？」という問いに対する答え《メッセージ》を探すことになる。例えばⓒの内容を重く見て、「襲われてはかなわないから、刺激しないように息を潜めて道を引き返そう。」という具合である。これも先程の例と同様、思考行為である。

　このように「思考」とは、「思考対象に関して何らかの意味合い《メッセージ》を得るために頭の中で情報（知識も情報の一部である）を加工すること」なのである。

　ここで、思考対象に関して何らかの意味合い《メッセージ》を得るためのもう一つの重要な行為について補足しておこう。思考対象に関する意味合い《メッセージ》を得るために有効な行為として、思考の他にもう一つ重要な行為が存在する。それは「情報収集」である。

　例えば先の例で、唸り声、黒い毛、軽自動車ほどの大きさという特徴で想起された生き物が、ヒグマとバッファローと二つあったとする。つまり①～③の条件だけではヒグマかどうか断定できない場合である。この場合「角があればバッファロー、なければヒグマ」とか、「手足が太くてカギ爪であればヒグマ、四本足が細くてヒズメであればバッファロー」などの知識を想起して角の有無や四肢の形状を確認しようとする行為は、思考対象に対して正しい答え《メッセージ》を得るためには大変有効な行為ではある。

しかしながら、「角があるかないか」を確認したり「手足や爪の形状」を見定めようとする行為は、思考ではなく情報収集である。情報収集とは、思考者の頭の外に対して働きかけて、思考の材料となる情報を増大させる行為なのである。

一方思考とは、思考の定義に明記してあるように、あくまでも思考者の頭の中で成される情報を加工する行為である。ここでいう情報とは、例えば観察や調査などの情報収集によって得られた外からの情報と、思考者がもともと自分の頭の中に保有していた知識の両方を含むが、思考とはあくまでも思考者の頭の中で行われるこれら二種類の情報を加工する作業なのである。

ちなみに、思考対象に対して合理的に答え《メッセージ》をもたらしてくれる行為は、思考と情報収集の二種類だけである。それ以外の手段は存在しない点も銘記しておいて頂きたい。

2 思考のメカニズム

前項で思考とは、思考対象に関する意味合い《メッセージ》を得るために頭の中で情報（知識も情報の一部で

思考のメカニズム

思考のメカニズム：情報と知識を突き合わせて比べ“同じ”と“違う”の認識を行う

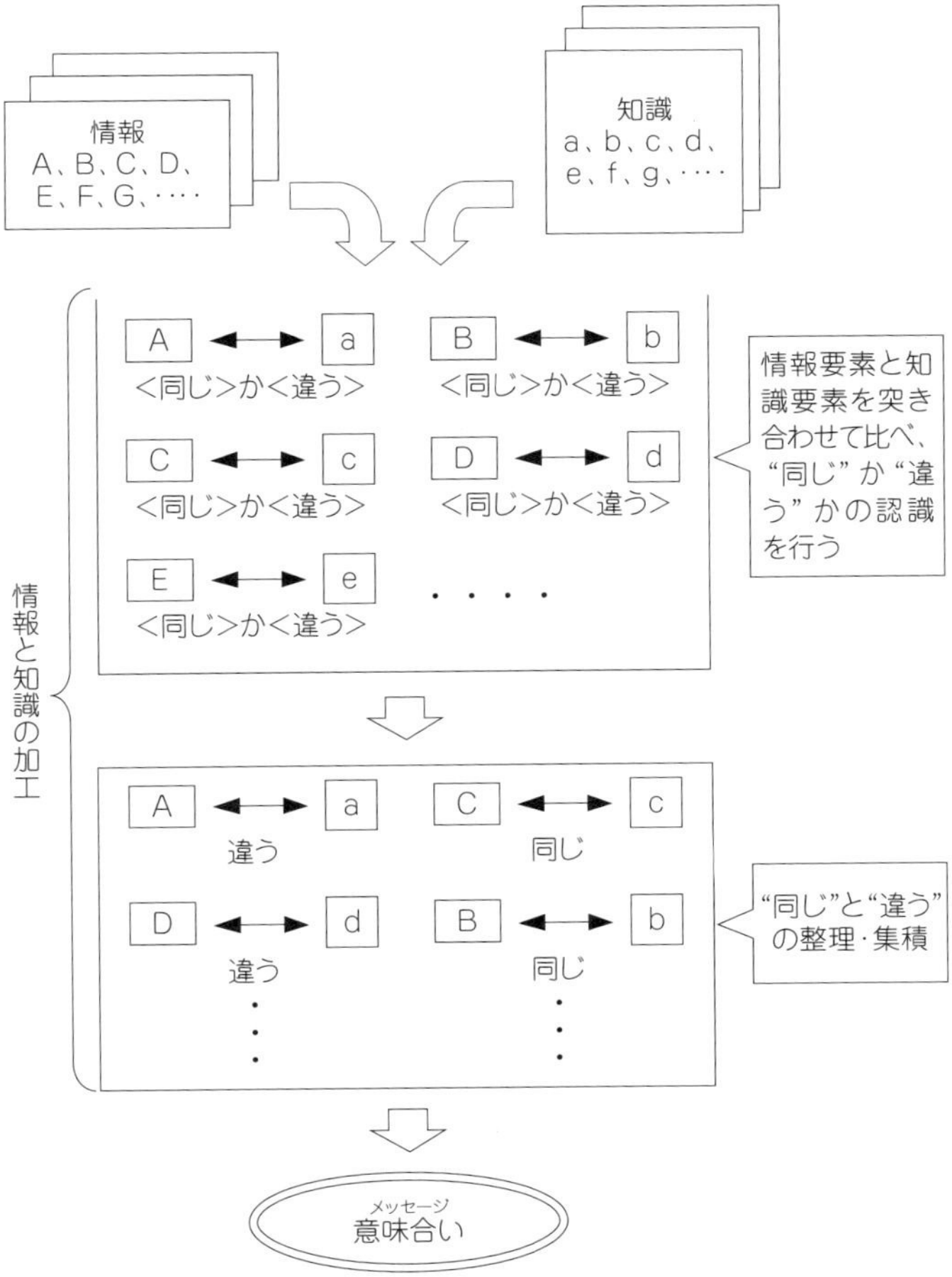

ある）を加工することであると説明した。本項ではさらに、頭の中で行われている思考作業の核心となるメカニズムについて迫ってみたい。

これまでの説明の中で思考における情報の加工と表現してきたことは、思考対象に関して与えられている情報が意味する内容と思考者がすでに保有している思考対象に関する知識の内容とを突き合わせることによって、何らかの判断や理解をもたらしてくれるような意味合い《メッセージ》を得ることであった。すなわち頭の中で行っている情報（知識を含む）の加工とは、端的にいうならば〝情報と情報を突き合わせる〟作業から成り立っていることになる。

では一体この「突き合わせる」とは、どのような頭脳作業なのか。

「突き合わせる」ということは「比べる」ことである。そして思考者は比べることによって何をしているのかというと、「同じ部分」と「違う部分」を見極めているのである。つまり思考することとは、ある情報と別の情報とを〝突き合わせて比べる〟プロセスを通して、同じ部分と違う部分の認識を行うことなのである。

そして「〝同じ〟と〝違う〟の認識作業である」というこのメカニズムこそが、頭の中で行われている思考行為の核心なのである。

すなわち思考とは、「思考対象に関する情報や知識を突き合わせて比べ、〝同じ〟か〝違う〟かの認識を行い、その認識の集積によって思考対象に関する理解や判断をもたらしてくれる意味合《メッセージ》いを得る」ことなのである。

3 分かることは分けること

ここまで「思考とは究極的には同じと違うの認識作業である」ということと、その「同じか違うかの認識の集積が思考のアウトプットとして思考対象に関する理解や判断になる」ということを説明してきた。

この思考のしくみとメカニズムを別の角度から表現すると、「分かる」こととは「分ける」こと、ということになる。

説明を加えよう。繰り返しになるが、思考とは思考対象についての情報と知識、場合によってはある情報と別の情報を突き合わせて比べ、同じ部分と違う部分に分けて認識することだと説明してきた。つまり、思考対象のさまざまな要素についての情報内容を、思考者の持っている関連知識や関連情報と比べてみて要素ごとに同じと違うに分けているのが思考作業なのである。そして、この思考作業を経て思考対象を構成する要素が、同じと違うに正しく分け尽くされた状態に辿り着くことが「分かる＝判る＝解る」ということなのである。

何かを理解するということ、すなわち「何かを分かる＝判る＝解る」とは、その何かを構成する要素の一つひとつについて、思考者が自分自身で保有している知識や情報と突き合わせて比べ、「同じ部分と違う部分に分け尽くすことができた状態」になることなのである。

先の例においても、「低い唸り声を上げている黒い毛に覆われた軽自動車ほどもある大きな生き物」という目の前の物体についての各情報、すなわち、①低い唸り声、②黒い毛、③軽自動車ほどの大きさ、この各要素がその思考者の持っているヒグマの知識と一致した場合に、「それはヒグマである。」ことが「分かる」のである。

より厳密にいうならば、最も確信を持って分かったと思えるのは、その思考者が持っているヒグマに関する知識が①、②、③のみでそれ以外にはない場合である。得ている情報と持っている知識の要素のすべてがピッタリ合致した場合に分け尽くされたことになり、最も確信を持って分かったと思えるのである。

もし仮に思考者の持つヒグマに関する知識が①、②、③以外にもあったとしたら、例えばヒグマは長いヒズメを持っているとか、ヒグマの尻尾は短いなどというさらに詳しい知識を持っていたならば、①、②、③だけの情報による判断ではかえって確信の度合いは低くなってしまう。

この場合、強い確信を持って分かるためには、長いヒズメの有無と尻尾の形状に関する情報収集が必要になる。そして、目の前の物体が①、②、③に加えて、長いヒズメを持っており尻尾が短いことが確認できた段階で情報と知識が同じと違うに分け尽くされたことになり、その結果

「それはヒグマだ。」と分かるのである。

以上、分かる＝判る＝解るとは、思考対象の情報要素と思考者の持つ知識とを突き合わせて比べ、すべての各要素について同じと違うに分け尽くすことができた状態に辿り着くことであることを理解して頂けたであろう。

4 コンピュータとのアナロジー

ここまで説明してきた思考行為のしくみとメカニズムは、実は原理的には人工頭脳と呼ばれるコンピュータと全く同様であるということについて触れておきたい。

コンピュータシステムは、演算対象に関するデータを読み込み、予めインストールされているアプリケーションソフトに基づいてそのデータを加工する。そして、そのデータ処理を行うのはMPU（Micro Processer Unit）の働きである。

このコンピュータのメカニズムを、これまで説明してきた人間の思考行為と対比させてみると見事に同じ構造になっていることが解る。すなわち、思考対象に関する情報がコンピュータシステムにおけるデータ、思考者が頭の中に保有している知識がアプリケーションソフト、そして〝考える〟という情報加工の頭脳作業がMPUの演算処理と捉えると、両者は全く同じしくみに

思考とコンピュータの情報処理の類似性

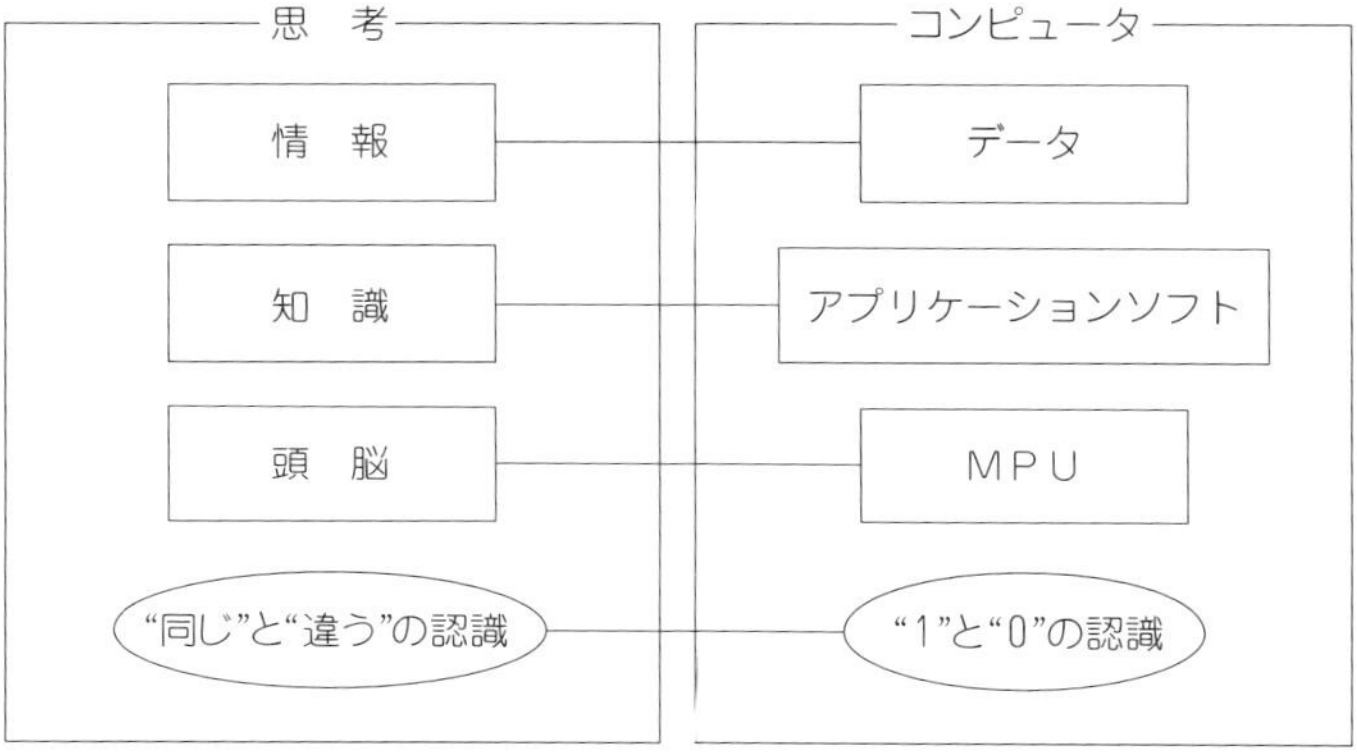

なっていることが理解できよう。

そして、さらに重要な類似点がある。人間の思考の頭脳作業の核心とコンピュータにおける頭脳ともいうべきＭＰＵで行う演算処理作業とは、本質的に全く同一なのである。

先ほどから説明してきたように、人間の頭の中で行われている思考は、究極的にはある情報と別の情報を比べて〝同じ〟か〝違う〟かを識別していることである。同様に、コンピュータシステムにおいても、ＭＰＵの演算メカニズムは、究極的には〝１〟と〝０〟という信号の識別の集積なのである。

例えば、足し算も引き算も掛け算も割り算も、あるいはどのデータを送るとか送らないとか、保存するとか消去するとかの判断も、コンピュータはすべて電気信号の〝オン〟か〝オフ〟か、すなわち〝１〟か〝０〟かで決めているのである。コンピュータの独壇場であるロケットの軌道計算のような高度な数理計算や、画像解析とか相場予測といった微妙な判定を必要とする類いの情報処理すらも、実はコンピュータの中で行われている演算は、究極的には〝1〟と〝0〟の単純な識別から成立しているのである。

つまり前述したように、人間の「思考」も究極的には〝同じ〟か〝違う〟かの識別の集積であり、その意味では〝1〟か〝0〟という信号の識別の集積として機能しているMPUのメカニズムと全く同一のアナロジー的理解が成立するのである。

I・2 「分ける」ための三要件

「思考」とは、ある情報と別の情報（知識もすでに保有する一つの情報である）を突き合わせて比べ、意味合い《メッセージ》を得ることだと解説した。さらに「思考」とは究極的には突き合わせて比べる情報要素が〝同じ〟か〝違う〟かの認識を行って、その〝同じ〟か〝違う〟の判断を集積することであり、そして、ものごとが「分かる」ということは、思考対象の情報要素についてきちんと〝同じ〟と〝違う〟に「分け尽くされた」状態に辿り着くことであるということについて解説してきた。

「分ける」ための3要件

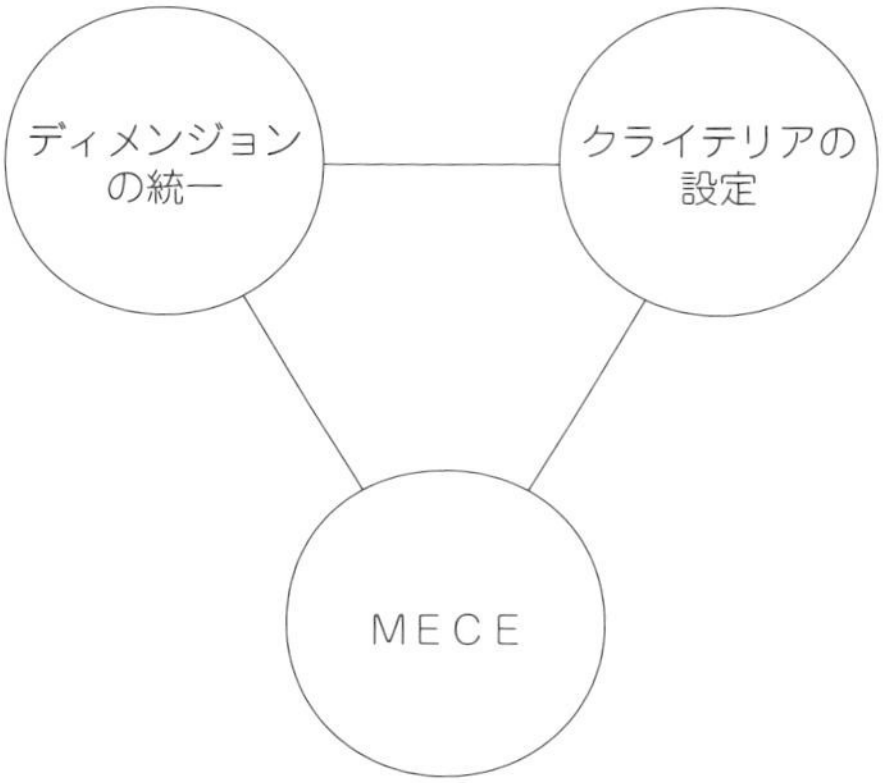

したがって逆の観点からいうと、正しく分かる＝判る＝解るためには、正しく分けられなければならないということになる。

本節においては、「正しく分かる」ために必要な「正しく分ける」ための三つの要件について説明する。

三つの要件とは、一つは「ディメンジョン」を整えること、二つ目は適切な「クライテリア」を設定すること、そして三つ目は「ＭＥＣＥ」であることである。これらの要件を満たしてはじめて、正しく分けること、ひいては正しく分かることが可能となる。

以下、これら三つの「分ける」ためのポイントについて詳しく順に説明していく。

1 ディメンジョンの統一

正しく「分ける」ための一つ目の要件は、「ディメンジョン」の統一である。ディメンジョンとは、〝抽象水準〟あるいは〝思考対象・思考要素が属する次元〟のことを指す。適切に〝分けて比べる〟ためには、まず比べようとしている事象や要素が同一抽象水準上、同一次元上になければならない。

具体例を使って説明しよう。「野菜とりんごはどちらが好きか。」という質問があったとする。この比較は、比べている二つの対象の抽象水準が揃っていない。この場合、ディメンジョンの揃ったよい質問であるためには、〝野菜〟と比べるのならば〝果物〟であるべきである。また〝りんご〟と比べるのならば、〝にんじん〟とか〝ほうれんそう〟といった個別の野菜でなければならない。ディメンジョンが異なるもの同士を比べてもそれは適切な比較ではなく、正しく「分かる」ことには繋がらないのである。

同様に、「夏休みに旅行に行くのなら、アメリカとローマとではどちらがよいか。」も比べている対象の抽象水準が揃っていない。国名と都市名で比べているからである。正しくは国と国同士、例えば〝アメリカとイタリア〟、あるいは都市と都市同士、例えば〝ニューヨークとローマ〟と

ディメンジョンの統一

ディメンジョンの統一：分ける対象、比べる対象の抽象水準を同一にすること

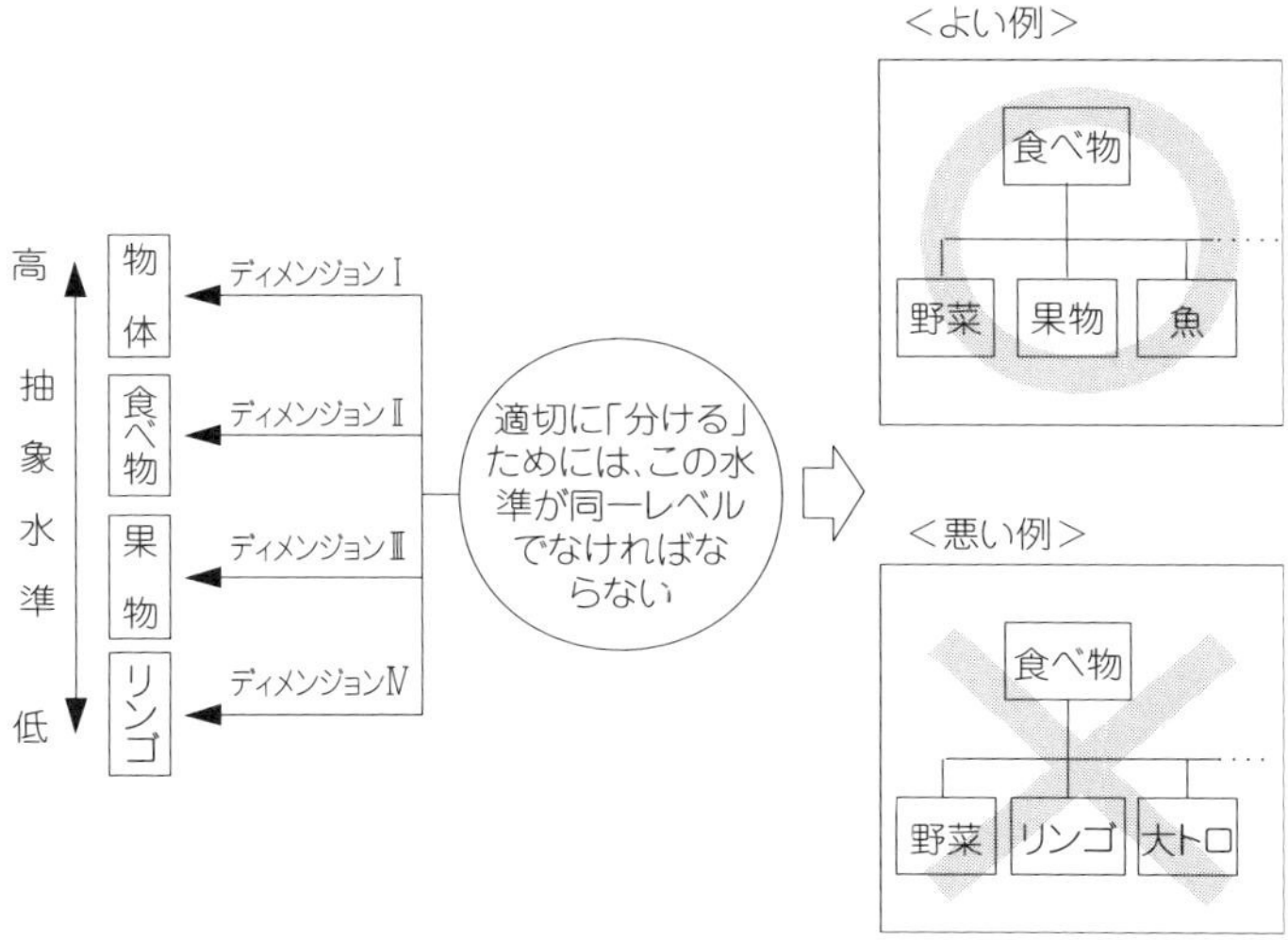

すべきである。この他にも「牛肉ととんかつではどちらが好きか。」や「阪神と大リーグとどちらが好きか。」など、何気なくそのまま判断して答えてしまいそうなこうした質問は、日常的な会話や意識の中にはごく当たり前に存在する。

　また通常の生活の中での会話だけでなく、より厳密さが追求されるビジネス上の会話においても、そういった間違いを耳にすることも少なくない。

　例えば、「転職を考えているが、社会貢献に携る仕事と広告代理店の営業とで迷っている。」など

というのは、ディメンジョンが揃っていない比較である。ディメンジョンを揃えた比較にするなら「社会貢献に携る仕事か、純粋なビジネスをやる会社か。」あるいは「環境保護関係のＮＧＯで総務をやるか、広告代理店で営業をやるか。」とでもすべきである。このような例は、日頃われわれがものを考えたり話したりする際に、ディメンジョンの統一という大切なポイントをほとんど意識していない証拠である。

　それでもまだこのように分かりやすい事例であれば、必ずしもディメンジョンが揃っていなくとも会話が成立しないわけではないし、意識しさえすればディメンジョンを整えることも難しくはない。

　しかし、実際にまとまってものを考えなければならないような局面では、思考対象は多くの要素が関係している複雑な事象であることが多い。こうした複雑な思考対象を個別の構成要素に分け、そして別の情報や知識と突き合わせて比べ、〝同じ〟か〝違う〟かに仕分ける場合に、分解した要素や突き合わせる情報要素のディメンジョンが整っていないと、その仕分け作業は正しく分けられたことにはならない。そして、正しく分かる＝判る＝解るという思考のゴールには辿り着けないのである。

2 クライテリアの設定

二つ目のポイントは、「クライテリア」の設定である。クライテリアとは、思考対象を分類する場合の切り口、つまり〝分類基準〟を指す。

思考対象をどういう切り口で分けていくかの分類基準を設定することは、その思考対象をどのような構図で分かる＝判る＝解るのかを決定付けることになる。つまり、「分ける」とはどのようなクライテリアを設定することかということと同義であり、適切なクライテリアさえ設定できれば必然的に思考対象も正しく分けられ、適切な理解や判断を得ることが可能となる。

よって思考対象を「分ける」場合には、適切なクライテリアを設定することに十分な注意を払わなくてはならない。なぜなら、ある一つの事象を分ける場合には一般的にいくつものクライテリアが成立し、最も妥当なクライテリアが常に一つだけ決まっているわけではないからである。

例えば、食べ物を分類しようとする場合、「素材」という分類基準を設定すると、「野菜、果物、肉、魚、穀物…」と分けられるし、また別のクライテリア、「料理の種類」によって食べ物を分けると、「和食、中華料理、フランス料理、韓国料理…」と分けることが可能である。さらに別のクライテリア、「食事の中での役割、位置付け」というクライテリアを設定した場合には、「主

クライテリアの設定

クライテリア：分類基準、分類の切り口

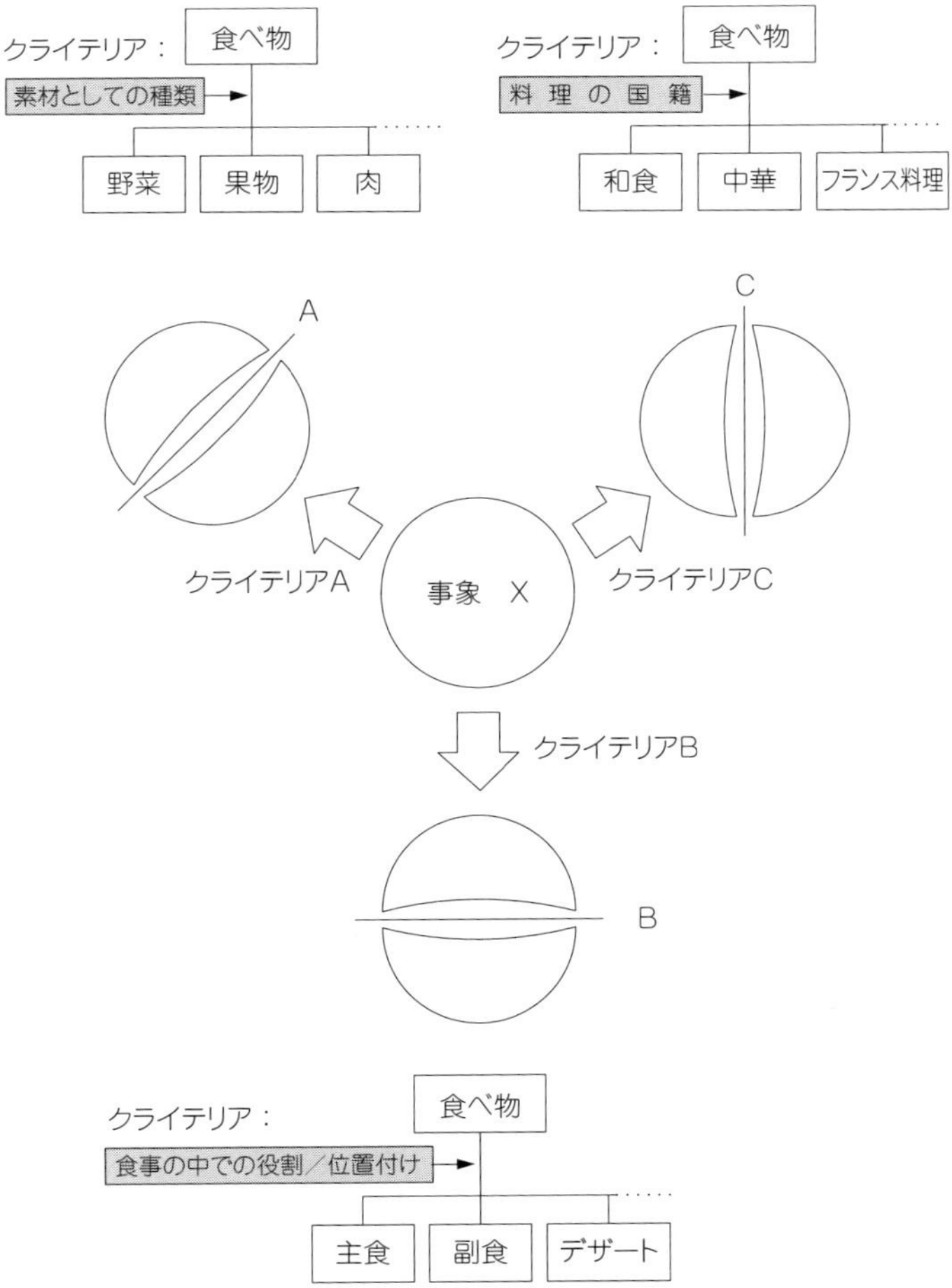

食、副食、デザート…」という分け方も成立する。このように思考対象となる事象にはさまざまなクライテリアが存在する。したがって、正しい思考成果につながる正しいクライテリアとは、思考の目的によって異なるのである。

例えば、ヒグマに遭遇したときに自分がどういう行動をとるべきかを考える場合、「人間を襲う性質がある動物であるかどうか」というクライテリアが重要なのであって、「体毛が何色をした動物なのか」というクライテリアはほとんど意味を持たない。

また例えば、「和食」に飽きた人が何を食べようかと考える場合、「食べ物」を「食事の中での位置付け」というクライテリアによって「主食、副食、デザート…」と分けて選ぼうとしても無意味である。「素材の種類」というクライテリアによる「魚料理、肉料理、卵料理、野菜料理…」という分け方も有効ではない。「和食」に飽きたと感じているのならば「料理の国籍」というクライテリアによって「(和食)、フランス料理、イタリア料理、中華料理…」という分け方にするのが最も満足度の高い答えを得られる可能性が高いのである。

このように、正しく分けるための適切なクライテリアとは、思考者に適切な思考成果をもたらしてくれるクライテリアであり、適切な思考成果とは思考者の思考目的を満たす答えである。つまり、正しく分けるということは、思考目的に合致したクライテリアを設定できるかと同義であるということになるのである。

さらに有効なクライテリアを選択するために、もう一点重要なポイントがある。それは、さまざまな状況ごとに有効なクライテリアを見つけ出すためには、多様なクライテリアの選択肢を頭の中に保有していなくてはならないという点である。設定し得るクライテリアが限られていてクライテリアが固定化されてしまうと、原因を探すにしても、結論を探すにしても、事象を理解するにしても、思考の観点が極めて限定的になってしまう。どれだけクライテリアの選択肢の数が多いかで、思考目的をより満足させてくれるクライテリアを選び取れる可能性の広がりが決定されるのである。

③ MECEであること

思考対象を正しく「分ける」ための三つ目のポイントとして、「MECE」があげられる。MECEは、正しく分けるための方法論としての極めて有用なテクニックである。

「MECE」とは「Mutually Exclusive, Collectively Exhaustive」の頭文字を取った言葉で、日本語に訳すと「相互背反（互いに重なりがないこと）、集合網羅（全体を網羅していること）」となる。

MECEの意味をさらに具体的に説明すると、「ある同一次元上の複数の要素に、もれなくか

ＭＥＣＥに分けること

MECE：Mutually Exclusive、Collectively Exhaustive：相互背反、集合網羅
…モレがなくかつダブリがないこと

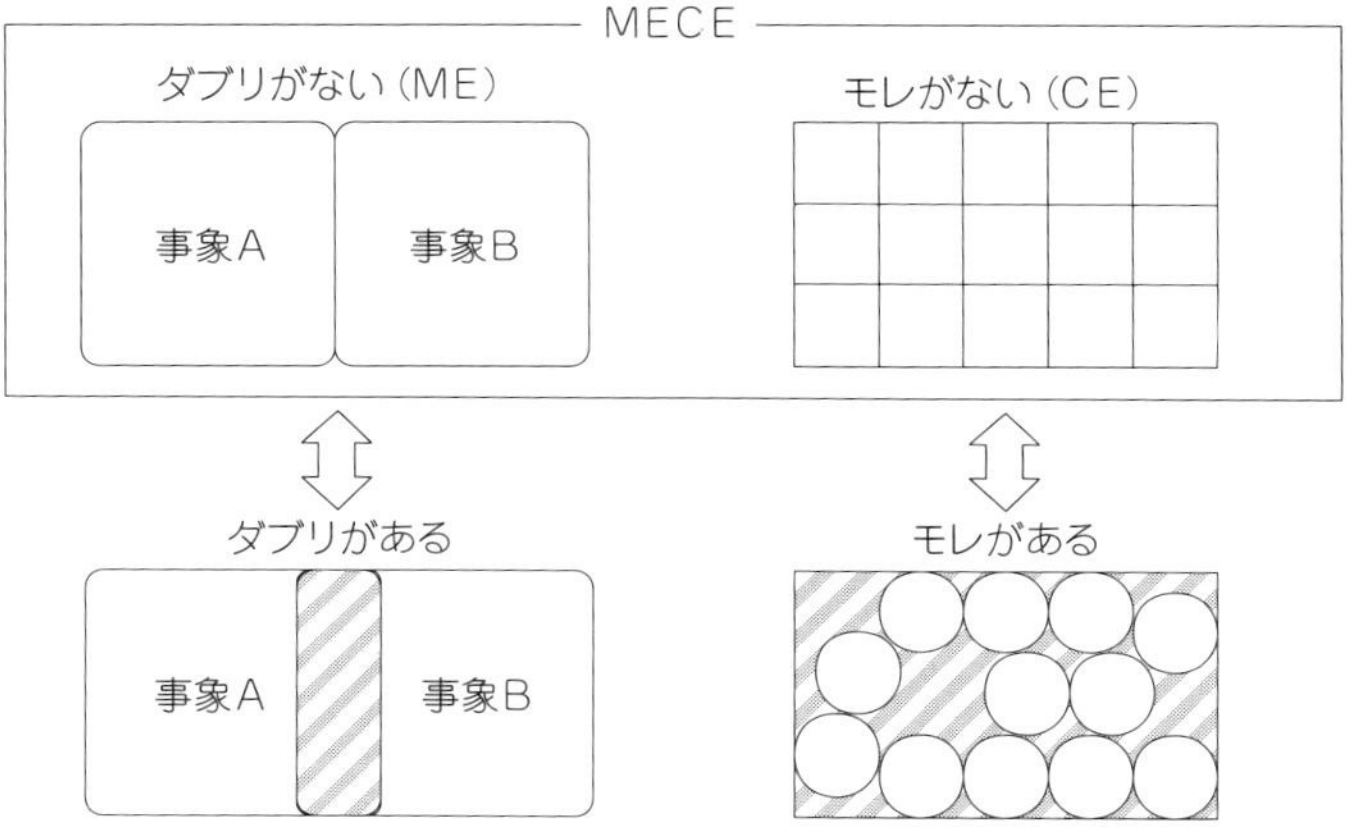

つ重複なく部分集合化されていること」となる。つまり、「モレがなくかつダブリがないこと」である。

例えば、人間という対象をいくつかの切り口で分類してみよう。最もシンプルなＭＥＣＥの例は、人間を男性と女性に分ける分類である。人間は男性か女性のどちらかであるから、男性と女性を合わせるとすべての人間をカバーすることになるし（モレがない）、かつ男性でありながら同時に女性である人間もいない（ダブリがない）。

また、人間をＭＥＣＥに分類するのであれば、「血液型」というクライテリアによっても成立する。すべての人間は、Ａ型かＢ型かＯ型かＡＢ型かのい

ずれかである。したがって、A型とB型とO型とAB型の人を総和するとすべての人間をカバーする（モレがない）ことになるし、またA型であると同時にB型であるとかO型であるとか、二つ以上の血液型が重複した人間は存在しない（ダブリがない）。

このように思考対象をモレなくかつダブリなく分ける方法がMECEであり、正しく思考するための有効な分け方の方法論である。

正しく思考するために、言い換えるならば正しく分けることによって正しい答えを得るためには、MECEが有効であることを例を使って説明しよう。

例えば、「二〇代・三〇代の女性」を「主婦」と「OL」と「学生」に分類するケースがある。これは化粧品などの新商品開発やマーケティング戦略を立案する場合に、ターゲット顧客層である「二〇代・三〇代の女性」を対象にして市場調査を行う際にしばしば見受けられる分け方である。一見、何と

MECEの事例

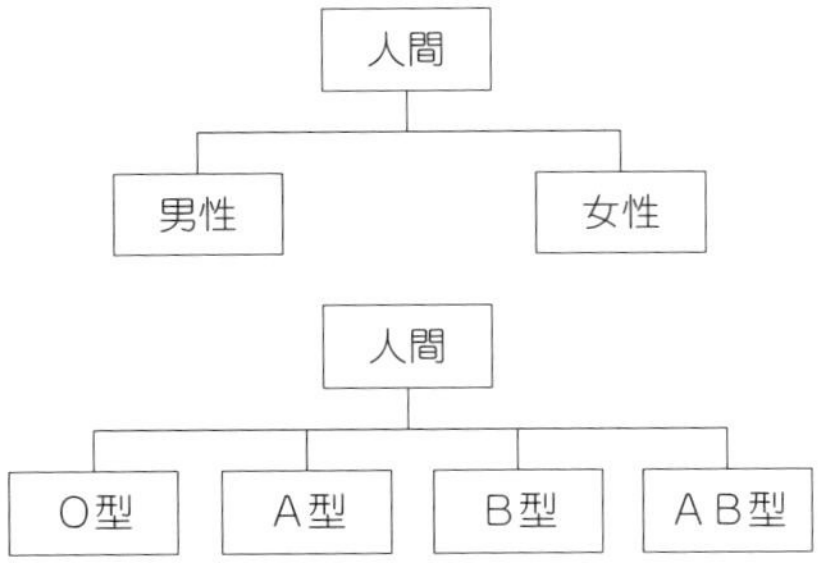

MECEではない事例

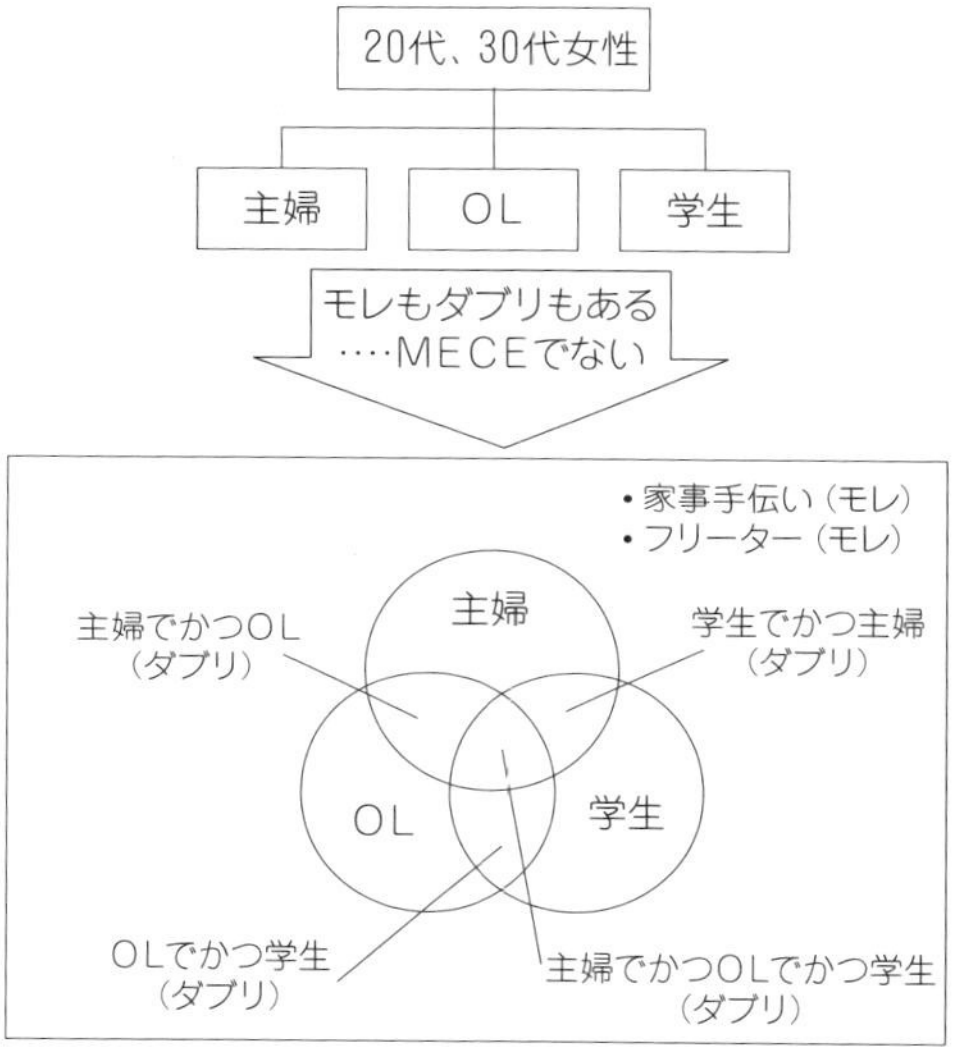

なく当たり前の分類だと思ってしまいがちだが、実はこの分け方は不適切なのである。

なぜなら、二〇代・三〇代の女性を「主婦」と「OL」と「学生」に分けてしまうと、「主婦」でも「OL」でも「学生」でもない女性、例えば「家事手伝い」や「フリーター」が抜け落ちてしまう。モレが発生してしまうのである。

また、「主婦でありかつ同時にOLである女性」つまり主婦をしながらも会社に勤めている女性や「主婦でありかつ同時に学生である女性」、つまり主婦をしながら学校にも通っている女性も数多く存在する。極端なことをいうと、結婚して主婦業をこなしながら昼間は

ＯＬとして会社勤めをし、なおかつ夜は専門学校へ通っている女性がいたとしたら、「主婦」、「ＯＬ」、「学生」の三つすべてにダブっていることになる。

以上のように、二〇代・三〇代の女性を「主婦」と「ＯＬ」と「学生」に分類するのは、ＭＥＣＥになっていない。

では、分析したり考察したりする際に、対象がＭＥＣＥに分けられていないと何が不都合なのか。

それは分析や考察の結果として、正しい答え《メッセージ》が得られなくなるからである。例えば、「主婦・学生・ＯＬ」という分類に基づいてマーケットリサーチを行った場合、正確なリサーチ結果を得ることができないのである。

具体的にいうとこの分類がＭＥＣＥでないために、この分類からモレている家事手伝いやフリーターといった集団の声が抜け落ちてしまう。今日、フリーターが増加しており、フリーターをしている女性の数がかなり多いという現実を考えると、対象年代の女性のうちの非常に大きい層の特徴がつかめないで終わってしまうことになる。

また、「主婦・学生・ＯＬ」を兼任しているダブリの集団の個性も見落とされてしまう。例えば、「主婦でかつＯＬ」をしている女性の特徴は、「主婦」の特徴と「ＯＬ」の特徴を単純に足し合わせたものではないはずである。専業主婦よりも明らかに忙しい生活をしていて時間に対する感覚が異なるはずだし、未婚でＯＬとして働いている女性と比べると買い物の対象となるアイテムの範囲や金銭感覚がかなり違うはずである。

つまり、分類がＭＥＣＥでないとモレの部分やダブリの部分の調査が不正確になってしまい、正確な実態を知ることができなくなってしまうのである。ＭＥＣＥは思考対象をモレ・ダブリなく部分集合化することによって、取りこぼしなく、包括的に把握するために極めて有効な分析のテクニックといえるのである。

ここでもう一つ、ＭＥＣＥを使う場合の留意点を補足しておこう。思考対象が定性的なテーマである場合のＭＥＣＥの使い方である。

例えば、「車を購入する場合の決め手となるポイント」を考えたり調べたりする場合に、人が車種を決定するすべての理由を思いつくことも調べ尽くすことも不可能である。つまり定性的なテーマによる分類の場合には、完全な網羅性は現実的には不可能なのである。

また、「価格が安かったから。」という理由で決めるケースであっても、「性能の割には安かった。」とか「気に入ったデザインの中では一番安かった。」というように、いくつかの要素のダブリの上に最終的な決め手になっているというのが実際であろう。つまり、完全な背反的要素には成り得ないのである。

このように集合網羅も相互背反も成立しづらい場合には、ＭＥＣＥは厳密には不可能である。

このような場合には、比較的独立した要素で主要なものを挙げて全体を構成することができれば、MECE的な分類の合理性が得られると考えてよい。

例えば、「車の購入要因」のケースならば、

①性能
②価格
③デザイン
④サービス体制
⑤セールスマンの対応
⑥ブランド・イメージ
⑦その他

といった分け方で十分であろう。

この例で見ると、①から⑥までが比較的独立したファクターになっていること、そして①から⑥以外に特に大きなファクターが抜け落ちていなければよしとしてかまわない。むしろ、これ以上のレベルまで厳密なMECEにこだわるとかえって瑣末な要素を数多くあげつらっていくことになり、かえって調査結果の重要なメッセージが読み取りにくくなってしまうことが多い。

定性的な対象を分類する場合には数学的論理学的なMECEにこだわるのではなく、MECE

的であること、つまり、

①各部分集合のディメンジョンが揃っていること
②各部分集合が基本的に独立した要素であること
③各部分集合の総和が対象範囲の大半をカバーしていること

の三点を満たしていれば十分であると理解してよいだろう。

以上、適切に分ける、分かるための留意点として、第一に「ディメンジョンを整えること」、第二に「適切なクライテリアを設定すること」、第三に「ＭＥＣＥに分けること」について説明してきた。これら三つのポイントは、どのような思考を行う場合にも、必要かつ有効な基礎的要件として十分に銘記して頂きたい。

Ⅰ・3　思考成果

前節まで思考のメカニズムと正しく思考するための基礎的要件について説明してきたが、本節では思考することによって何が分かるのか、何が得られるのかという「思考成果」について解説する。

1　二つの要素的思考成果

われわれが思考によって得られるものは、多少大袈裟な表現を用いると、人間が得るすべての理解、すべての判断、そしてすべての創造であるということができる。人間はすべてのものを思考によって得ているといっても、あながち過言ではないほどである。

しかしながら、われわれが〝分かる〟ことができているこうした多くのことがらも、元をただせばすべて二つの種類の「思考成果」から成り立っている。一つは、考察対象が〝それが何であるのか〟そして〝それがどのようなものであるのか〟ということが分かること、すなわち「事象の識別（属性の理解を含む）」である。もう一つは、〝それとあれとはどのような関係になっているのか〟が分かること、すなわち「事象間の関係性の把握」である。

われわれが思考によって何かを分かるときは、すべてこの二つの思考成果、すなわち「事象の識別」と「事象間の関係性の把握」のどちらかか、あるいはこの二つの思考成果の組み合わせによってそれを分かることができているのである。

例えば、「目の前に存在する物体が、黒い毛に覆われていて、低い唸り声を上げていて、軽自動車ほどもある大きさ」であることから「それはヒグマだ。」と〝識別〟し、「ヒグマは雑食性で

二つの要素的思考成果

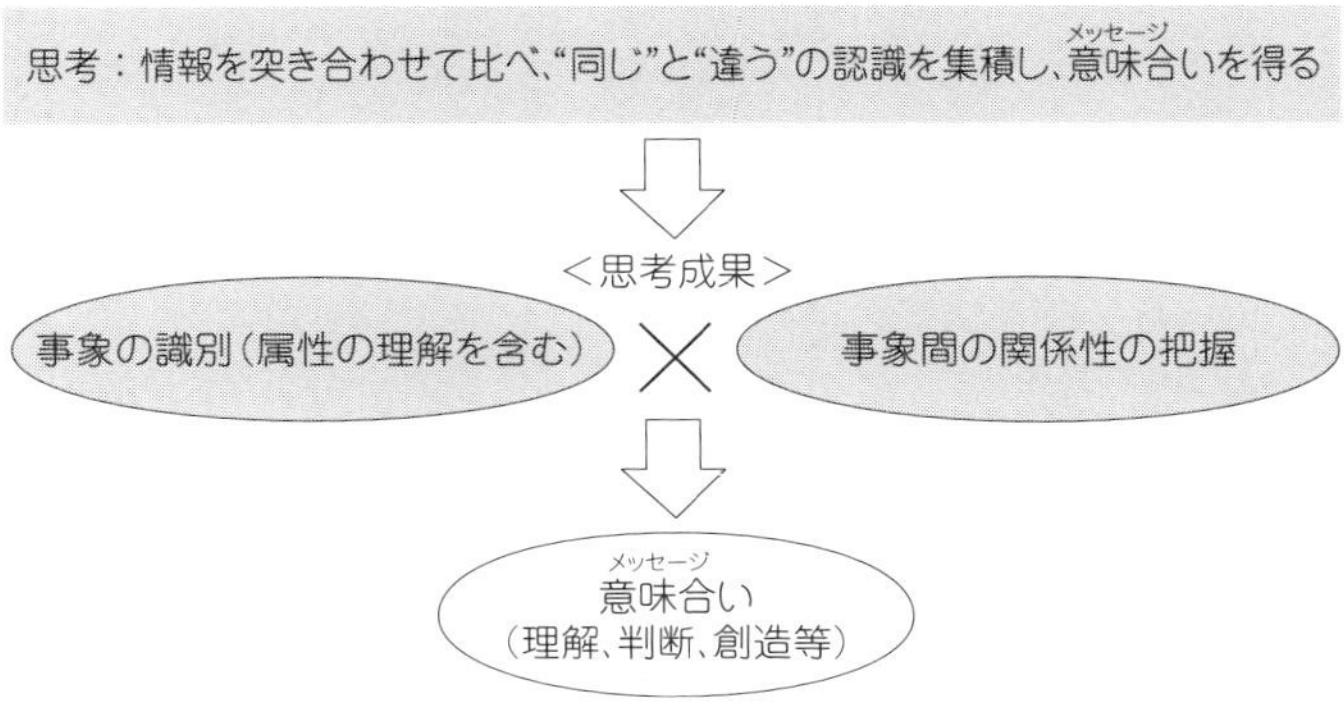

人を襲うこともある。」というヒグマの〝属性〟を想起することにつながる。そして、「目の前に存在する物体は人を襲うかもしれないヒグマである。」という事象と、「ヒグマの目の前に自分が立っている。」という事象の関係性から「自分はこのヒグマに襲われる可能性がある。」という意味合い《メッセージ》を得ることができるのである。

　このように人が思考するということは、「それは何であるのか」そして「それはどのようなものなのか」という「事象の識別と属性の理解」と、「それとあれはどのような関係になっているのか」という「事象間の関係性の把握」によって成り立っているのである。つまりどれほど複雑で高度な思考テーマであっても、「事象の識別（その属性の理解を含む）」と「事象間の関係性の把握」という二つの一次的な思考成果を組み合わせて二次的な思考成果を構成していくことによって、その思考テーマに関する答え《メッセージ》が得られるのである。

また逆にいうと、どれほど複雑で高度な思考テーマに対する場合であっても、われわれがとることができる思考の方法論は「事象の識別」を行い、「事象間の関係性を把握」して、それらを組み合わせていくしかないということでもある。

もし、この二つに依らないで答え《メッセージ》を得たのであれば、それは思考によって得たのではない。思考という頭脳の内側の行為から得られたのではないという意味では観察であるし、観察を伴わないとすればそれは啓示とか思いつきである。

いずれにせよ、人間は思考によるすべての理解や判断や創造を「事象の識別」と「事象間の関係性の把握」という二つの思考成果によって得ていることを理解し、銘記して頂きたい。

以下、人間が思考から得るすべてのものを成り立たせているこれら二つの「要素的思考成果」について詳しく解説していく。

2 事象の識別

人間がある事物や現象を「それは何であるのか」そして「それはどのようなものであるのか」が〝分かる〟ということは、〝突き合わせて比べ、同じと違うを認識する〟という思考の核心のメカニズムそのものである。すなわち、ある事象のことを〝分かる〟ということは、その事象のさ

思考成果①：事象の識別

事象の識別：他の事象と比較することによって、違いを際立たせ、そのものらしさを認識すること

「それは何であるか」

「それはどのようなものであるか」

まざまな要素を他の事象と比べることによって〝違う〟部分、すなわちその事象の特徴を把握し、その特徴的な部分を集積した認識のまとまりとして、その事象が何であるのかを理解することなのである。他の事象と〝違う〟部分こそが〝そのものらしさ〟であり〝本質的要素〟を形成しているわけであるから、「事象の識別」とは「他のものとの〝違い〟を認識する行為」だといえる。

したがって、ある事象を的確に識別するためには、〝そのものらしさ〟が際立つ〝違い〟を認識する必要がある。

例えば、ヒグマの例においても、「黒い毛、低い唸り声、軽自動車ほどもある大きさ」という他の事象との〝違い〟を認識できたからこそ「それはヒグマだ。」と分かることができたのである。もし仮に、その物体を見たとき、〝同じと違う〟の判断要素として挙げた材料が「体表は柔らかい、呼吸をしている、目が二つ」というものであったならば「それはスルメイカだ。」とも「コオロギだ。」とも「トナカイだ。」ともいえてしまう。つまり、「体表は柔らかい、呼吸をしている、目が二つ」という要素は、それらがいくら正しく実態を表わした形質であっ

ても、ヒグマの〝そのものらしさ〟を形成している特徴的な違いではないために正しい「識別」に至らないのである。

このように正しい「識別」を行うということは、〝そのものらしさ〟を端的に表わす〝違い〟を認識することなのである。

そのためには有効な「比較」が必要となる。つまり〝そのものらしさ〟を的確に際立たせるためには、「何と比べるか」、「どの切り口で比べるか」の比較が有効でなければならない。そして、「比較」が有効なものであるかどうかは、「比較対象」と「クライテリア」で決まる。「ヒグマであるかもしれない物体」の特徴を認識しようとして〝チューリップ〟や〝石炭〟と比較していくら〝違い〟を挙げても、その物体が「ヒグマである。」ことの識別には繋がらない。また〝熱伝導率〟や〝支持政党〟といった観点から特徴付けを行っても、「ヒグマである。」ことの識別は不可能である。

ヒグマがヒグマであると正しく識別されるためには、チューリップや石炭との違いではなく、バッファローや白熊やクロヒョウと比べてどのような際立った違いがあるのかを認識しなければならない。またそのためには、「体毛の色や、唸り声や、体の大きさ」といった〝ヒグマらしさ〟を端的に表わしたクライテリアによる比較が必要なのである。

以上、事象の「識別」とは、「他のものと比較して、そのものらしさを形成する違いを認識すること」であることを理解して頂けたであろう。

ここまで「事象の識別」について〝識別〟そのものに関する説明を行ってきたが、われわれがある事象を「これは何である」という識別をすることは、同時に「これはどういうものである」というその事象の〝属性の理解〟も同時に得られることになる。

例えば、「これはヒグマである。」という識別が成立すると、同時にヒグマについて持っている知識によって「これ（ヒグマ）は、雑食性で、冬眠し、人間を襲うこともある。」という際立った属性を想起することができる。また「これはヒグマである。」ということは、「これ（ヒグマ）は、哺乳類であり、肺呼吸をし、胎生である。」という属性も認識することができるのである。

つまり、われわれがある事象の識別を行うということは、まず識別の対象となっている事象に関して得られている情報と、頭の中に持っている知識とを突き合わせて比べ、同じと違うの集積によって「それが何であるか」を分かる。次いで、それが何であるかという識別の結論に基づいて、そのものに関する知識を想起して「それがどのようなものであるか」という属性を認識するのである。

このように、識別の対象が何であるのかという特定化にも、それがどのような特徴や形質を持っているかの属性の認識にも、突き合わせて比べるための知識およびどのようなものかを理解するための属性に関する知識が必要となる。したがって〝知らないものは分からない〟ということとになる。的確な識別には、知識の裏付けが必要なのである。

的確な識別のために必要な知識は、体系的に整理された知識であることが望ましい。多くの知識要素を分類、整理して体系化しておくことによって、事象の識別に必要な情報要素の突き合わせがシステマティックになり、ある事象の持つ属性をセットで想起することがたいへん効率的になるのである。

以下、「事象の識別」と「属性の理解」にたいへん有効な知識の分類と体系化について解説しておこう。

まず「分類」について説明しよう。先に「識別」は〝比べる〟ことを通して認識した〝違う〟部分に着目し、〝違い〟を際立たせた意味合い《メッセージ》として得られる思考成果であった。「分類」とは〝違う〟で分け、〝同じ〟でくくって、考察対象の要素を「複数の類（部分集合）に分けること」である。

例えば、クジラ、ヒツジ、カモメ、マグロ、メダカという考察対象を「呼吸の形式」というクライテリアによって「分類」するならば、クジラは肺呼吸、ヒツジも肺呼吸、カモメも肺呼吸、マグロはエラ呼吸、メダカもエラ呼吸。よって、「クジラとヒツジとカモメ」が同じくくり、そして「マグロとメダカ」が同じくくりということになる。

また別のクライテリア、例えば「胎生か卵生か」によって分類する場合には、「クジラとヒツ

体系化された分類

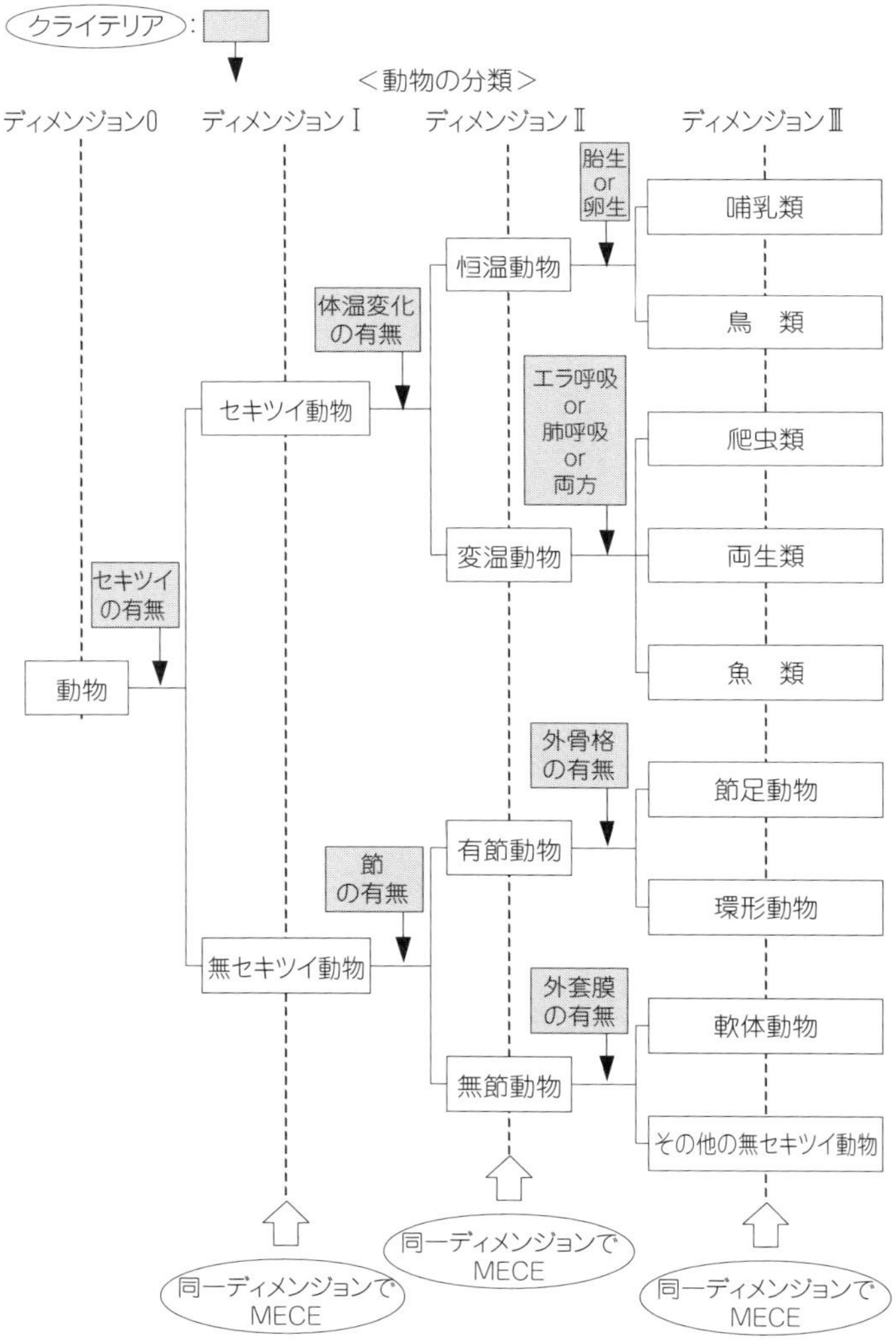

クライテリア:
<動物の分類>
ディメンジョン0
ディメンジョンⅠ
ディメンジョンⅡ
ディメンジョンⅢ
胎生 or 卵生
哺乳類
恒温動物
体温変化の有無
鳥　類
エラ呼吸 or 肺呼吸 or 両方
セキツイ動物
爬虫類
変温動物
両生類
セキツイの有無
魚　類
動物
外骨格の有無
節足動物
有節動物
節の有無
環形動物
無セキツイ動物
外套膜の有無
軟体動物
無節動物
その他の無セキツイ動物
同一ディメンジョンでMECE
同一ディメンジョンでMECE
同一ディメンジョンでMECE

ジ」が胎生、「カモメとマグロとメダカ」が卵生という分け方になる。

このように、あるクライテリアの観点から共通的な特徴を持つ要素を同じ類（部分集合）としてくくって整理することが「分類」である。先に説明した「識別」のための〝比較〟においては〝違う〟部分に着目して、その違いを特徴的に際立たせることが重要であったのに対し、「分類」では〝違う〟と〝同じ〟がアウトプットとして同等のウエイトを持つ。〝どのように違うのか〟が解るのと同時に、〝どのように同じなのか〟が解ることによって〝違う〟で分け〝同じ〟でくくることができるのである。

では、〝よい分類〟とはどのようなものであろうか。〝よい分類〟とは、一言でいうならば「体系化」された分類である。では「体系化」されているとはどういうことかというと、〝構造的に整理されている〟ということになる。「構造」とは、ある事象の「構成要素」とそれら構成要素群の「位相（つながり方／位置関係）」によって成立するものである。したがって「体系化された分類」とは、考察対象となっている事象の「構成要素」と「位相」が理解しやすいように明らかにされている状態ということになる。

そして、「構成要素」と「位相」が理解しやすい状態であるための要件は、前節で解説した「分ける」ための三要件と同じである。「ディメンジョン」が統一されていること、「クライテリア」が明確であること、「ＭＥＣＥ」であることの三点である。

これら三つの要件を満たしている〝体系化された分類〟は、「識別」された事象をまさに構造的に理解させてくれることになるのである。

3 関係性の把握

次に、人間が思考を通して〝分かる〟ことのすべてを成り立たせてくれる二つの要素的思考成果のうちの二番目として、「事象間の関係性の把握」について説明しよう。

複数の事象が存在するとき、それらの事象間の関係は「相関」か「独立」かのいずれかである。「相関」とは、二つの事象が何らかの影響を及ぼしたり及ぼされたりする関係である。逆に二つの事象が全く影響を及ぼし合うことのない関係、すなわち一方の事象が変化してももう一方の事象は何ら変化する必然性のない関係が「独立」である。

二つの事象を〝突き合わせて比べ〟一方が変化したときにもう一方が〝変化する／しない〟の認識を行うことで、二つの事象間の関係性が「相関」か「独立」かを把握することができる。その意味において、この「事象間の関係性の把握」も、思考の核心のメカニズムから直接的に得られるものであることは理解頂けよう。

「相関」の典型例といえば、y＝ax＋b（a、bは定数）という数学の関数があるが、他にも、

思考成果②：事象間の関係

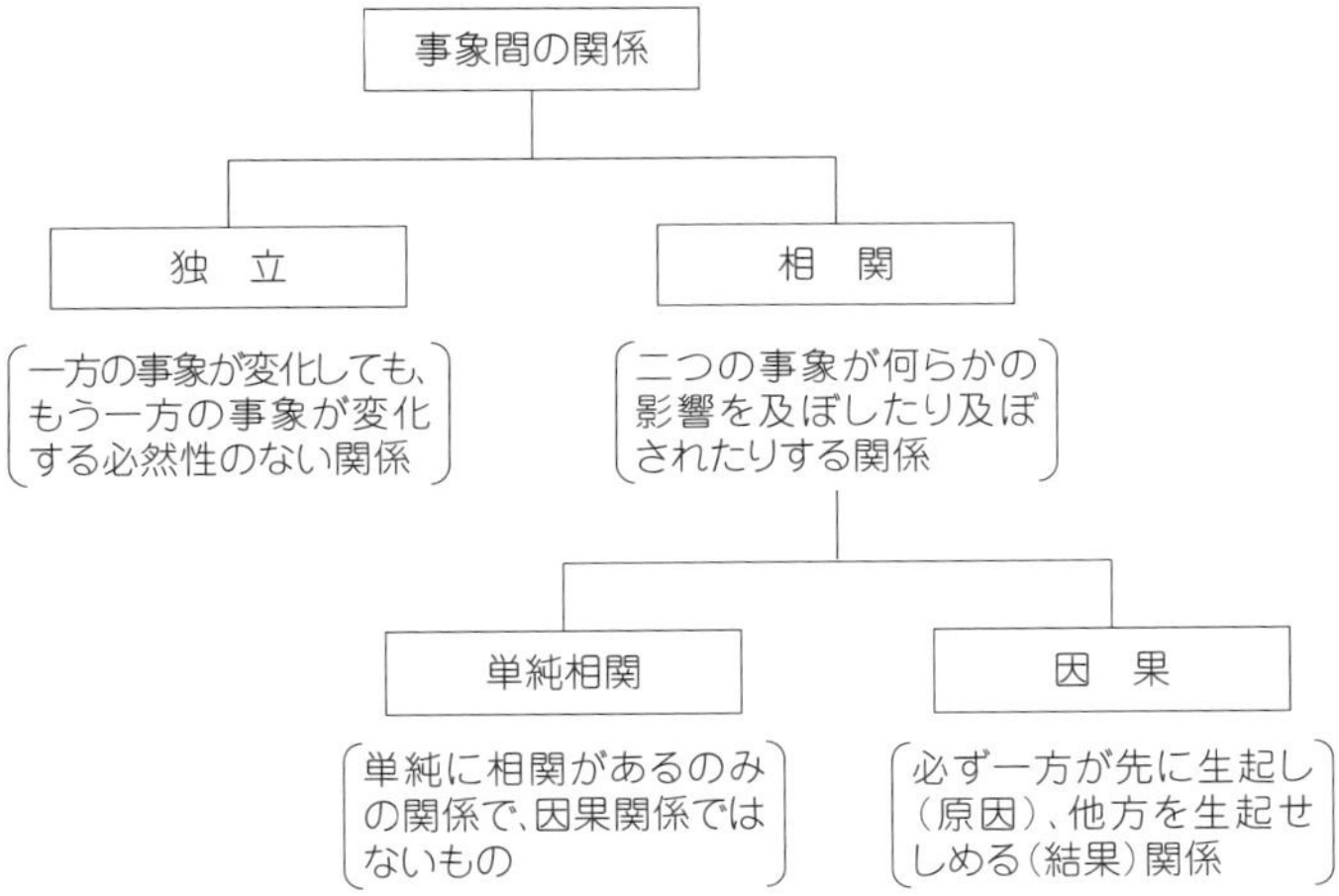
事象間の関係
独　立
一方の事象が変化しても、もう一方の事象が変化する必然性のない関係
相　関
二つの事象が何らかの影響を及ぼしたり及ぼされたりする関係
単純相関
単純に相関があるのみの関係で、因果関係ではないもの
因　果
必ず一方が先に生起し（原因）、他方を生起せしめる（結果）関係

経験や知識としてわれわれが知っている「相関」は数多い。

「自動車のスピードと事故率」、「所得水準と食費支出の割合」、「学歴と年収」、「身長と体重」、「経済成長率と物価上昇率」、「夏の平均気温とビールの消費量」等々、日常的にいくらでも見つけられる。ことほど左様に、現実の事象は多種多様な相関関係に満ちている。

そして「相関」は、またさらに二種類の相関関係に分類できる。一つは片方の事象が他方の事象を引き起こす〝原因と結果〟の関係になっている「因果関係」、もう一つは〝原因と結果〟の関係にはない「単純相関」である。例えば「自動車のスピードと事故率」は「因果関係」、「身長と体重」は「単純相関」である。

一方、「独立」はどうか。実は「独立」は「相関関係」ほどには意識されないだけで、世の中の森羅万象のうちほとんどの事象が「独立」である。

「自動車を運転するときに出すスピード」は、運転する人の「学歴」とも「年収」とも「身長」とも「体重」とも独立であるし、「その年の平均気温」とも「ビールの消費量」とも「経済成長率」とも「物価上昇率」とも、もちろん独立である。世の中の事象は、ほとんど「独立」なのである。われわれが「事象の識別」に次いで二つ目の要素的思考成果として得ることができるのが、こうした「事象間の関係性」である。

事象Aと事象Bとは「相関」しているのか、あるいは「独立」なのか。もし「相関」しているのであれば、それが「因果関係」なのか「単純相関」なのか。その相関関係はどのような形で現れるのか。Aが増えたときにBは増えるのか減るのか。Aが発生するとBは必ず同時に発生するのか、あるいはBはAより遅れて発生するのか等々といった二つの事象間の〝関係のあり方〟を具体的に解明、理解することが二つ目の要素的思考成果である「関係性の把握」である。

「相関関係の把握」は、われわれが思考によって何かを推理したり判断したりする際に多大な恩恵を与えてくれる。

相関関係にあることを知っている事象の一方が変化したことを認知できれば、他方が影響を受けて変化したことを推測することができる。特別な相関関係である「因果」関係を知っていれば、さらに有益な推論を行うことができる。つまり、知っている「因果」関係に依拠して人為的に「原因」を発生させて意図的に「結果」を生じさせることができるし、逆に「原因」を消滅させることで「結果」を生起せしめないことも意図的に可能になるのである。例えば、二日酔いの因果関係を知っていれば、二日酔いになるもならないも思いどおりにできるのである。因果関係を見い出し我がものにすることは、その因果関係をさまざまな事象に適用して能動的に未知・未経験・未発生の事象に対する理解と有用な対応策を与えてくれるのだ。

ちなみに、因果関係に依拠して事象の成り立ちを認識・説明する方法論を「因果律」というが、人間はこの「因果律」によって世の中の森羅万象を理解しようとしてきた。そして、この「因果律」に依拠した森羅万象理解のためのいとなみが「科学」なのである。

以上本節では、われわれは思考によって得ることができる「それが何であるか、そしてそれはどのようなものであるか」を分かるという「事象の識別」と、事象と事象とが「どのような関係になっているのか」ということが分かる「事象間の関係性の把握」という二つの要素的思考成果について解説してきた。われわれは、これら二つの要素的思考成果を組み合わせることによって〝すべての分かり得ることを分かることができる〟のである。またこのことは、分かり得ることはすべてこれら二つの要素的思考成果を組み合わせて行うしかないということでもある。これが思考成果についての大原則である。

I・4　因果関係

前節で説明したように、われわれが思考によって分かることが可能なすべてのことを与えてくれる二つの要素的な思考成果が「事象の識別」と「関係性の把握」であり、「因果関係」はその関係性の把握によって得られる相関関係の一つの形態であった。因果関係に依拠して思考することによって、未知、未経験、未発生の事象に対しても合理的な判断や対応が可能になる。そのため、人間は因果律によって世の中の森羅万象を理解してきたし、逆にいうと世の中の森羅万象を理解するということは、世の中のさまざまな事象間の因果関係を捕捉することに他ならないのである。

つまり、因果関係の捕捉は思考成果の中でも最も重要かつ有用なものであるということができよう。しかし、現実の因果関係はタテ・ヨコに複雑に繋がり絡み合って存在しているため、的確にそれを捕捉するのは難度の高いチャレンジであるのも事実である。

本節では、その難しさを具体的に説明しながら的確に因果関係を捕捉するために参考になると思われる「因果の条件」と「因果捕捉の留意点」について解説する。

タテ・ヨコの因果関係

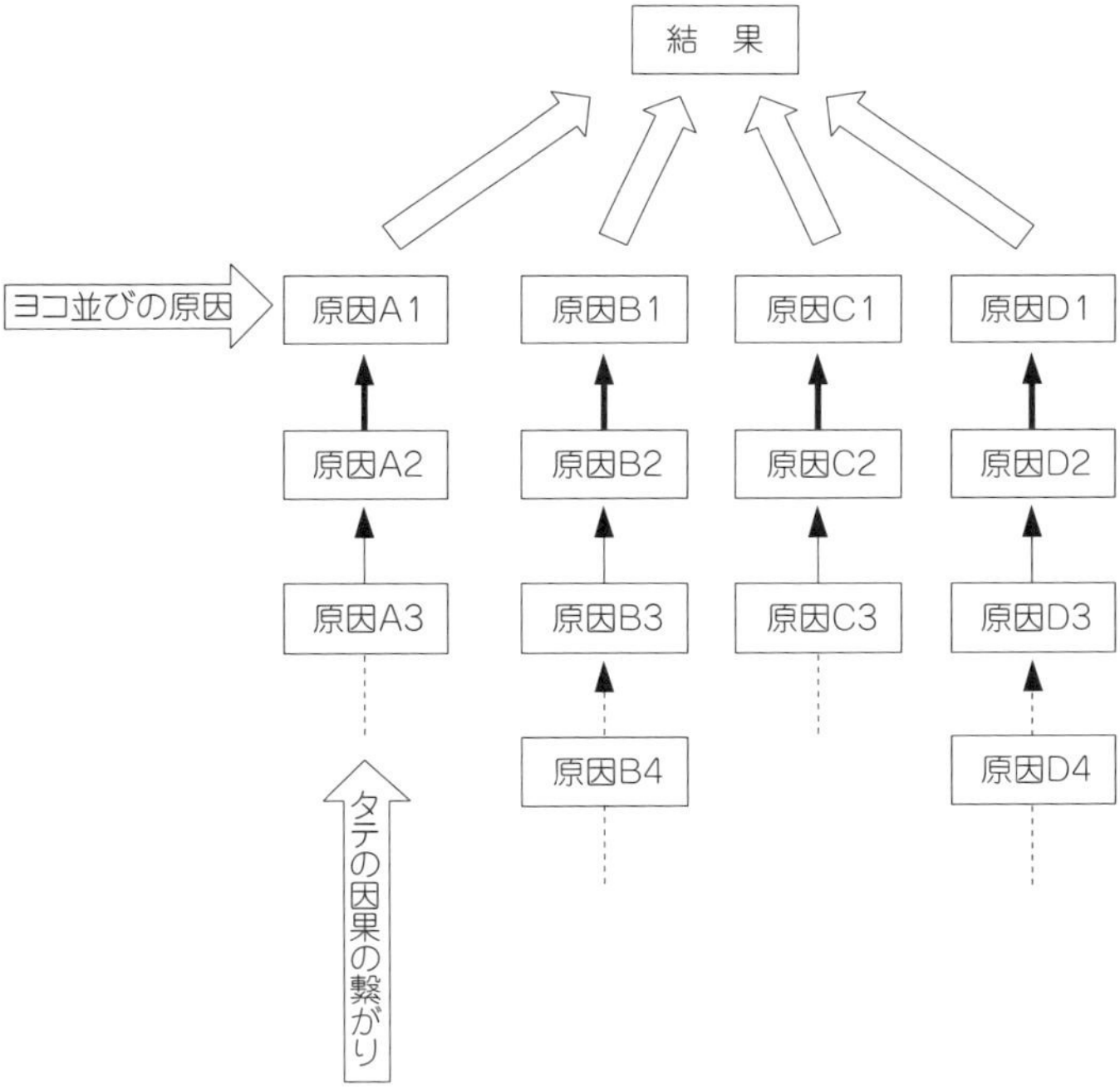

1　因果関係の二つの条件

森羅万象、無数の事象群の中からある特定の事象間に存在する因果関係を発見するにはどうすればよいのか。

基本的には〝結果〟である事象の前に生起したさまざまな事象を突き合わせて比べ、同じ結果が生じる前に必ず登場する事象を見つけ出して、それが〝原因〟であると特定すればよい。

しかしながら、現実の事象の因果関係はかなり複雑な構造になっているのが常である。結果としてのある一つの事象も、それを引き起こした原因がただ一つだけである場合は稀であり、複数の事象が原因としてヨコ並びに存在しているケースが多い。例えば、「A君が難関大学の受験に合格した。」のは「A君の頭がよかった。」からだけではなく、「A君は必死で受験勉強を頑張った。」からでもあり、また「万全の状態で受験に臨めるよう体調を整えた。」ことも重要な要因と見なすことができよう。

そしてさらに、原因としてのある事象の背景には、その事象を引き起こしたまたその原因が存在し、そしてそのまた背景にはさらに深い原因があるというようにいわば数珠つなぎのようにタテにも因果関係が繋がっているものである。「A君が必死で受験勉強を頑張った。」のは「どうしてもその大学のX教授の授業を受けたかった。」からであり、X教授の授業に憧れたのは「高校のときに読んだX教授の著作に感銘を受けた。」からであり、またその本を一生懸命読んだのは「大好きだったガールフレンドにプレゼントされた。」から等々のように、現実の因果は数珠つなぎに繋がっているものである。

このようにタテ・ヨコに複雑に繋がっている現実の事象群の中で、正しく因果を発見・捕捉するための「因果の条件」について説明していこう。

「因果」は相関関係の一種であるから、因果関係を発見するためには、まず第一に二つの事象が相関していることを確認しなければならない。言い換えると、二つの事象が影響を及ぼしたり及ぼされたりする相関関係であることの認識が第一歩である。その上で、どちらか一方の事象が必ず他方を生起せしめているという、特定の方向性で影響が発生している場合が因果関係ということになる。独立的に生起し他方に影響を及ぼしている事象が原因、影響を及ぼされ生起せしめられている事象が結果という関係である。

そして、ある相関関係が因果関係であることを見極めるための条件が二つある。「時間的序列」と「意味的連動性」である。以下これら二つの条件について例を用いながら詳しく説明していこう。

(1) 時間的序列

二つの条件のうち「時間的序列」の方は、シンプルで理解しやすいであろう。相関関係にある二つの事象のうち、ある一方の事象が必ず〝先に〟起こり、それを原因としてもう一方が〝後から〟結果として起きるということである。

その意味では「犬が西向きゃ、尾は東」という言葉があるが、この言葉の内容は厳密にいうと因果を示しているものではない。表現としては〝西を向いたので〟と因果の形をとっているが、犬の頭が西を向くのとその犬の尻尾が東を向くのは同時のはずであるから「時間的序列」がない。さらに、〝尻尾が東むきゃ、犬は西〟という内容も成立するはずであるから、二つの事象が生起する順序が固定していないとも見なすことができる。この意味からも「犬が西向きゃ、尾は東」は因果ではないのである。

一方、「雨降って、地固まる」は因果である。〝雨が降る〟ことと〝地面が固まる〟ことの間には時間的ラグが存在するし、その順序は必ず〝雨〟が先、〝地面〟が後という固定的な順序関係だからである。

このように当てはめて考えてみると「時間的序列」は比較的理解しやすいと感じて頂けると思うが、現実の事象の中には判断が少々厄介なケースも存在する。「相互因果」の関係である。「相互因果」とは、二つの事象A、Bがあったとき、AがBの原因となっているのと同時にBもまたAの原因となっているようなケースである。

例えば、「大学における優秀な学生の人数とその大学の就職率の関係」で考えてみよう。優秀な学生が多ければその大学の就職率は高いはずである。この場合〝学生が優秀である〟ことは〝就職に成功する〟ことに先駆けて生起している。したがって〝優秀な学生が多い〟が先、〝就職率が高い〟が後という時間的序列が成立する。

一方、〝就職率が高い大学だから優秀な学生が多く集まる〟という見方も現実的妥当性をもって成立する。こちらの見方においては、〝就職率が高い〟が原因で〝優秀な学生が多い〟が結果と、先ほどの見方とは逆になる。

このように二つの事象が互いに他方の原因となっている関係を「相互因果」という。「相互因果」は、現実の事象の中でも意外に多く見受けられる。特に「やる気と出世の好循環」とか「品質低下と売上不振の悪循環」などといった好循環、悪循環と呼ばれる現象は、「相互因果」の関係になっていることが多い。

(2) 意味的連動性

さて、因果の条件のもう一方「意味的連動性」は、「時間的序列」と比べると少々難解かもしれない。「意味的連動性」を定義的にかつ平易に説明するのはかなり困難ではあるが、敢えて試みるならば「経験的に納得して受け入れることが可能な関係性」という表現くらいであろうか。

この「意味的連動性」は明快で平易な説明は困難ではあるものの、因果の捕捉に際しては極めて重要な条件である。

二日酔いの原因を探る例で説明しよう。二日酔いの原因を探る場合には、二日酔いの前日に生起した事象を洗い出して、二日酔いになった場合に毎回必ず発生していた事象を二日酔いの原因として特定すればよい。

しかし、厳密には原因が前日に生起した事象である必然性はないのである。二日酔いという症状は、一分前に生起した事象が引き起こすものなのかもしれないし、一週間前のことが原因になっているのかもしれない。あるいは、二日酔いという症状に関する原因と結果の関係においては、一秒前だろうが一日前だろうが一ヵ月前だろうが、時間的間隔に関する法則性は存在しないのかもしれないのである。唯一確かなことは、二日酔いという結果の前に原因がすでに発生しているということだけである。ということは、二日酔いの前に毎回必ず起きていることを探すための母集団とすべき事象は無限に存在することになる。

しかも、この〝無限〟というのも二つの意味において無限である。一つは自分が生まれた日から二日酔いの前までという意味での時間軸的な無限性。もう一つは、〝大量のビールを飲んだ〟とか〝ワインとウィスキーをチャンポンで飲んだ〟とか〝食事をしないでウィスキーを飲んだ〟とかの事象だけでなく、〝朝起きてすぐに歯を磨いた〟とか〝会社の同僚におはようと声を掛けた〟とか、はたまた〝右足から靴を履いた〟などといった瑣末な事象まで検討対象の候補になってしまうという意味での無限性である。

結果が発生する前に必ず毎回起きた事象を探すという原因捕捉の検討作業を、機械的に事象を突き合わせて比べ〝同じ〟と〝違う〟に分けていくだけのやり方で取り組もうとすると、理屈の上ではこのように無限の事象群の中に溺れてしまうことになる。

この無限性から救ってくれるのが「意味的連動性」である。現実にわれわれがある事象の原因を探す場合には、毎回必ず起きる事象として特定化しようとする候補を想起する段階で、意味的連動性の観点からすでにスクリーニングが行われているのである。二日酔いのケースでいえば、一ヵ月前とか一年前の行動や二日酔いになった前日に締めていたネクタイの色やその日の最高気温といったことがらは、当然検討の対象から外されているはずである。

こうしてわれわれは、意味的連動性によって非常に効率的に因果関係の特定化を行えているのである。つまり、事象と事象の間に因果関係があるとすれば、その事象と事象の間には意味的連動性が存在するはずだという前提に立って、経験に基づいて意味的連動性がないと認定される事象については、原因特定化の際の候補から予め排除することができるのである。

さらに、因果の条件である意味的連動性は、当然ではあるが特定化された原因の妥当性のチェックの道具としても有用である。

可能な限りフェアに、すなわち経験と先入観に捉われないである事象の原因を探ろうとする場合には、意味的連動性（すなわち経験則そのもの）による事前の恣意的なスクリーニングを極力控えて、原因候補群の事象を機械的にチェックすることになる。このようなアプローチをとると全く思ってもみなかった原因の発見に辿り着けることもあるが、たまたま偶然に〝毎回必ず起きていた〟事象が紛れ込んでしまうこともある。こうした場合に、その事象が原因として妥当なものであるかどうかの判断の基準となるのがこの意味的連動性なのである。

例えば、高収益を上げている企業の好調さの原因を探ろうとするような場合、コンピュータを

因果の条件

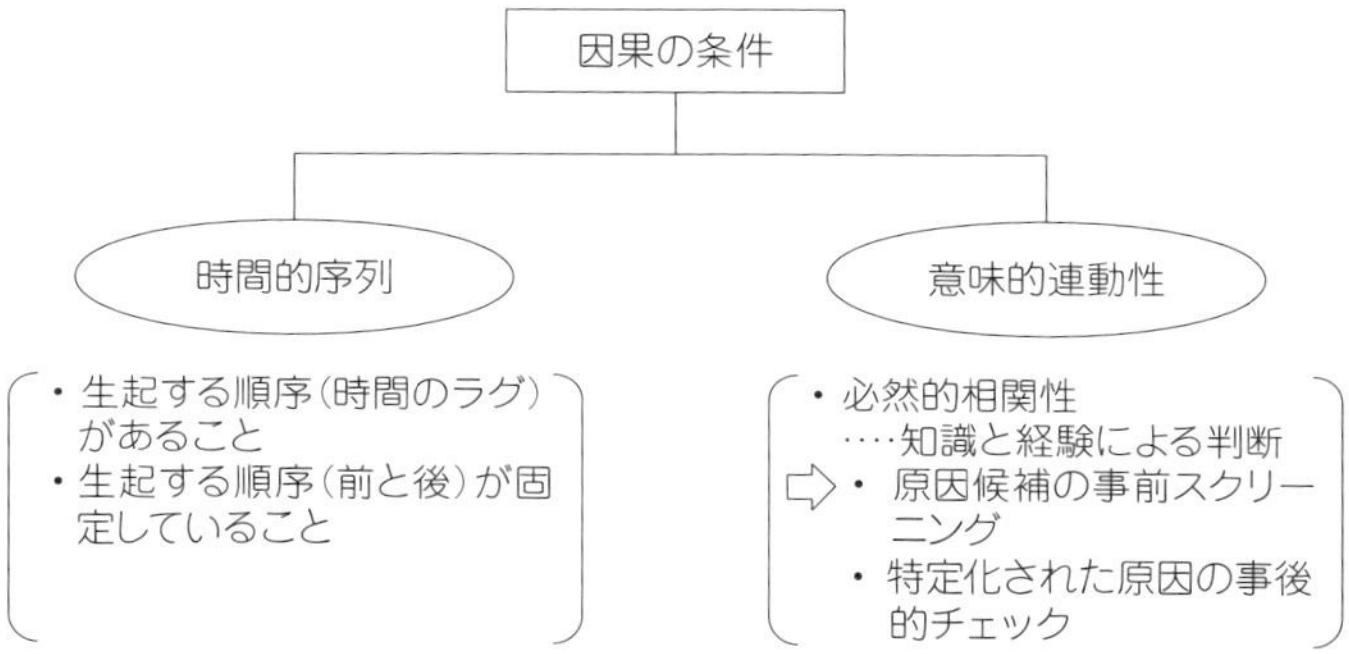
因果の条件
時間的序列
意味的連動性
・生起する順序（時間のラグ）があること
・生起する順序（前と後）が固定していること
・必然的相関性
‥‥知識と経験による判断
・原因候補の事前スクリーニング
・特定化された原因の事後的チェック

用いた多変量解析という無機的機械的な分析を行うことも多い。こうした分析で得られる結果に、時として意味的連動性の面で疑問を持たざるを得ないケースが見られることがある。

サンプル企業の選び方によっては、売上高に対する設備投資金額の割合や総資産回転率よりも、社長の趣味が釣りである企業が高収益である、などという結果になることもあり得ない話ではない。このような場合、社長がゴルフをやめて釣りを始めれば高収益になる、などということはあり得ないと判断することになろうが、こうした常識的に正しい判断を与えてくれるのが意味的連動性である。

このように正しく因果関係を捕捉するには、意味的連動性は極めて重要な条件であるが、結局は〝経験則的に納得できるかどうか〟にかかっている。したがって、経験や知識が極端に乏しい分野においては、この条件を吟味することがたいへん難しいということも忘れてはならない。

科学的な知識が乏しかった時代には「フグの毒に当たった人は首だけ出して土に埋めておけば治る。」といった笑い話のような俗説がまかり通っていたし、近年においても「大型の公共事業を続ければ景気は回復する。」という政策を続けて巨額の財政赤字が積み上がり、逆に構造不況が長引いたりしているが、これらは意味的連動性の確認が不十分な因果関係の認識に基づいた誤りだと見なすことができよう。

このように、因果を正しく捕捉する上で意味的連動性の確認は不可欠な条件であるが、その判断には十分な経験と知識が必要とされることをまた忘れてはならない。

2 因果捕捉の三つの留意点

これまで複雑に関係する多くの相関事象の中から、因果関係を特定するための二つの条件、「時間的序列」と「意味的連動性」について説明してきた。ただし実際に因果関係を的確に捕捉する場合には、現実の事象の複雑性のためにこれら二つの条件についての明快な判断が難しいことが少なくない。以降、事象間の因果関係を見極める上で陥りがちな誤認のパターンを具体的に紹介しながら、正しく因果関係を捕捉するための三つの留意点、第一に「直接的連動関係」、第二に「第三ファクター」、第三に「因果の強さ」について解説していく。

因果捕捉の留意点

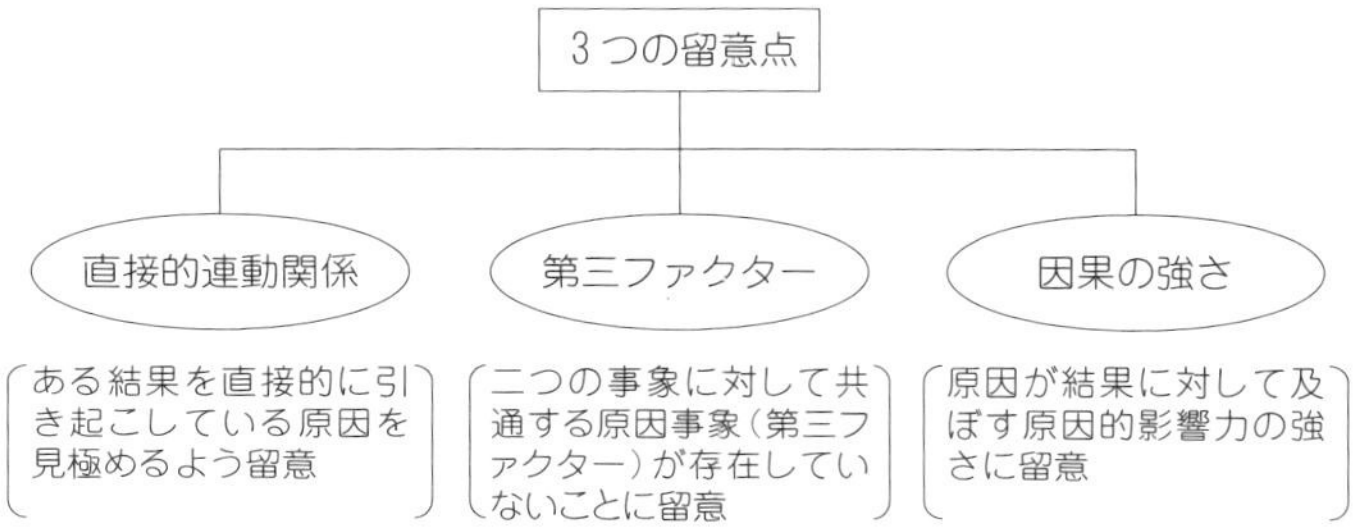
3つの留意点
直接的連動関係
第三ファクター
因果の強さ
ある結果を直接的に引き起こしている原因を見極めるよう留意
二つの事象に対して共通する原因事象(第三ファクター)が存在していないことに留意
原因が結果に対して及ぼす原因的影響力の強さに留意

(1) 直接的連動関係

二つの事象が因果関係にあることを正しく見極める上で、まず留意しなければならない第一のポイントは、二つの事象が「直接的連動関係」にあることの確認である。二つの事象間の直接的連動関係を認識することとは、先に因果の条件として紹介した〝意味的連動性の厳密な検証〟という理解をしてもよいであろう。

例で説明しよう。日常生活において「スピードの出し過ぎが事故の原因である。」ということをよく耳にする。しかし厳密にいうならば、スピードの出し過ぎと事故の発生は直接的に結びついている連動関係ではない。

どういうことかというと、スピードを出し過ぎていたために不意の飛び出しに対して気づくのが遅れたとか、ブレーキを踏むのが遅れたとか、事故発生の前には別の事象が存在していたはずである。直接的連動関係という観点からこのプロセスを厳密に意味付けるとするならば、スピードの出し過ぎという事象は、不意の飛び出しに気づくのが遅れたことの原因であり、ブレーキを踏むタイミングが遅れたことの原因であって、不意の飛び出しに気づくのが遅れ、またそのためにブレーキを踏むタイミングが遅れたという事象こそが、事故の原因だとする方がより正確な認識である。

　つまり、スピードの出し過ぎは事故の発生に対しては〝遠因〟とでもいうべきある種の相関関係にはあるものの直接的連動関係にはない。すなわち事故の発生に対して直接的連動関係にある原因は、ブレーキの踏み遅れであると認識すべきである。

　このように、直接的連動関係にある事象間の関係こそが、厳密な意味での因果関係だと理解

因果捕捉の留意点①：直接的連動関係

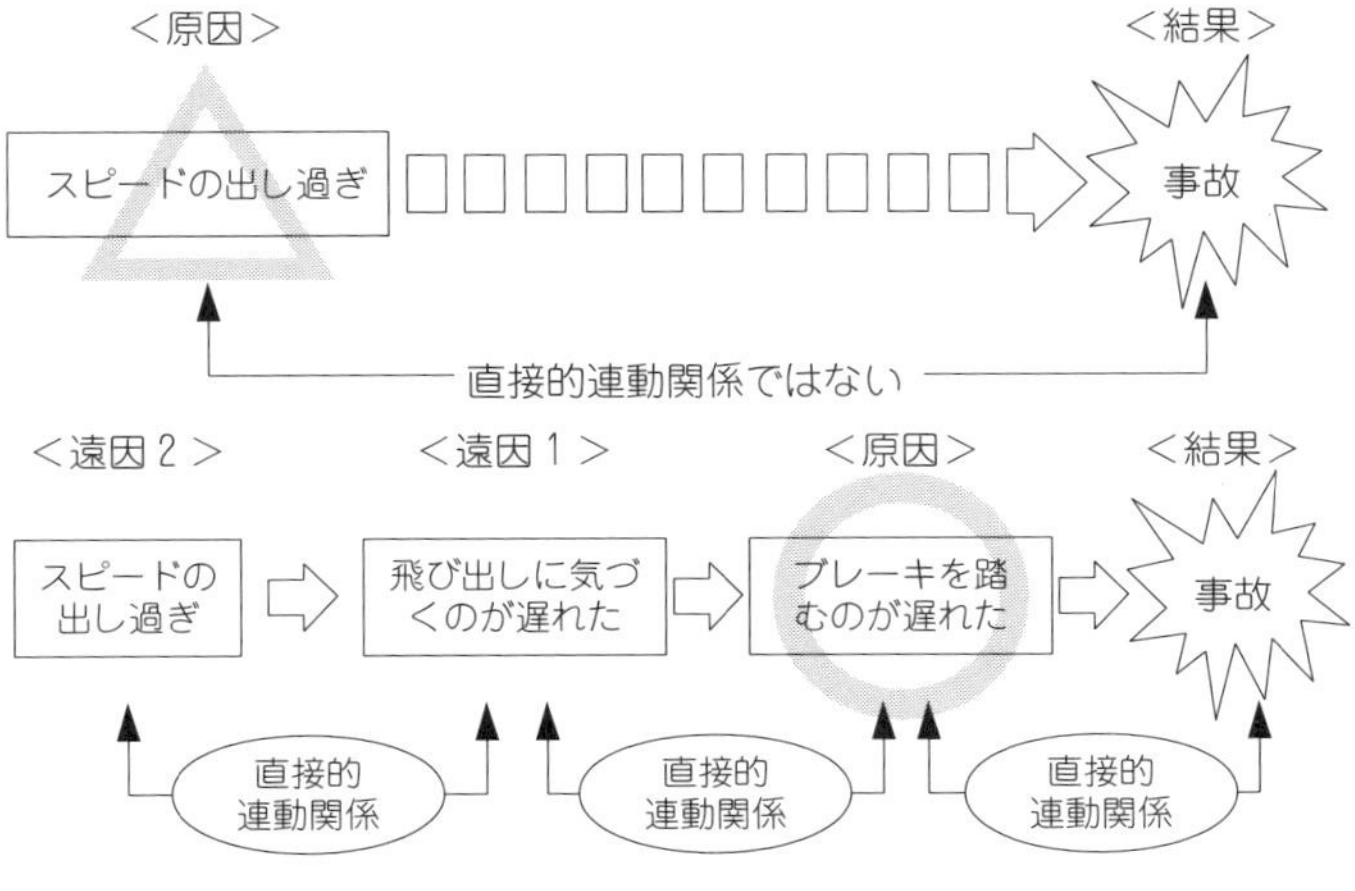

して頂きたい。なぜなら、直接的連動関係にない事象間の関係を因果関係と見なしてしまうと、例えば、問題解決の結論が的外れなものになってしまう場合があるからである。

先のケースで考えてみると、スピードの出し過ぎが事故の原因だと捉えてしまうと、〝事故という結果〟を発生させないためには〝スピードという原因〟を解消することが問題解決の方針になってしまう。例えば、時速八〇キロでも多くの事故が起きているとすると、理屈の上では時速六〇キロまでしか出ないように速度リミッターを標準装備させるなどの手段に結びついてしまうこともあり得るのだ。これではスピードという車の持つ最大のメリットを失ってしまうし、逆にスピードが出ないために危険回避ができないなどの逸失利益や副作用も極めて大きい。

一方、ブレーキを踏むのが遅れたことが事故発生の原因だと認識することができれば、飛び出してくるものをセンサーで感知して自動的にブレーキがかかるシステムを搭載するとか、ぶつかる瞬間にバンパーから強力なエアバッグが外に向けて飛び出す装置をつけるとか、スピードが出せることのメリットを確保したままで問題に対処することができる。

このように、スピードの出し過ぎが事故の原因であるという解釈と、ブレーキを踏むのが遅れたことが事故の原因であるという解釈では、事故という結果を回避するための手段が大きく違ってくることになる。したがって、事象間の因果関係を捕捉し、その因果関係に働きかけて結果をコントロールするためには、直接的連動関係にある原因事象を明確に認識しておく必要がある。

しかしながら、この事例でいうならば、スピードの出し過ぎは事故と直接的連動関係を持つブレーキの遅れを直接的に招いているわけであるから、事故の発生と無関係／独立であるわけでもない。スピードの出し過ぎは事故の発生に対してタテの因果の連鎖で結びついているのも事実であり、〝遠因〟とでも呼べる因果性を持った相関関係にあると見なすべきであるというのが妥当な理解であろう。

(2) 第三ファクター

次に因果関係を正しく見極めるための第二の留意点、「第三ファクター」について説明しよう。「第三ファクター」とは、一つの因子Ｘが異なる二つの事象Ａ、Ｂの原因になっている場合には事象ＡとＢの間にも相関関係が生じるが、このＡとＢの間の相関関係を生じさせる共通因子Ｘのことを指す。すなわち、〝事象Ｘと事象Ａ〟、〝事象Ｘと事象Ｂ〟がそれぞれ因果関係にある場合、ＡとＢの間に生じる相関関係の背後で、その相関関係を生じさせているＡ、Ｂ共通の原因Ｘが第三ファクターである。この場合、Ｘという原因があって生起する二つの結果ＡとＢの間の関係は単純な相関関係に過ぎないが、第三ファクターＸの存在が見えていないとＡとＢとの関係を因果関係だと誤って認識してしまうことがある。

具体例で確認しておこう。「家族の人数とその家庭の米の消費量」と「家族の人数とその家に存在する茶碗の数」という二種類の事象関係を想定して頂きたい。

一般に家族の人数が一人よりは二人、二人よりは三人、そして四人よりは六人の方がより多く米を食べているのは確実であろう。すなわち「家族の人数」と「米の消費量」の事象関係は、〝家族の人数が増えると、その家庭の米の消費量も増える〟という因果関係にある。

また、「家族の人数」と「その家に存在する茶碗

因果捕捉の留意点②：第三ファクター

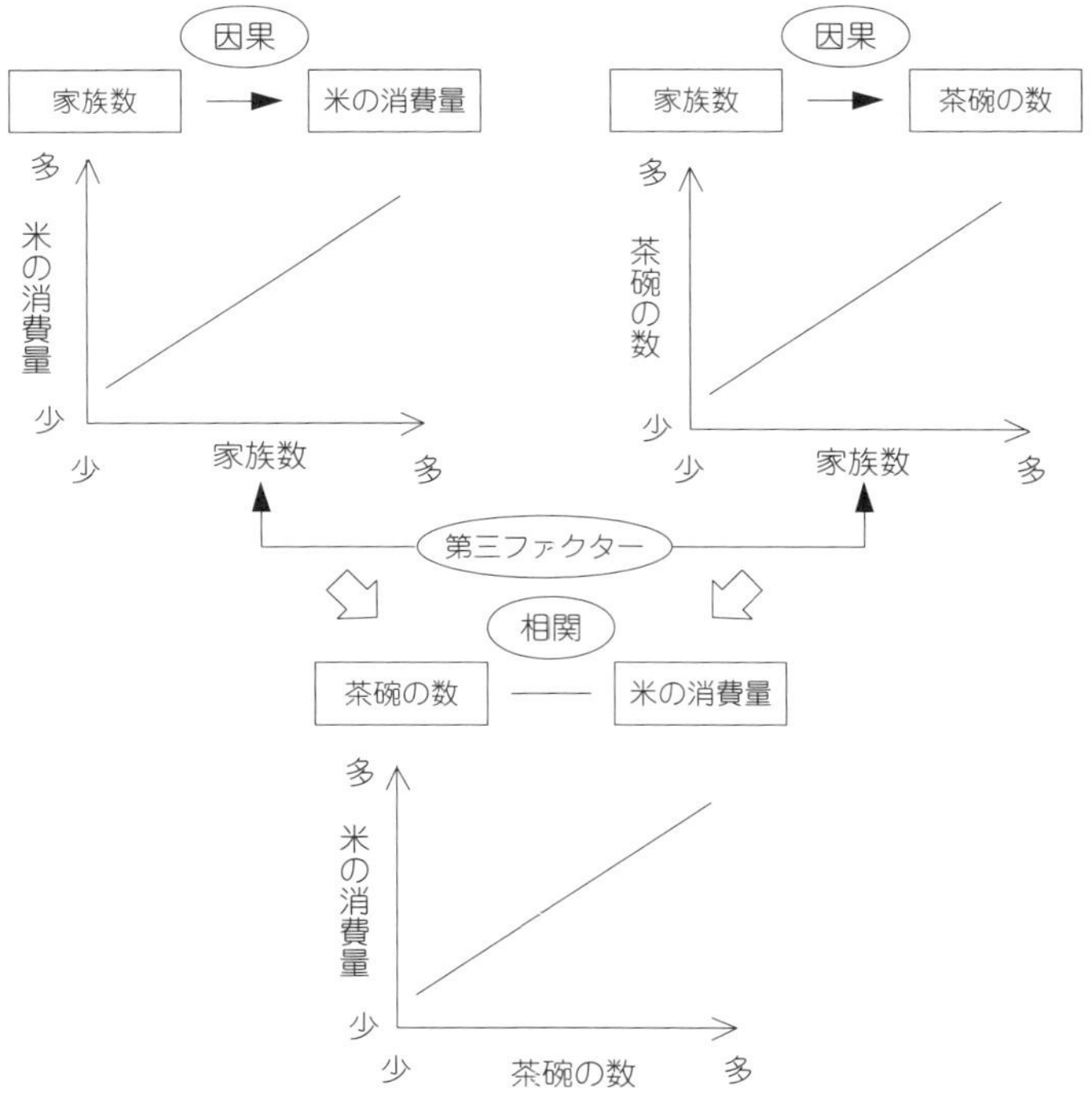

の数」の関係も全く同様に〝家族の人数が増えると、茶碗の数も増える〟という因果関係にある。つまり、このケースの場合、「家族の人数」が第三ファクターとなって「米の消費量」と「茶碗の数」の間に相関関係が成立するのである。

このような場合に第三ファクターである「家族の人数」を見落としてしまうと、「米の消費量」と「茶碗の数」との間の〝単純な相関関係〟を因果関係と誤認してしまうケースが発生する。

例えば、〝米の消費量を増やすためのキャンペーン〟を考えるために、さまざまなデータを分析していたとしよう。そのとき、「家族の人数」というデータ項目が存在しない状態で「家庭における茶碗の数」が見事に「米の消費量」と相関していることを発見した者が、「米の消費量は茶碗の数によって決まる。」という思い込みに陥ってしまうことはありがちである。この誤った因果関係の捕捉、つまり「米の消費量は茶碗の数によって決まる」という認識がいったん成立してしまうと、茶碗の数が増えると米の消費量が増えるのだから米の消費量を増やしたければ茶碗の数を増やせばよい、などという考えに陥ってしまうかもしれない。挙句、米の消費量拡大キャンペーンの施策は「各家庭に無料で茶碗を配ること」などという的外れなものになってしまうかもしれない。

この例のように、「茶碗の数を増やしても米の消費量が増える」ことはほとんどあり得ないという常識的・経験則的な意味的連動性の観点からの判断によって誤りが容易に分かる場合はよいが、多数の複雑なデータを扱って分析を行う場合には、第三ファクターの落とし穴にはまってしまうことも少なくない。第三ファクターの存在に気がつかないまま見事な連動性を持つ相関関係を発見してしまうと、意味的連動性については牽強付会《けんきょうふかい》の理屈付けをしてしまった上で、有効な因果関係だと思い込んでしまうことは決して珍しくないのである。

またもう一つ、第三ファクターとは少し事象間の関係構造が異なるが、重要な因果事象が隠されていることに気付かないために誤った因果関係の認識をしてしまった例を紹介しておこう。「フロリダ州では単位人口当たりで見ると結核で死ぬ人が全米で最も多い。」という事象から「フロリダ州の気候は結核には最悪である。」という結論を導いてしまった例である。

実はこの事例の場合、「フロリダ州の気候が結核の療養に適しているので、全米中から多数の結核患者が引越してきている。」という事象が見落とされているのである。結核の療養に適した気候を求めて全米中からフロリダ州に多数の結核患者が引越してくるので、フロリダ州の単位人口当たりの結核患者の比率が極端に高くなり、その結果として結核で亡くなる人の比率も高くなるというのが実態なのである。

このように、単純なデータや事象の表面的な相関関係だけから因果関係を結論付けてしまうと、第三ファクターや背後に隠された真の原因の存在を見落として誤った認識をしてしまうことが現実にも少なくない。「意味的連動性」を念頭に置きながら、「第三ファクター」の存在に十分留意

因果捕捉の留意点③：因果の強さ

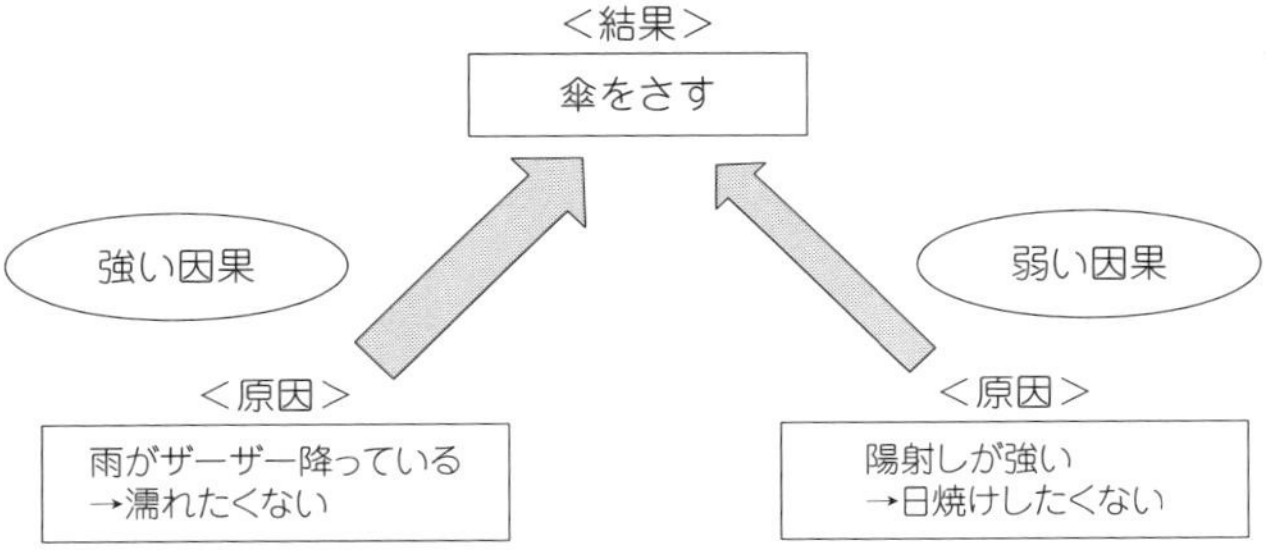

する必要があることを銘記して頂きたい。

(3) 因果の強さ

最後に、因果関係を正しく理解するために必要な第三の留意点、「因果の強さ」について解説しよう。

先に、現実的には結果として生起している一つの事象には、横並び的に並存するヨコの原因群と、因果の連鎖として繋がっているタテの原因や遠因が存在していると述べた。こうした現実の事象が持つ複雑な因果関係を適切に捕捉するためには、原因が結果に対して及ぼす原因的影響力の強さ、すなわち「因果の強さ」について留意しなければならない。

例えば、「雨が降っている。」という事象は「人が傘をさす。」という結果の強い原因といえよう。ザーザーと雨が降っていれば一〇人中九人は傘をさすからである。一方「陽射しが強い。」という事象も「人が傘をさす。」原因ではあるが、こちらは雨が降っていることと比べると弱い原因と見なされるべきであろう。陽射しが強いから傘をさす人の割合は雨の場合と比べると明らかに小さいし、雨のときには絶対に傘をさす人でも陽射しが強くても傘は面倒だからまあいいかと考えて、ささないことが多いからである。このように、因果関係における原因にも強い弱いが存在する。

また例えば、A君が難関大学の受験に成功した理由を考える場合でも、「元々A君は頭がよかった。」「A君は必死に勉強した。」「A君が使った参考書がその大学の試験問題に合っていた。」「A君は万全の体調で試験に臨めるよう健康管理に気を配った。」等々、いくつも原因と思われるものが挙げられるが、それらの原因事象の持つウエイトは明らかに異なるはずである。A君が元々頭がよくて必死に勉強したのであれば、別の参考書を使っても受験に成功した可能性は十分に考えられるし、逆に同じ参考書を使ったとしても、あまり熱心に勉強しなかったら合格しなかったかもしれない。A君がどれくらい頭がよかったのか、またA君がどれくらい必死に勉強したかの程度にもよるが、受験に成功したという結果をもたらしたいくつもの原因は、一つひとつは確実にその結果に対して有効に作用していても、その原因的影響の度合いは一つひとつ異なるのである。

このように因果関係にも、その原因と結果の連動性に強弱が存在する。この「因果の強さ」に対する正確な認識が欠如してしまうと、因果律によってさまざまな推論を行う場合に非現実的な結論《メッセージ》に辿り着いてしまったり、同じ原因から展開される推論によって結果的には全く異なる結論《メッセージ》がもたらされてしまうことになるのである。

以下、例を使って説明しよう。あなたが昨日思い切って貯金をおろして新しいスーツを買ったとしよう。この事象はあなたがスーツを買わなかった場合と比べると、世の中の貯金量を減らし、スーツメーカーの売り上げを増大させたことになる。そしてこの事実は、世の中の預金残高が減少したことを通して市中金利に上昇圧力を加える方向で作用し、またスーツメーカーの業績を向上させ、ひいては景気を押し上げ、こちらもまた市中金利を上昇させる影響力を持つ。つまり、昨日あなたが貯金をおろしてスーツを買ったために、二つの方向から市中金利を上昇させることになるのである。すなわち、「あなたが貯金をおろしてスーツを買うと金利が上昇する。」という因果関係の連鎖が成立するのである。

しかしながら、あなたが貯金をおろしてスーツを買ったとしても、そのことが原因となって金利が上昇するということは現実的にはあり得ない。「あなたが貯金をおろ

因果捕捉の留意点③：因果の強さ

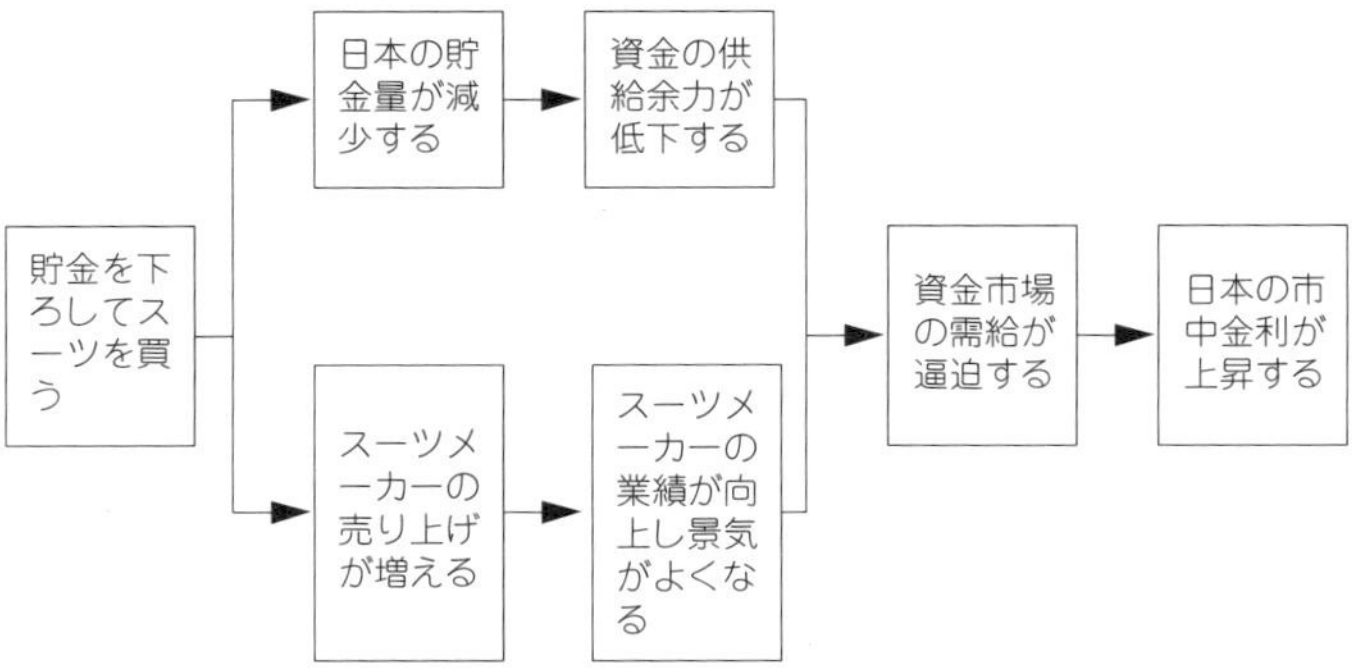

したことによる世の中の預金残高の減少」は無視できるほどの微々たるものであり、また「あなたがスーツを買ったことによるスーツメーカーの業績の向上」も同様に無視できるほど小さなものでしかない。したがって「あなたが貯金をおろしてスーツを買った」ことは「市中金利の上昇にも景気の刺激」にも、現実的な意味においては全く繋がらないのである。

ところが、〝貯金をおろしてスーツを買った〟のがあなた一人だけではなく、一千万人であったとしたならばどうだろうか。仮にスーツ一着一〇万円とすると、そうしなかった場合と比べて、一兆円の預金の流出と一兆円の消費が発生することになる。そうなると、先に述べたとおりの経済のメカニズムを通して「市中金利の上昇と景気の刺激」が実際に発生することになるであろう。まさにこの違いが「因果の強さ＝原因的影響力の強さ」の違いなのである。

この「スーツを買うと金利が上がる。」の例は「風が吹いたら桶屋が儲かる。」の極端な例ではあるが、こうした複雑な因果の連鎖で多様な事象が繋がっているという中にあっては、事象と事象の間の因果の強さを見極めておかなければ正しい推論の結果は得られない。多様な事象が因果関係で複雑に繋がっている場合には、どの原因が結果に対して、どれくらい〝強く〟影響しているかということを正しく把握していないと、非現実的な認識と誤った判断に陥ってしまう危険性があるのである。

現実の事象群の間に存在するタテ・ヨコに複雑にからみ合った因果関係の強さの把握ができて

こそ、因果律による推論が正しいものになる。ある事象がもたらす現実的な影響の大きさや、ある問題を解決するため打つべき手立てを考える際に有用で正しい答え《メッセージ》を得ようとするならば、事象と事象を因果の関係で結ぶ線の太さ、すなわち因果の強さに十分留意しなければならないのである。

Ⅰ・5　思考の属人性

これまで「思考」の定義と思考作業のメカニズムについて解説した上で、思考によってわれわれが得ることのできる思考成果についても詳しく説明してきた。ここではさらに思考に関するより深い理解を得て頂くために、思考成果を大きく左右する重要なファクターである「思考の属人性」について解説しておこう。

1　知識の属人性

これまでの説明でも明らかなように、思考者が有意な意味合い《メッセージ》を得るために、思考対象に関する情報と突き合わせる知識は、当然のことながら思考者がその時点までに経験や学習を通して獲得し、その時点で属人的に保有しているものである。したがって同一の思考対象についても思考者が得る意味合い《メッセージ》は、思考者が保有している知識によって必然的にその内容は異なったものになる。これが「知識の差に起因する思考の属人性」である。

先の「低い唸り声を上げている、黒い毛に覆われた、軽自動車ほどもある生き物」に出くわしたケースで考えてみよう。

まず思考者がヒグマ自体を知らないと、「それはヒグマだ。」という識別を得ることは不可能である。また同様に、その物体に関する「低い唸り声」という情報も、思考者がヒグマが唸ることを知らなければ、あるいはヒグマが唸ったり吼えたりしないという思い込みをしていたとしたら、この場合にもその生き物を「ヒグマだ。」と正しく識別できないで終わってしまうことになる。

さらにその生き物がヒグマであるとの識別に順調に到達した場合でも、ヒグマの性質について保有している知識によって、その後自分がとるべき行動についての判断は大きく違ってくる。

例えば、「人間を襲うこともある。」という知識がなければそのまま近づいていって通り過ぎようとするかもしれないし、極端な場合だと、そばに近寄ってつついてみたり撫でてみたりするかもしれない。つまり、目の前に存在するヒグマと自分の関係性を適切に認識できないのである。

このように識別と同じく、事象と事象の間にはどのような関係があるのか、事象間の関係性を把握する場合にも、思考者の持つ知識によって得られる意味合い《メッセージ》は全く異なったものになるのである。

思考とは、そもそも外から与えられた情報を、思考者が頭の中で自らの知識やそれまでの経験と照らし合わせて同じ部分と違う部分に仕分けし、整理して「それが何であるか」を分かり、「あれとこれの関係はどうなっているのか」を理解する行為である。したがって、〝外〟から与えられた情報が同じであっても、それと突き合わせて比べる知識の要素が異なっていれば、思考者が認識する同じ部分と違う部分は当然大きく異なることになる。その結果、同じ部分と違う部分をまとめ上げて整理した全体像も異なったものになり、思考成果としての答え《メッセージ》は思考者によって必然的に異なったものになるのである。

これが思考成果の内容を左右する「知識の属人性」である。

2 性格の属人性

では、全く同じ知識を持つ人であれば、同一の対象に関する思考成果は全く同じものになるのかというとそうではない。

思考には、思考者の知識の差に起因する属人性の他に、もう一つ属人性を生む要素がある。思

思考の属人性

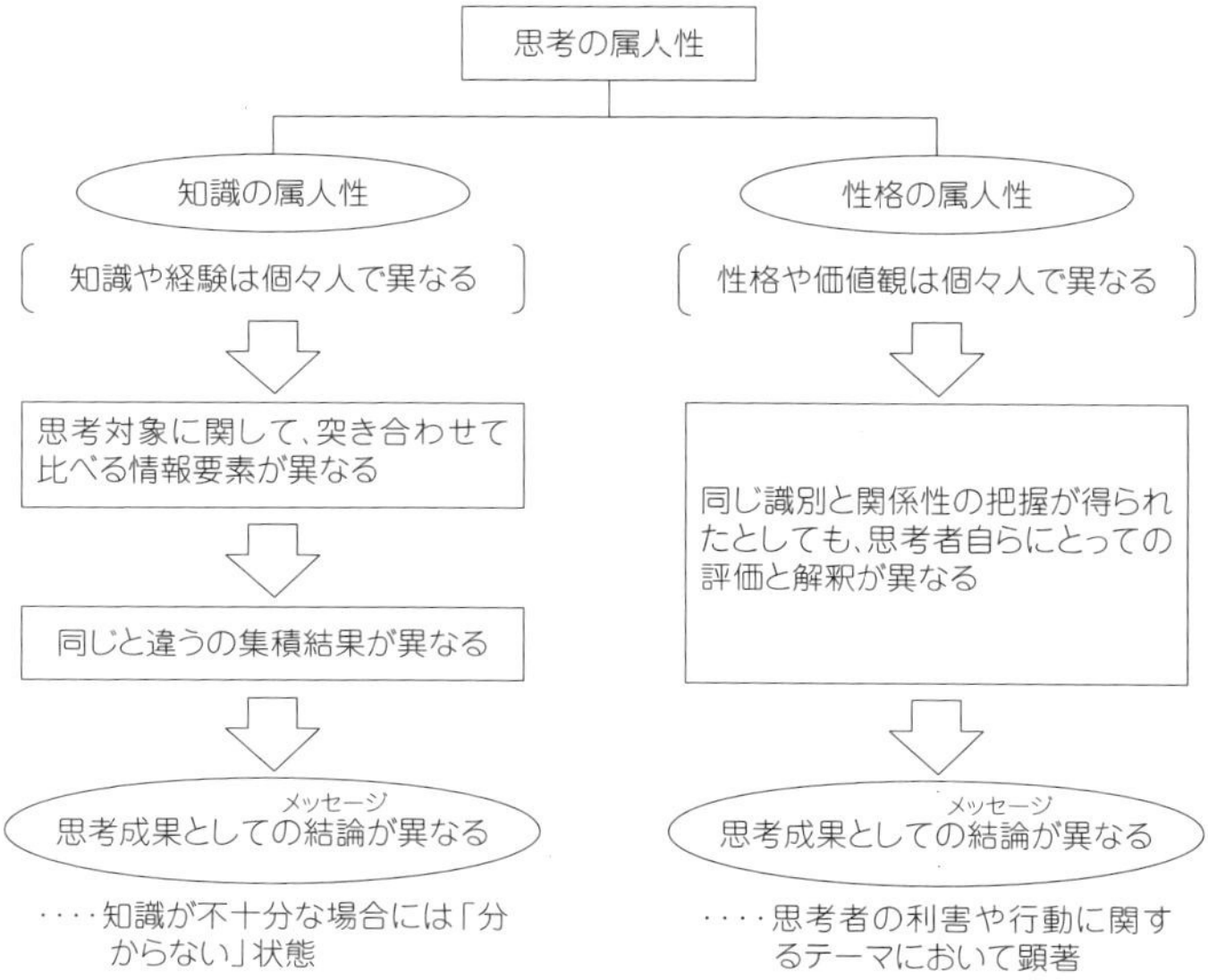
思考の属人性
知識の属人性
性格の属人性
知識や経験は個々人で異なる
性格や価値観は個々人で異なる
思考対象に関して、突き合わせて比べる情報要素が異なる
同じと違うの集積結果が異なる
同じ識別と関係性の把握が得られたとしても、思考者自らにとっての評価と解釈が異なる
思考成果としての結論《メッセージ》が異なる
思考成果としての結論《メッセージ》が異なる
・・・・知識が不十分な場合には「分からない」状態
・・・・思考者の利害や行動に関するテーマにおいて顕著

考者の「性格の差、価値観の差に起因する属人性」である。

再び、先のヒグマの例で説明しよう。「目の前に横たわる、黒い毛に覆われた、低い唸り声を上げている、軽自動車ほどもある大きな物体」に対して、同じ知識を持っている二人が遭遇したとしよう。

同じ知識に基づいて、「それが何であるのか」を考えるのであるから、「それはヒグマだ。」という同じ識別を得ることになるであろう。また、「これはどのようなものであるのか」についても、二人はヒグマについて同じ知識を有しているのだから、「大型の哺乳類で雑食性である。」、「北海道に生息し、冬眠する。」、「性質は獰猛で人間を襲うこともある。」等々、全く同じ内容を想起することになる。ここまでは、同じ知識を持つ二人であれば、同じ識別という思考成果を得ることになる。

しかし、この後「目の前にヒグマが横たわっている」状況に対して、「自分はどうするべきか」という思考テーマについては、同じ結論《メッセージ》に辿り着く必然性はない。つまり、「目の前のヒグマとその前に立っている自分」との関係性の認識内容は、知識が同一であっても結論《メッセージ》は異なる可能性がある。この違いを発生させるのが、「性格の属人性」あるいは「価値観の属人性」である。

このケースにおいて、怖がりで極力リスクを避けようとする人であれば、「万一、このヒグマに襲われたらかなわない。」と思って「一目散に逃げる。」という結論《メッセージ》が浮かぶだろうし、好奇心が強くて多少ならリスクを冒すことも嫌わないタイプであれば、「街中でヒグマに遭遇する機会などめったにないのだから、しばらく事態を観察していよう。」と思うかもしれない。正義感で公共心の強い人なら「自分が逃げるだけでなく、早く通報して周辺の住民の安全を図らなければならない。」と考えることもあり得るだろう。

つまり、宝くじが当たる確率と期待値を知っていても買う人と決して買わない人がいるし、サメのいる海にサンゴ礁がきれいだからと潜る人もいれば、足も浸さない人もいるのと同じである。

このように、同じ識別に基づいていても、関係性の評価や状況の認識について、危険／安全、面白い／つまらない、といった価値観や感覚が伴う結論《メッセージ》は、思考者の「性格の属人性」が大きく反映されることになるのである。

そして、性格に起因する思考の属人性は、思考者の利害や行動に直接かかわりが強いテーマほど影響が強く現れるのが特徴である。

3 思考の属人性のもたらす意味

以上説明してきたように、思考とは思考者の頭の中で独立に行われる極めて属人的な行為であるために、思考者の保有する知識と性格によって思考のアウトプットとして得られる事象の識別も関係性の把握も、そして識別と関係性を組み合わせたさらに大きな思考テーマ全体についての結論も、大きく異なってしまう蓋然性が存在する。人間は一人ひとり知識や経験が全く異なっており性格も千差万別であるのが現実であるから、思考者の属人性に根ざしてもたらされる思考のアウトプットは当然十人十色で、一致する必然性は全くないのである。

では、人がさまざまなことについて思考しその結論を表明し合ったとしても、人それぞれ知識や性格が異なっている限り意見が一致する可能性は全くないのであろうか。

そうではない。多数の思考者が共有し合えるような客観的な結論を得るための考え方、さらにいうと、誰もが正しいと認めざるを得ない思考成果をもたらしてくれる方法論が存在する。その思考の方法論が「論理」であり、その論理の根拠として客観的正しさを担保するのが正しい「情報」である。

同じ情報に基づいて思考を行えば、同じ結論に辿り着けるような思考のプロセスと思考のルールが「論理」であり、「論理」に基づいた思考と議論が存在するから、世の中に客観的に正しい、すなわち普遍性を持つ命題が成立し得るのである。

第Ⅱ章 論理

第Ⅰ章では、「思考」について解説した。「思考」とは、頭の中で情報と知識を加工して意味合い《メッセージ》を得ることであった。しかし思考者の知識や性格の属人性のために、同じ思考対象に関する結論《メッセージ》も思考者によって必然的に異なるものになってしまうことについても言及した。

第Ⅱ章では、こうした思考の属人性を超えて、誰もが納得できるような結論を得るための、つまり客観的正しさを担保してくれる思考の方法論である「論理」について解説する。

まず「論理」とは何かについて定義から説明した上で、論理を使って思考成果を得るための「論理展開」と「推論」について解説する。その上で「演繹法」と「帰納法」という論理展開の二つの方法を紹介し、それぞれの形式、要件、限界等々について詳しく解説する。そして最後に論理展開を行って得られる結論が客観的に正しいものであるための条件を整理して提示する。

これらの「論理」に関するしくみと要件を習得し、「論理」を活用して、論理的に思考を行うことが本書の主たるテーマである「論理的思考」なのである。

Ⅱ・1　論理とは

1　論理の定義

まず、「論理」というものを定義することから始めよう。

ある「根拠に基づいて何らかの主張（結論）が成立していること」、言い換えるならば、「ある主張（結論）が何らかの根拠に基づいて成立していること」を「論理構造」という。そして論理構造において「根拠から主張（結論）を導く思考のプロセス、思考の道筋」が「論理」である。

つまり「根拠」と「主張」によって「論理構造」が成立し、「論理構造」の中で「根拠」と「主張」を繋いでいるのが「論理」である。

例で説明しよう。「ナマコは軟体動物である。したがって、ナマコは植物ではない。」この二つの文から成る文章は論理構造を成している。この場合「ナマコは軟体動物である。」というのが根拠で、「ナマコは植物ではない。」というのが主張（結論）である。そして「ナマコは軟体動物」だから、したがって「ナマコは植物ではない。」と結論付けた思考プロセスが論理なのである。

「論理構造」とは

論理構造とは：ある「根拠」に基づいて何らかの「主張／結論」が成立していること

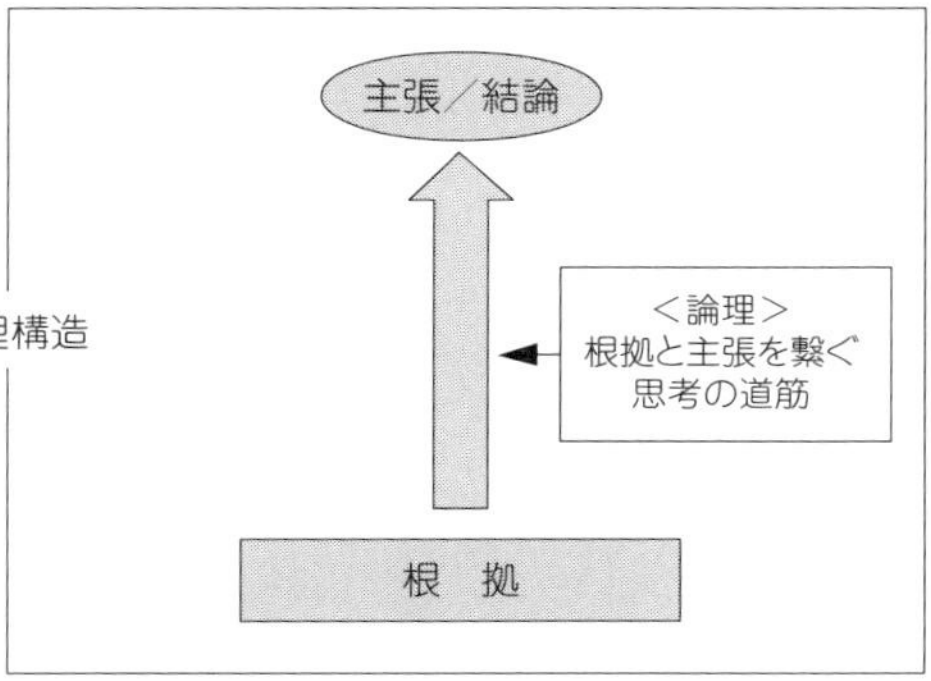

もう一つ例を示そう。「私が今までに会ったことのあるアメリカ人は皆金髪であった。だからアメリカ人は全員金髪であろう。」こちらも論理構造を成している。「私が今までに会ったことのあるアメリカ人は皆金髪であった。」ことを根拠として「アメリカ人は全員金髪であろう。」ということを結論としており、根拠と主張（結論）が揃っているからである。そしてこちらの例でもまた、「私が会ったことのあるアメリカ人が皆金髪であった。」から、したがって「アメリカ人は全員が金髪であろう。」と考えたその思考の部分が論理なのである。

ここで一つ重要な留意点について触れておこう。

本章の冒頭で、「結論の客観的正しさを担保してくれる思考の方法論が論理である。」と述べたが、ここで挙げた二番目の例の結論である「アメリカ人は全員金髪であろう。」は明らかに客観的正しさに欠けるものである。にもかかわらずこの例は「論理構造」を成しており、しかも「論理」の存在によって「根拠」から「結論」が導出されていると見なすことができるのである。

この一見矛盾に見える食い違いについて解説しておこう。なぜ、客観的正しさを担保してくれるはずの論理によって導かれた結論が明らかに誤っているという事態が起きるのかというと、論理は客観的正しさを担保するための一つの必要条件であって、十分条件ではないからである。しかしながら、論理だけでは結論の客観的正しさを担保するためには十分ではないものの、客観的正しさを担保するためには論理は必ず必要であるという点は忘れないで頂きたい。

結論の客観的正しさが担保されるためには「論理」が存在するだけではなく、一体何が必要なのか、あるいはどのような論理構造でなければならないのかについては次節以降で詳しく説明していくが、ここではまず客観的正しさを担保するための必要条件である「論理」と「論理構造」についての理解を得て頂きたい。

2 論理構造の二つの条件

「論理」とは、「論理構造の中で根拠と主張を繋ぐ思考プロセス」であるという定義について説明したが、次に論理が成立するための前提となる論理構造について、もう少し詳しく解説しておこう。

「論理構造」が成立するための条件は、二つある。一つ目の条件は、「命題」が少なくとも二つ必要であること、二つ目は、その二つの「命題」の一方が「根拠」、そしてもう一方が「主張（結論）」という役割として〝繋がれ得る〟ものであることである。

第一の条件の方から詳しく説明しよう。論理構造は少なくとも二つの「命題」によって成立する。「命題」とは一般的には〝文〟か〝式〟の形式で表わされることが多い。より具体的にいうと、〝文〟とは「主語と述語を持つ文」であり、〝式〟とは「等号、不等号等の記号で左辺と右辺に分けられた式」のことで

論理構造の二つの条件

命題とは：文（主語と述語を持つ文）or式（等号、不等号等の記号で右辺と左辺に分けられた式）で表わされたもの

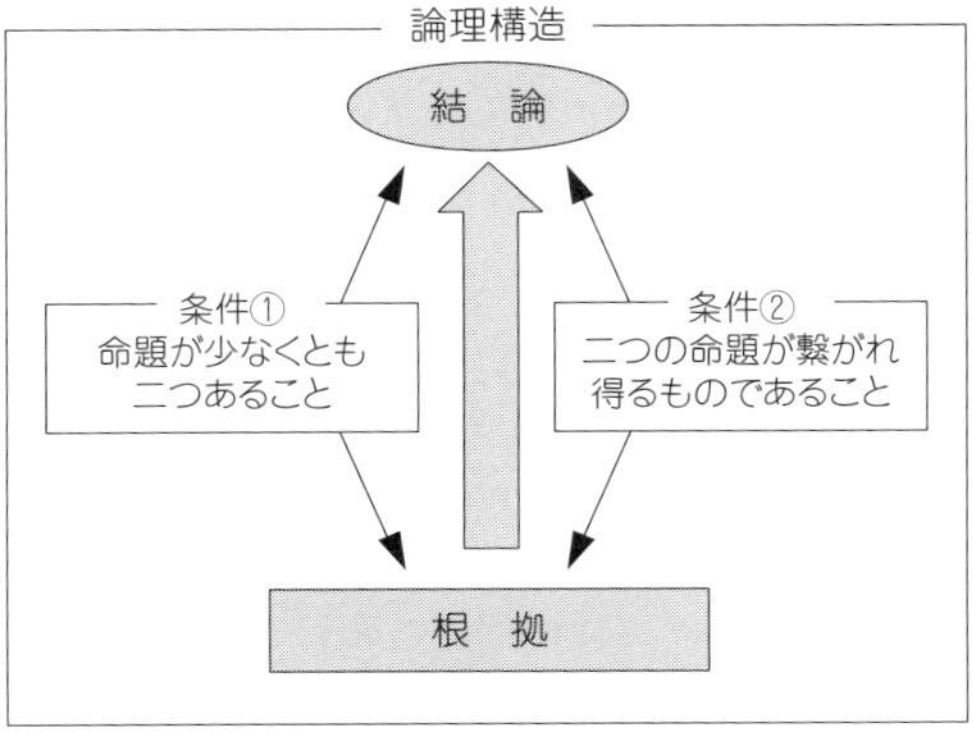
論理構造
結　論
条件①
命題が少なくとも
二つあること
条件②
二つの命題が繋がれ
得るものであること
根　拠

ある。

「春がきた。」とか「桜の花が咲く。」とか「ナマコは軟体動物である。」とか「私は賛成である。」などは〝文〟であり「命題」である。一方「春」、「桜の花」、「咲く」、「ナマコ」、「賛成である」などは〝文〟ではなく「命題」ではない。

また、$y = 3x + 9$ や $x^2 + 3x + 2 > 2x - 5$ などは〝式〟であり「命題」であるが、3x とか 9 とか x^2 は〝式〟ではなく「命題」ではない。

つまり論理構造が成立するためには、まずこのような命題が少なくとも二つ必要なのである。

したがって、

①「春、花」は〝春〟も〝花〟も命題ではないので論理構造を成さない。

②「春がきた。」は命題が一つだけなので、論理構造を成さない。

③「春がきた。花が咲いた。」は命題が二つは入っているので、論理構造を成し得るための第一の条件を満たしている。

ここで〝文〟について補足しておくと、「春がきたので、桜の花が咲いた。」というのは形の上では一つの〝文〟ではあるが命題構造を成している。このケースでは「春がきた。」という〝主語＋述語〟と「桜の花が咲いた。」という〝主語＋述語〟の二つの〝主語＋述語〟のセットが、「ので」という副助詞によって足し合わされて形の上で一つの〝文〟になっているから、二つの命題が存在していると見なし得るのである。

以上、「論理」が存在し得るための前提である「論理構造」が成立するために必要な第一の条件、「命題が少なくとも二つ存在すること」について説明した。平易に考えれば、「論理」とは「根拠」と「主張」を繋ぐものであるから、「根拠」や「主張」となるための命題が一つだけでは繋ぎようがないことは明白であるし、何かが「根拠」や「主張」になるためには、単なる単語であっては意味内容的に不十分だということも感覚的に理解して頂けるであろう。

次に、「論理構造」が成立するためのもう一つの条件「二つの命題が根拠と主張という役割として〝繋がれ得る〟ものであること」について説明しよう。

論理構造とは「ある主張が何らかの根拠に基づいて成立している」ものであるから、「根拠」と「主張」が必要であることは当然である。そのために「命題が少なくとも二つ必要」であるが、その上でどちらか一方の命題が根拠、もう一方の命題が主張という役割分担が必要となる。

例で示そう。「春がきた。」と「桜の花が咲いた。」という二つの命題であれば、「春がきた。」を根拠とし、「桜の花が咲いた。」を主張とする論理構造が成立する。「春がきた。」⇓（春がくると気温が上がるから）、あるいは（桜の花は春に咲くものだから）⇓「桜の花が咲いた。」と〝繋げる〟ことができる。

またこの二つの命題であれば、根拠と主張の役割を逆に担わせることも可能であろう。その場合には「桜の花が咲いた。」を根拠と見なして、「春がきた。」を主張とする論理構造となる。「桜の花が咲いた。」⇓（桜の花が咲くのは春だから）⇓「春がきた。」ことが判ったという〝繋がり方〟である。

このように命題が二つあれば、考えようによって、すなわち「論理」の組み立て方によって比較的自由に広い範囲で二つの命題を〝繋ぐ〟ことができる。

例えば、「ナマコは軟体動物である。」と「イカは軟体動物である。」という一見根拠と主張の関係にはないような二つの命題でも、考えようによって「論理構造」を組むことはできるのだ。「ナマコは軟体動物である。」を根拠と見なして、⇓（イカはナマコと同様に無セキツイ動物で甲殻がなく外套幕を持っているから）⇓「イカは軟体動物である。」を主張に見立てれば、論理構造となる。つまり二つの命題の間に何らかの意味的関係性を見い出すことができれば、その意味的関係性を加工・解釈して「論理」とし、一方の命題を「根拠」、他方を「主張」として繋ぐことができるのである。

ところが、どうしても〝繋ぐことができない〟類いの命題も存在する。つまり二つの命題の間に〝何ら意味的関連性を見い出せない〟関係である。こうした何の関連性もない命題を「乖離命題」という。例えば、「桜の花が咲いた。」という命題と「ナマコは軟体動物である。」という命題とを、何らかの意味的関連性によって〝繋ごう〟としても不可能である。

「私が今までに会ったアメリカ人は皆金髪だった。」と「特急電車は全席指定である。」も繋ぎようがないし、「あれはヒグマだ。」と「広告宣伝費がカットされた。」も繋がらない。

このように命題が二つあっても、二つの命題が何ら意味的関連性を持たない「乖離命題」である場合には、根拠と主張の役割を担わせることができないため論理構造は成立しないのである。以上、「論理構造」が成立するための二つ目の条件「二つの命題が根拠と主張という関係で繋がれ得るものであること」を理解して頂けたであろう。

3 論理的であること

ここまで「論理」と「論理構造」について解説してきたが、それでは「論理的」であるとはどういうことをいうのであろうか。

ここまで解説してきたことをベースに簡潔に説明するならば、「論理的」であるとは、「話（議論／文章）が論理構造を備えていて、根拠から主張を導出するプロセスの納得性が高いこと」である。つまり、話を聞く人／読む人が明快に理解することができ、納得感を持って受容できるような思考の道筋、すなわち論理によって根拠から主張が導かれている場合に、その話は「論理的である」ということになるのだ。

またここで一つ留意点がある。先の「私が今までに会ったアメリカ人は皆金髪であった。だからアメリカ人は全員金髪であろう。」という論理構造の主張には説得力がなかった。

では、このような例ではどうだろう。「私が今までに見たカラスは皆アホウドリよりも小さかった。だからカラスはすべてアホウドリよりも小さいであろう。」こちらの例ではある程度説得力を感じるのではないだろうか。

さらに「私が今までに見たことのあるミジンコはすべてスルメイカより小さかった。だからスルメイカよりも大きなミジンコは存在しないであろう。」こちらならさらに説得力があるはずである。

これら三つの例「アメリカ人は全員金髪だろう。」も「カラスはすべてアホウドリよりも小さいであろう。」も「スルメイカよりも大きなミジンコは存在しないだろう。」も論理構造は全く同一である。にもかかわらず説得力や納得感が大きく異なるのは、話の聞き手／読み手が論理構造の中で示される意味内容を自分の知識と突き合わせて、納得できる／納得できないの判断を行うからである。

具体的にいうと、最初の例に関していえば、「アメリカ人は二億人以上いるのに、仮に一〇〇人のアメリカ人と会ってその全員が金髪だったとしても、それだけでアメリカ人全員が金髪だと判断するのは乱暴である。仮に会ったことのある人数が一〇〇人ではなく一〇〇万人だったとし

「論理的である」とは

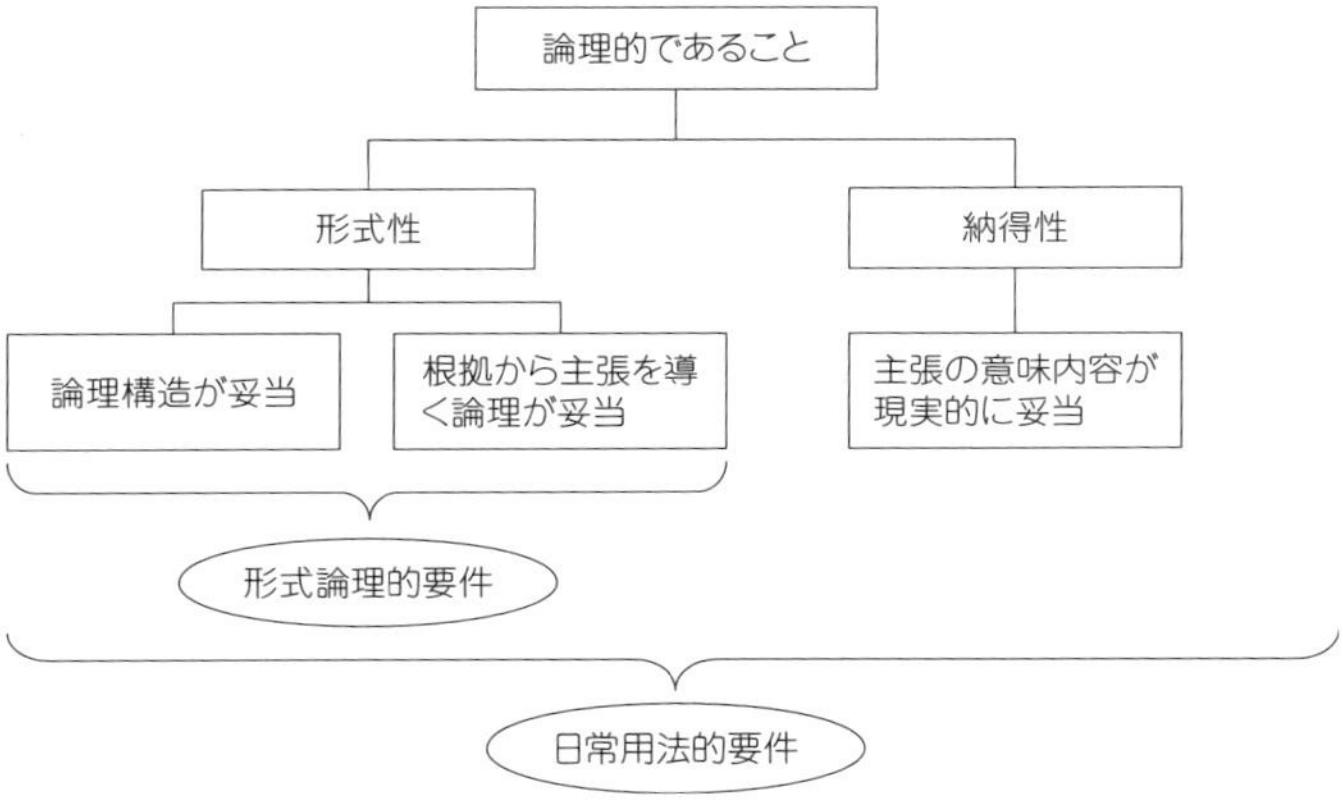

ても、二億人以上の人口と比べると〇・五%以下だから、それでも不十分ではないか。」と考えてしまうし、さらに決定的なのは「アメリカ人は全員が金髪ではない。」ということを事実として知っているから、まるで説得力がないのである。

一方、ミジンコの例でいうと、「ミジンコはプランクトンの一種で微生物と呼ばれるごく小さな生き物である。通常体長は数ミリメートル以下で、大きくてもせいぜい数センチメートル程度までであろう。一方スルメイカは普段スーパーで見かけるもので三〇センチメートルくらいはあるから、ミジンコがいくら大きく成長したとしてもスルメイカを超えることはないはずだ。」という知識と経験に基づいた判断がなされて納得感が生まれるのである。

以上のように「論理的であること」とは、一義的（狭義）には「主張が根拠に支えられているという論理構造が成立していて、根拠から主張を導出するプロセスである論理が適正であること」と規定できる。しかしながら、話が論理的に説得力を持つかどうかという観点まで含めて「論理的であること」の要件とするのであれば、「主張と根拠が論理によって結ばれている」という形式上の論理性に加えて、根拠から論理によって導出された「主張の現実的妥当性」が必要となる。こちらを二義的（広義）な意味での「論理的であること」と呼ぶとすれば、日常的な用法における「論理的」という言葉はむしろこの広義の意味に近い。

こうした狭義、広義の「論理的」の観点から先の「私が今までに会ったことのあるアメリカ人は皆金髪であった。だからアメリカ人は全員金髪であろう。」という話を評価するならば、狭義においては、すなわち形式的には〝論理的〟であるが、広義の意味においては、すなわち日常用法的には〝まるで論理的とはいえない〟ということになる。

「論理的」であるということが、形式論理的な観点と日常用法的な観点から、その内容がかなり異なることに留意して頂きたい。

ちなみに論理学には、「伝統的論理学」、「記号論理学」、「心理論理学」など、アプローチの方法や研究対象分野によっていくつもの種類がある。なかでも最も〝論理的厳密性〟を追求するのが「命題論理学」や「数理論理学」であるが、参考までにこうした論理的厳密性を追求する論理学の立場からの〝形式的論理〟と、われわれが日頃論理的にものを考える場合の〝日常用法的論理〟の違いを少しだけ紹介しておこう。

「太郎は二〇歳である。したがって太郎は二〇歳か二一歳である。」この命題構造についてどう感じるであろうか。あるいは「太郎は二〇歳である。したがって太郎は二〇歳か特急電車である。」でもよい。

もし、こんなことをしゃべっている人と会ったら、その人が論理的な人だとはとても思えないであろう。しかしこの命題の論理構造は論理学的論理性の観点からいうと、形式的にも内容的にも極めて論理的であり、かつ論理的には全く正しいのである。ちなみにこの命題は、形式的論理学の典型的例文である。

もう一つ例を示そう。教室で先生が、「賛成の人は手を挙げて下さい。」といったところ一〇人の生徒が手を挙げた。花子も手を挙げていたので、先生は「花子さん、賛成の理由をいって下さい。」といった。すると花子は「私は反対です。先生が賛成の人は手を挙げて下さいとおっしゃったので、私は手を挙げました。」と答えた。

先生と花子のこのやり取りについてはどう感じるであろう。花子は一体何をいっているのか解らない、と感じるのが一般的な感想であろう。少なくとも、花子が論理的な生徒だとはとても思えないであろう。しかし、花子が反対であるにもかかわらず手を挙げたことは、「賛成の人は手を挙げて下さい。」という指示に対して、論理学的論理性の観点からは少しも間違ったことではない。花子の行為と発言は論理学的には正しいと評価すべきなのである。

多少解説をしておくと、日常用法的には「賛成の人は手を挙げて下さい。」という指示は「賛成でない人（通常は反対の人、厳密には反対の人と賛成でも反対でもない人の両方）は手を挙げないで下さい。」という意味内容を含んでいる。日常用法の中ではこの「賛成でない人は手を挙げないで下さい。」という部分が省略されて使われる。つまり「賛成の人は手を挙げて下さい。」というのは、「賛成の人は手を挙げて下さい。そして賛成でない人は手を挙げないで下さい。」というのと同じ意味で使われているのである。

一方論理学的論理においては、すなわち形式論理の観点からは「賛成の人は手を挙げて下さい。」という指示は〝賛成の人の行為〟を規定しているだけであって〝賛成でない人の行為〟には何一つ規定を示していないため、手を挙げようが挙げなかろうが立ち上がろうが走り回ろうが一向に構わないということになるのである。したがって、先の例においては「賛成の人は手を挙げて下さい。」という指示に対して、花子が賛成でなかったとしても手を挙げたことは形式論理的には何の問題もないのである。

このように論理学的論理や形式論理と、日常用法的論理はかなり異なった側面を持つ。ちなみに本書では、「思考」や「論理」についての核心にあたる部分や重要なポイントに関しては論理学的正当性を踏まえた注意深い解説を行っているが、全体的には日常用法的な語法や常識的な論理ルールに則って説明してある。丁寧に読んで自然に解釈すれば十分理解して頂けると思う。

Ⅱ・2　論理展開

本書の冒頭で「思考」とはどのような頭脳行為なのかを理解し、その上で「論理」について学習して論理的に思考を行えば、それが「論理的思考」であると述べた。第Ⅰ章の「思考」そして前節の「論理とは」に続いて、本節では「論理的思考」の核心となるプロセス、すなわち「論理展開」について解説する。

「論理展開」とは、論理的な思考を行う場合に頭の中で情報を加工して「論理」を形成・構築することであり、主張／結論を導き出すための中心的頭脳作業である。そして、ある命題を前提にして「論理展開」を行い、主張／結論を導き出す思考行為を「推論」と呼ぶ。したがって、「論理展開」によってこそ「推論」は成立するのであり、「論理展開」とは「推論」そのものであると理解してもよいであろう。

本節では、まず「推論」について説明を行い、その後でよい推論、すなわち価値の高い推論とはどのようなものか、「推論の価値」とは何によって決まるかについて解説する。

1 論理展開と推論

論理的思考プロセスの核心を担う「論理展開」が最も端的に必要とされるのが「推論」であるが、まず最初に「推論」の定義を示しておこう。

「推論」とは、「思考によってある命題から次段階の命題を得ること」である。例えば、「マグロは魚類である。したがってマグロはエラで呼吸する。」というのも、「昨日梅雨入り宣言が出された。だからこれから雨の日が多いだろう。」というのもどちらも「推論」である。つまりある命題（既呈命題）を素材にして思考し、何らかの結論を得るのが「推論」なのであるが、その思考プロセスにおいて行っていることは〝論理の展開〟である。したがって既呈命題を素材にして頭の中で情報の加工を行い、結論として次段階の命題を創造するという「推論」の本質的な部分は「論理展開」であるといってよいだろう。

ここで「論理構造」について思い出して頂きたい。論理構造とは、ある命題を根拠として主張（結論）が成立せしめられている命題構造であり、根拠から結論を導出していることであった。これは先に述べた「推論」の構造と同じである。つまり「推論」するとは、ある既呈命題を根拠にして論理構造を作ることである。また論理構造において根拠と結論を繋ぐプロセスと、「推論」

「推論」とは

推論とは：思考によってある「命題」から「次段階の命題」を得ること

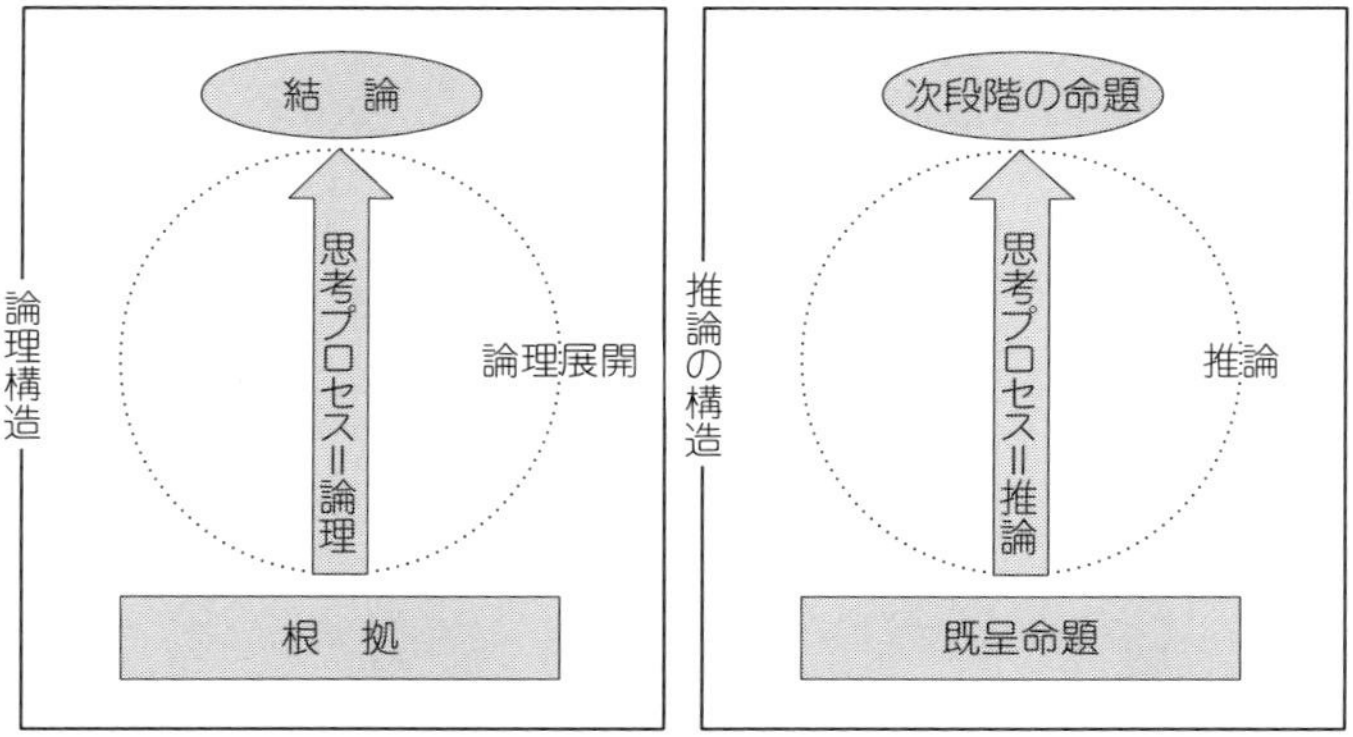

において既呈命題から次段階の命題を創造するプロセスとは全く同じ機能である。つまり「推論」とは「論理」そのものである。あるいは「推論」の名詞的側面の意味合いが「論理」であり、「推論」の動詞的側面の意味合いが「論理展開」と理解してもよいであろう。

つまり「その推論は間違っている」という場合は「その論理は間違っている」という意味であり、「正しく推論しないとだめですよ」というのは、「正しく論理展開しないとだめですよ」というのと同じということである。ちなみに先の用法で使われている「推論」、「論理」、「論理展開」という言葉は三つとも、英語では同じ inference という単語が当てはまる。

このことからも、「推論する」とは「論理構造を作る」ことであり、既呈命題と結論を繋ぐ「推論」は根拠と主張を繋ぐ「論理」と同じであり、その「推論」や「論理」において行われている頭脳作業は同じく「論理展開」であることが解るであろう。

さらに補足しておくと、「論理的」という言葉を表わす英語に「logic／logical」という単語がある。inferenceとlogic／logicalの違いについても簡単に触れておこう。「logic」とは、「妥当な論理／推論」のことであり、inferenceを使って表わすと「valid inference」ということになる。このようにlogic／logicalの方には元来〝妥当性〟のニュアンスが込められており、inferenceの方はそれだけでは正しくも誤りでもない〝中立的〟性格の意味合いなのである。

客観的に正しい結論《メッセージ》を得るための方法論としては単なるinference（単なる論理／単なる推論）では不十分であり、valid inference（妥当な論理）を行わなければならない。単なる推論ではなく正しい推論を行うための思考の技術、すなわちlogicalであるための推論の方法論については、次節において詳しく解説する。

2 推論の価値：確からしさと距離

客観的に正しい結論を得るための正しい推論の方法論について解説する前に、論理的思考その

推論の二つの価値

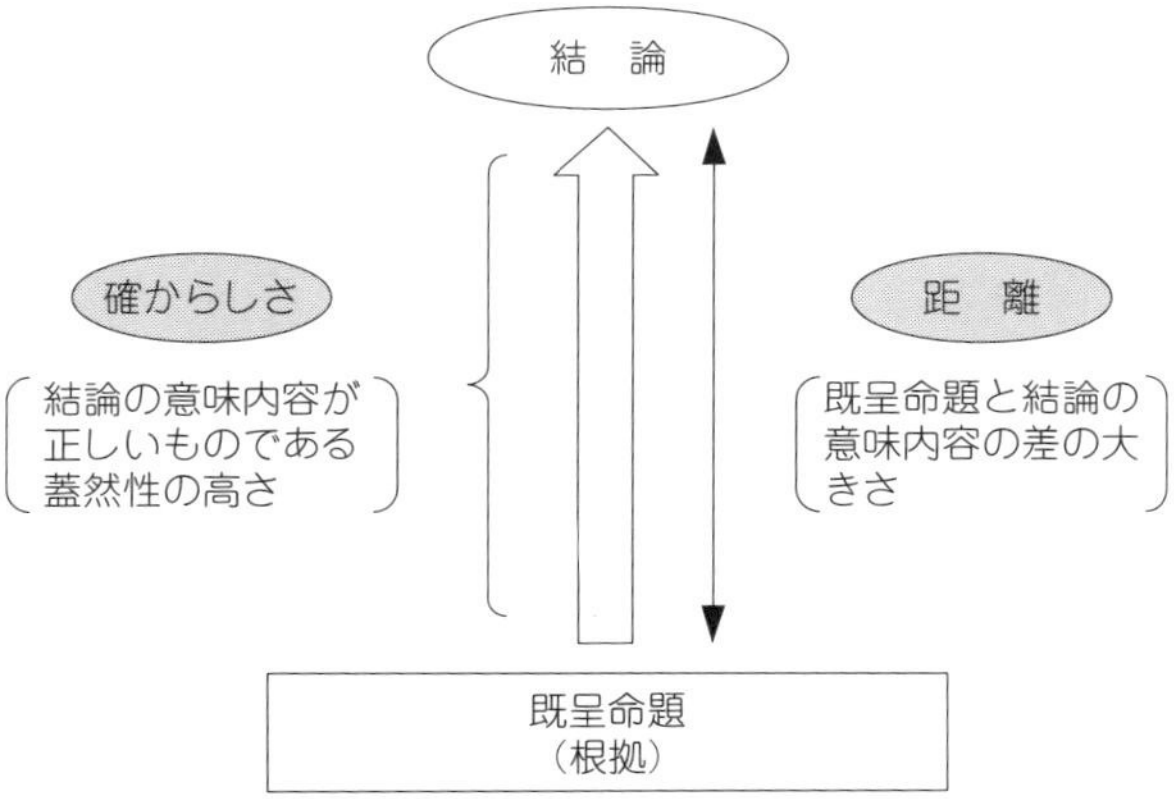

ものである「推論＝論理展開」に関してもう少し理解しておくべきことがある。「推論の価値」についてである。

推論は、思考者がある既呈命題を得て、頭の中で論理展開を行うことによって、既呈命題とは異なる意味内容を持つ別の命題を結論として得るものである。そしてこのときに得られる結論は、その意味内容によって価値の大きさが異なる。推論によって得られる結論には価値があるものとないものがあり、価値が大きい推論と価値の小さい推論があるのである。

例えば先に使った例でいうと、「太郎は二〇歳である。したがって太郎は二〇歳か二一歳である。」という推論は現実的に価値があるであろうか。この推論によって得られた「太郎は二〇歳か二一歳である。」という結論は「太郎は二〇歳である。」

という既呈命題に対して何ら新しい意味内容を付加してはいない。これでは現実的には価値があるとはいえない。

また「私がこれまでに会ったアメリカ人は皆金髪であった。したがってアメリカ人は全員金髪であろう。」という推論はどうか。こちらは「アメリカ人は全員が金髪である。」というのは明らかに事実に反する誤った判断であるから、これもまた価値はない。

このように推論によって得られる結論は、当たり前のことであってもほとんど価値がないし、誤った内容であれば当然無価値である。すなわち、「推論の価値」は、得られた結論が既呈命題に対してどれだけ〝新しい意味内容〟を持つか、すなわち「既呈命題との距離」と、その結論がどれくらい正しいか、すなわち「確からしさ」の二つのファクターによって決まるのである。

例を使ってもう少し詳しく見てみよう。「今年の夏はとても暑かった。」を既呈命題とするさまざまな推論のケースを挙げて、これら二つのファクターからそれぞれの推論の価値を評価してみる。

例えば、「今年の七月、八月の平均気温は例年よりも高かった。」という次段階の命題を推論によって得たとしよう。この推論に対して、「確からしさ」と「距離」の二つの観点から評価を行ってみる。

まず、既呈命題の中の「今年の夏」という部分は推論によって得られた次段階の命題の「今年の七月、八月」という部分とほとんど意味内容は同じであり、また同じく既呈命題の中の「とても暑かった」という部分は推論の「平均気温が例年より高かった」という部分とかなり近い内容だといえよう。ということは、推論の内容はほぼ確実に正しい、すなわち「確からしさ」は極めて高いと評価できることになる。

もう一方の「距離」についてはどうか。右に示した既呈命題と推論によって得られた次段階の命題との対比からも明らかなように、両者の意味内容にはほとんど差が認められない。「今年の夏」を「今年の七月、八月」へ、「とても暑かった」を「平均気温が例年より高かった」へと言い換えているに過ぎなく、意味的にはほとんど同義に近い。これでは「距離」は極めて小さいといわざるを得ない。

よって、この命題を二つのファクターに照らし合わせてみると、「確からしさ」においては価値が認められるものの「距離」の観点では新しい意味内容の付加がなく、推論の価値はほとんど認められないことになる。いくら正しいことでも、当たり前のこと、自明のこと、特に既呈命題の言い換えに過ぎないようなことは、推論の成果としてはほとんど価値がないのである。

では次に、同じ「今年の夏はとても暑かった。」という既呈命題に対して、推論によって「今年の夏はビールがよく売れただろう。」という次段階の命題を得たとしよう。この推論の価値はどうか。

実際に、夏場におけるその日の最高気温とビールの売れ行きとの間には強い相関関係がある。したがって、「とても暑かった今年の夏」には、「ビールがよく売れた」可能性が高い。もちろんビールの売れ行きは気温だけで決まるわけではない。例えば、大型の新製品が発売されたかどうかということもビールの売れ行きを左右するし、また工場の設備に事故があったりすると、需要があっても出荷が間に合わなくなって売り上げには結びつかないなどというケースも考えられなくもない。しかしながら、夏場におけるビール需要に及ぼす気温の影響の大きさを考えると、「ビールがよく売れただろう。」という結論の「確からしさ」は十分に高いと評価できよう。

一方、「距離」の方はどうか。「夏が暑い。」という命題と「ビールがよく売れる。」という命題は、全く異なったものである。したがって、この二つの命題の間には十分な「距離」があると評価できる。

以上、この推論は「確からしさ」も「距離」も十分に大きく、価値の高いものであると評価することができる。

さらに次の例を考えてみよう。「今年の夏はとても暑かった。」という既呈命題から、推論によって今度は「今年は米が豊作であろう。」という結論を導いたとする。この結論の意味内容は、先ほどの「ビールがよく売れただろう。」という命題と比べても同等以上に「距離」を認めてもよいであろう。しかし、ビールの例と比べると「確からしさ」の点でかなり不確実性が高いといわざるを得ない。

実際、夏の日照時間が長く気温が高いことは米の発育にはプラス要因ではあるが、暑過ぎるケースは必ずしもよくない。例えば連日四〇度を超える猛暑だと、日本で栽培されている品種だと枯れてしまうものが少なくないし、特に暑い夏は水不足に陥ることも多い。また暑さとは独立の事象として、大型台風が米どころを直撃するようなことがあると稲がなぎ倒されて収穫量が減少することも考えられる。

以上、「距離」の観点からは先ほどのビールの例と同等以上に評価できる意味内容ではあるが、「確からしさ」の点では、〝多分正しい〟といい切れるほどの度合いには満たない。したがって、この二つの観点からの評価を合わせるとこの推論は価値がないとはいえないものの、よい推論とするには難がある、いわば乱暴な推論とでもいうべきレベルであろう。

それでは最後の例として、「今度の冬は雪が多いだろう。」という推論を評価してみよう。

この推論は、夏の気温とその次にくる冬の降雪量との間に相関関係があれば「確からしさ」が得られるが、実際にはそのような相関性はない。となると、何を根拠にしているのかが全く不明となってしまう。「雪が多かった年の夏は暑い。」という言い習わしが一部の地方にはあるが、これもまた信憑性は低いし、その上さらにこの推論の結論とこの言い習わしでは夏と雪の順序が逆になっている。これでは「確からしさ」は全く成立しない。

そして「確からしさ」の点でこれほどレベルが低ければ、「距離」が大きいとか小さいとか評価する以前の問題として、この推論の価値はないことになる。

以上見てきたように、推論は結論として得られた命題の意味内容が「どれくらい正しいか＝確からしさ」という点と、「既呈命題の意味内容とどれくらい離れているか＝距離」という点の二つの観点からの評価によって、その価値が決まるのである。

ここで推論の価値を決める二つのファクター、「確からしさ」と「距離」の関係について若干の補足をしておこう。

推論の価値を決める「確からしさ」と「距離」は一般的には〝逆相関〟の関係にある、ということである。価値の高い推論を行おうとして既呈命題と推論による結論との「距離」を広げようとすると、不確実性が増して「確からしさ」が損なわれることが多くなる。また逆に、結論の正確性を強く求めて「確からしさ」にこだわれば「距離」は小さくなってしまう。極端なことをいえば、厳密な意味で確実に「確かな」ことを求めると実質的には既呈命題と同義な結論となってしまい、推論自体が無意味になってしまうことになる。

現実的に価値が大きく有用な推論を行うためには、一体どの程度の「確からしさ」を正しいと認めるのかという蓋然性の基準を明確に設定して、推論における「確からしさ」と「距離」のバランスをとることが必要なのである。

論理展開の距離と納得性

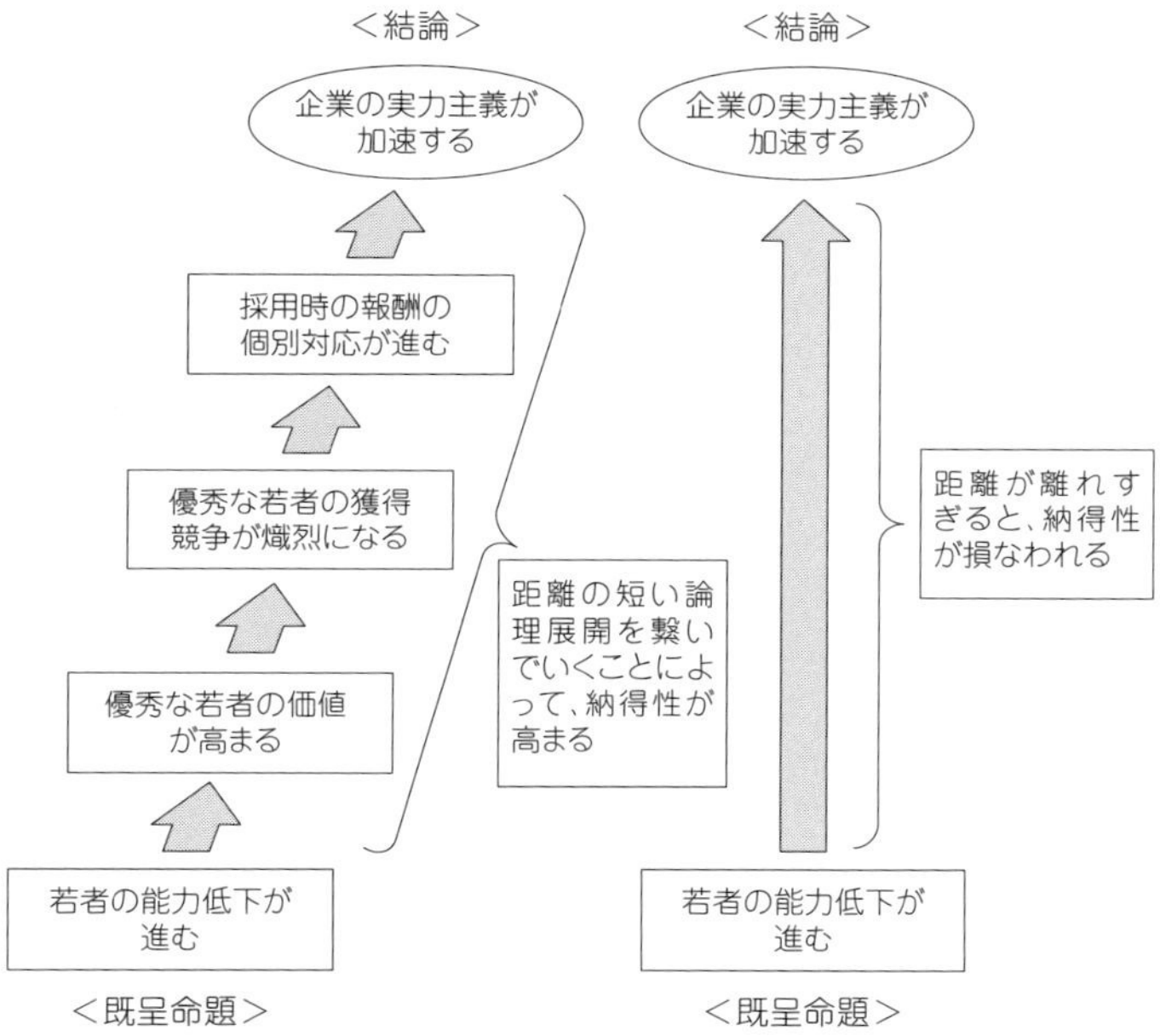

「推論の価値」について、さらにもう一点留意すべき点がある。〝納得性〟の問題である。推論を思考者が自らの有用な結論探しのために行う場合には問題にはならないが、推論の内容を他者に伝える場合には、聞き手／読み手が感じる〝納得性〟が重要なポイントとなる。このときには、既呈命題と結論の間の〝距離感〟が非常に大切である。

例を使って説明してみよう。既呈命題として、「若者の能力低下が進む。」が与えられたとき、そこからの推論の結果として「企業の実力主義が加速する。」という結論が出されたら、どう感じるであろうか。全く無関係には感じないかもしれないが、「確からしさ」の高い結論だと納得できる人は少ないであろう。

一方、「若者の能力低下が進む。」から出発して、まず最初の結論を「優秀な若者の価値が高まる。」そして、この命題から次の推論を行って、「優秀な若者の獲得競争が熾烈になる。」またさらにこの命題から次の推論によって、「採用時の報酬の個別対応が進む。」そして最終的な推論の結果として、「報酬の個別対応が全社化して、企業の実力主義が加速する。」という推論の連鎖として示されていたならば、聞き手／読み手の側の納得性は随分と高いものになるであろう。

このように推論の結果を論理構造に仕立てて他者に対して表現する場合には、既呈命題と次段階の命題の「距離」が離れ過ぎてしまうと〝納得性〟が低下してしまい、「距離」が大きいことが必ずしも価値にはならないことになってしまう。万人が「リンゴが落ちる」のを見て万有引力の法則を発見できるわけではないし、「E = mc²」を与えられて、誰もが「原子爆弾の構造」を理解できるわけではないのである。

他者に理解してもらうために組み立てる論理構造の場合には、論理展開における命題間の「距離」が大き過ぎると〝納得感〟が損なわれてしまい、推論の価値は低下してしまうことに留意しておかなければならないのである。

Ⅱ・3　論理展開の方法論

本書におけるここまでの説明で、「思考」と「論理」に関する基本的理解を得て頂けたと思う。「論理」のしくみを踏まえて「思考」を行うことによって「論理的思考」が成立するが、この「論理的思考」という頭脳行為の概要も見えてきたことと思う。

ところで、これまでの説明の中でも折にふれて言及してきたことではあるが、論理的思考（valid inference）さえできればそれだけで結論の客観的正しさが保証されるわけではない。正しく論理的に思考することは、結論が客観的に正しいものであるための必要条件でしかないということである。客観的に正しい結論を得るためには論理的思考に加えて、いくつかの要件が必要になるのである。

しかしながら、論理的思考の核心をなす「論理展開」が正しくなければ当然、結論の客観的正しさは担保され得ないというのも厳然たる事実である。したがって、正しい論理展開の仕方について正確に理解することは不可欠である。

1 論理展開の二つの方法論

これまでの説明の中で、〝正しく思考する〟とか〝正しい論理展開〟という表現で表わしてきた、〝客観的正しさを担保する〟ことに適った論理展開の具体的方法論について、これから解説していく。

ちなみに、今は〝方法論〟という言葉を使ったが、〝形式〟といってもよいし〝パターン〟という言葉を使っても構わないだろう。いずれにせよ「このような手順に従って、このような形式を満たして、このような事項の判断を行えば、そのプロセスから得られる結論は、万人が納得し得る客観的正しさを持つ」という論理展開の方法／形式／パターンが存在するのである。

結論からいうと、客観的正しさを担保することに適った論理展開の方法論は、「演繹法」と「帰納法」の二つである。「演繹法」と「帰納法」はどちらも結論の客観的正しさを担保することに適った論理展開の方法論ではあるが、その命題形式も判断事項もそして結論の正当性の性質や効力もすべて異なる。

本節では、まず「演繹法」と「帰納法」の命題形式と思考手順について簡潔に紹介し、その後「演繹法」、「帰納法」それぞれの特徴と活用の仕方について解説していく。

まず、「演繹法」について簡潔に紹介しよう。「演繹法」とは、「既呈命題を大前提と照らし合わせて意味的包含関係を判断し、その意味的包含関係の中で成立する必然的命題を結論として導き出す論理展開」である。

具体的に示すと、「AはBである。」が「既呈命題」で、「BはCである。」を「大前提」とすると、この二つの命題から判断されるA、B、Cの包含関係から、「AはCである。」という「結論」が成立する。

この形式に則った論理展開が「演繹法」である。また、この例からも解るように「演繹法」は、「既呈命題」、「大前提」、「結論」という三つの命題が段階的に示される形式をとるので「三段論法」とも呼ばれる。

さらに具体例で説明しておこう。「イワシは魚類である。」が既呈命題で「魚類はセキツイ動物である。」を大前提とすると、「イワシはセキツイ動物である。」という結論が成立することになる。

演繹法の事例

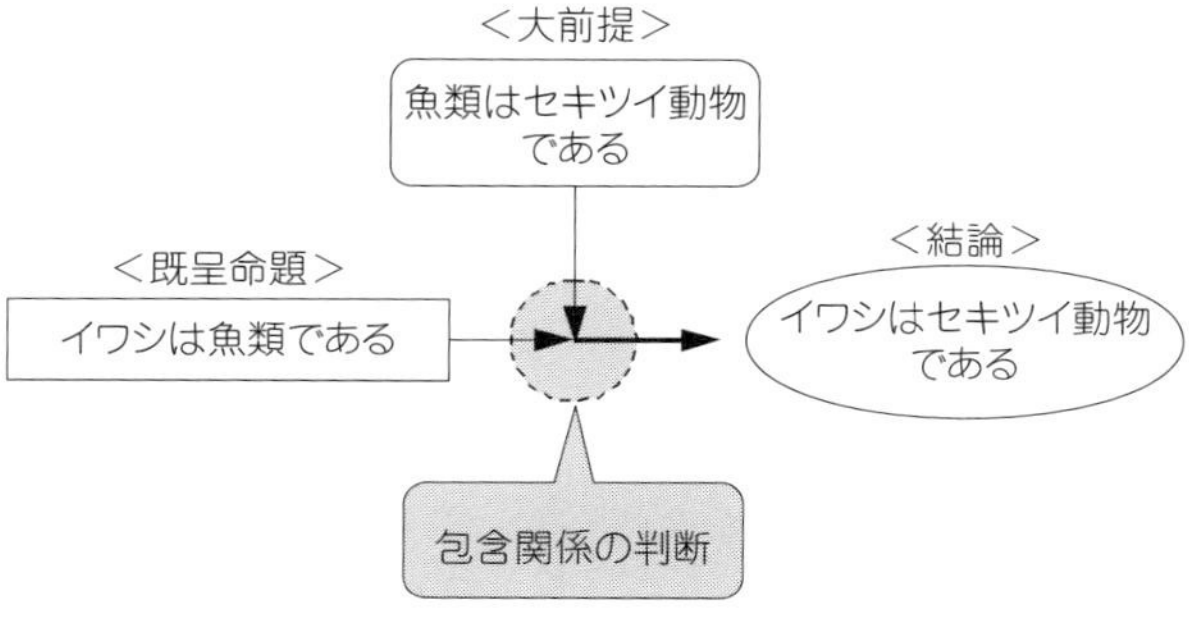

そして、この論理展開において行われている判断は、「イワシは魚類に包含され」ていて「魚類はセキツイ動物に包含されている」から、必然的に「イワシはセキツイ動物に包含されている・・・・ことになる。」というものである。

もう一つ別の例で示そう。「A子は二〇歳の女性である。」が既呈命題で「二〇歳の女性は皆、太郎を好きになる。」を大前提とすると、「A子は太郎を好きになる。」が結論として成立する。

この論理展開でも、「A子」と「二〇歳の女性」の包含関係を判断し、「A子は二〇歳の女性に含まれ」ており、「二〇歳の女性は皆、太郎を好きになる」のだから「A子は太郎を好きになる集合に含まれている。」と判断できるので、「A子は太郎を好きになる。」と結論付けられることになる。

以上のように、演繹法においては、既呈命題と大前提が示されれば、結論導出のプロセスが二つの命題の意味内容の包含関係の判断だけで完結する。つまり数学的判断、形式的に明快な判断が可能であるという意味で、演繹法は〝純粋論理的〟であるといえよう。

では次に、もう一方の論理展開の方法論である「帰納法」について説明しよう。「帰納法」とは、「複数の観察事象の共通事項を抽出し、その共通事項を結論として一般命題化する論理展開」である。

例で示そう。

帰納法の事例

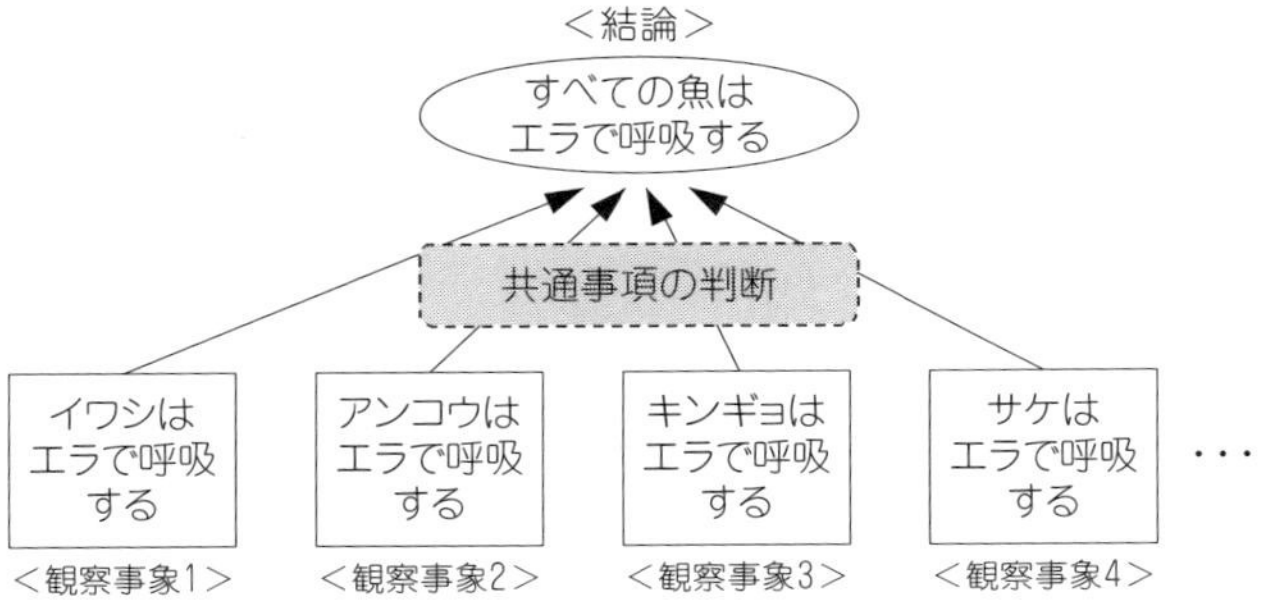

観察事象１‥「イワシはエラで呼吸する。」
観察事象２‥「アンコウはエラで呼吸する。」
観察事象３‥「キンギョはエラで呼吸する。」
観察事象４‥「サケはエラで呼吸する。」

　このように列挙された観察事象について、まず共通する意味内容事項を探す。この例でいえば、イワシも、アンコウも、キンギョも、サケも、すべて「魚である。」という命題と、すべて「エラで呼吸する。」という命題が共通事項として得られる。そしてこれらの共通事項から、「すべての魚は、エラで呼吸する。」という一般命題化された結論が得られるのである。これが「帰納法」である。

　もう一つ例を示しておこう。

観察事象１‥「二〇歳のA子は太郎を好きになった。」
観察事象２‥「二〇歳のB子は太郎を好きになった。」
観察事象３‥「二〇歳のC子は太郎を好きになった。」
観察事象４‥「二〇歳のD子は太郎を好きになった。」

これら四つの観察事象から帰納法によって得られる一般命題としての結論は、「二〇歳の女性は皆、太郎を好きになる。」というものである。観察事象における表現では「好きになった」と事実を示す過去形になっているが、結論の中の表現では「好きになる」という普遍性を示す現在形になっていることに留意して欲しい。これが〝一般命題化〟されていることを示している。

このように、帰納法とは、数多くの事象を観察することによって見てとれる〝共通事項〟を〝一般命題化〟するための論理展開の方法論であり、演繹法が〝純粋論理的〟であったのに対し、帰納法は〝実証科学的〟な性格の論理展開である。

以上、正しく論理展開を行うための二つの方法論、「演繹法」と「帰納法」について簡単に紹介した。この二つの論理形式に則った論理展開は、論理展開そのものについては客観的正しさが担保される。

以下、「演繹法」、「帰納法」の命題構造と正しい判断が成立

論理展開の2つの方法論

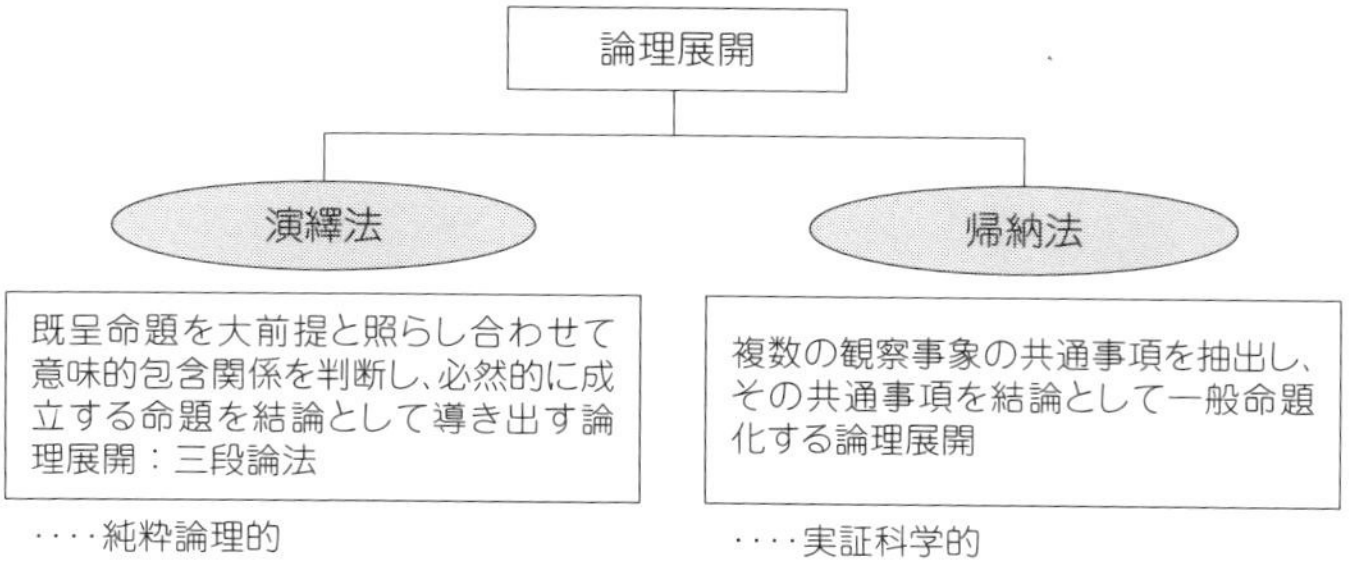
論理展開
演繹法
帰納法
既呈命題を大前提と照らし合わせて意味的包含関係を判断し、必然的に成立する命題を結論として導き出す論理展開：三段論法
複数の観察事象の共通事項を抽出し、その共通事項を結論として一般命題化する論理展開
・・・・純粋論理的
・・・・実証科学的

するための要件、および得られる結論の効力や限界について詳しく説明していく。

2 演繹法

(1) 純粋論理性

演繹法とは、「既呈命題を大前提と照らし合わせて意味的包含関係を判断し、必然的に成立する命題を結論として導き出す論理展開」であり、帰納法との比較において、より純粋論理的であると説明した。純粋論理的であるという点は、演繹法のたいへん重要な性質である。

演繹法において結論を導出するための思考は、既呈命題と大前提という二つの命題の包含関係の判断だけで完結するため、結論導出のプロセスがシンプルである。また、その包含関係の判断の結果も、基本的には含まれるか／含まれないかという明快なものであり、当然結論も明快なものとして得ることが可能である。つまり、既呈命題が大前提に意味的に包含されていれば、その論理構造の中においては確実に正しいといえる結論、すなわち論理的に〝真〟なる結論を導出することができるのである。こうした論理展開のプロセス、判断事項および結論の性質の明快さが、演繹法の純粋論理的な性質を形成しているのである。

演繹法の純粋論理的であるという性質は、演繹法を活用する場合に次のような特徴をもたらし

大前提の要件

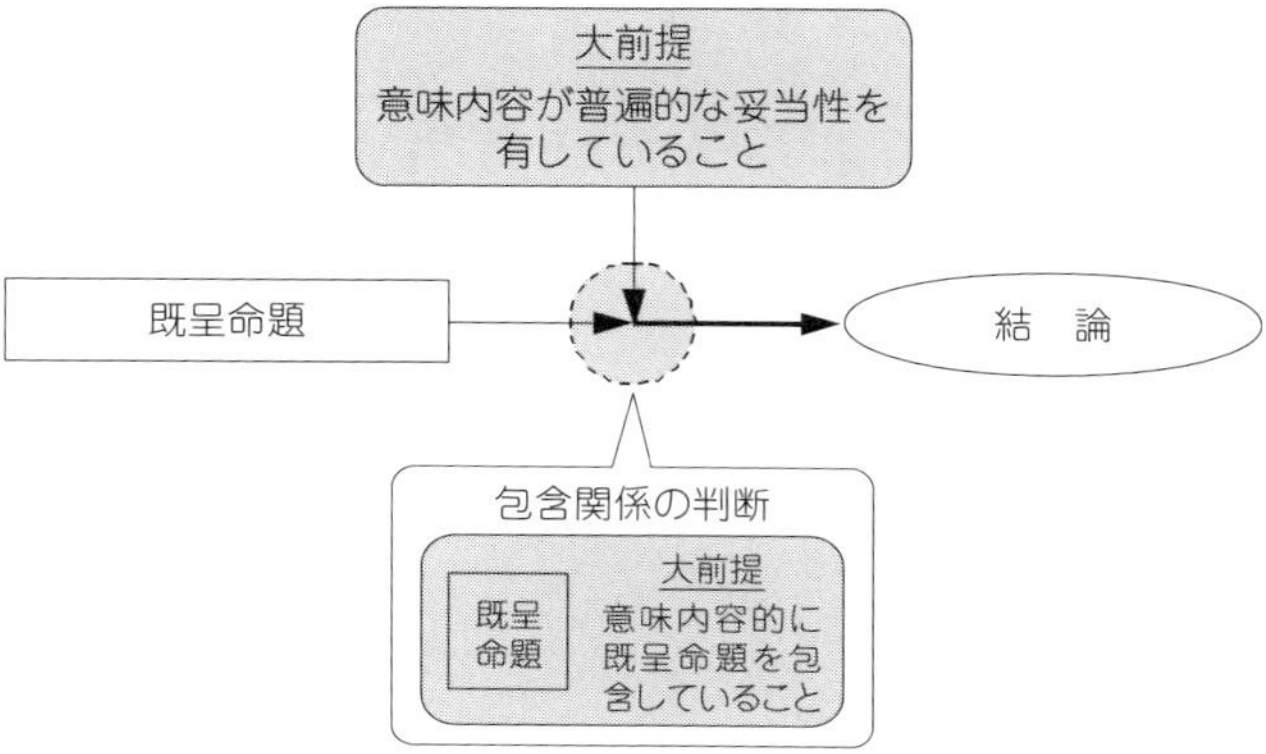

てくれる。すなわち演繹法においては、要件を満たした命題構造が整っていれば、導出される結論は〝必然的に正しい〟すなわち論理的に〝真〟であるといえることになる。さらにまたこのことは、演繹法においては〝適切な命題構造を作ること〟が真なる結論を得るために不可欠な条件となっているということでもある。

一般に演繹法においては、既呈命題は外部から与えられるものとして扱い、その既呈命題に関する次段階の命題を結論として得るために、思考者が大前提を設定するというプロセスをとる。したがって、演繹法において「適切な命題構造を構成する」ことは、「適切な大前提を設定する」ことと同義である。そして演繹法における大前提が適切なものであるための要件は二点ある。第一点が「意味内容的に既呈命題を包含していること」、第二点が「意味内容が普遍的妥当性を有していること」である。

　以下、演繹法によって論理的に真なる結論を得るための鍵を握る〝適切な大前提〟を設定するための二つの要件を詳しく説明していこう。

(2) 包含関係と結論

　まず、適切な大前提であるための第一の要件「大前提が意味内容的に既呈命題を包含していること」について詳しく説明しよう。
　ここでもう一度、演繹法の一般的命題形式を具体的に確認しておこう。
既呈命題：「AはBである。」に対して、
大前提：「BはCである。」を設定すると、
結論：「AはCである。」が必然的に成立する。
　この典型的な演繹法のプロセスにおいてなされている思考は、「AはBに含まれていて、そのBはCに含まれているのだから、AはBが含まれているCにも当然含まれていることになる」というA、B、Cの間の包含関係の判断なのである。つまり、演繹法において結論が成立するためには、既呈命題の持つ意味内容を包含し得る意味内容を持った命題を大前提として設定できるかどうかが鍵になる。

右の例で具体的に示すならば、「AはBである。」に対して「Bは〇〇である。」というように〝Bを主語にした命題〟を大前提として設定しなければならないことになる。「Bは〇〇である。」という大前提が設定されれば、Bに包含されているAも当然〝〇〇である〟という意味内容を適用され得ることになり、「Aは〇〇である。」という結論が成立することになる。

このことは逆にいうと、既呈命題を意味内容的に包含していない命題を大前提として設定しても、結論は得られないということになる。

例えば「AはBである。」という既呈命題に対して、「CはDである。」という大前提を設定したとき、CやDが、AおよびBと何の関係をも持たない意味内容であったならば、すなわち既呈命題と大前提が乖離命題であった場合には何の結論も得られない。

具体例でいうならば、「スルメイカは軟体動物である。」が既呈命題であるとき「植物は光合成をする。」を大前提として規定しても、この二つの命題の間には意味内容的交わりが何もないので結論は何も成立しないのである。

さらに、既呈命題と大前提との意味的包含関係には、既呈命題が大前提の真部分集合として完全に包含される場合と既呈命題と大前提とが全く交わりを持たない場合の他に、もう一つ交わりのパターンが存在する。

それは、二つの命題の間に何らかの交わりがあったとしても、それが大前提による既呈命題の

包含関係の事例

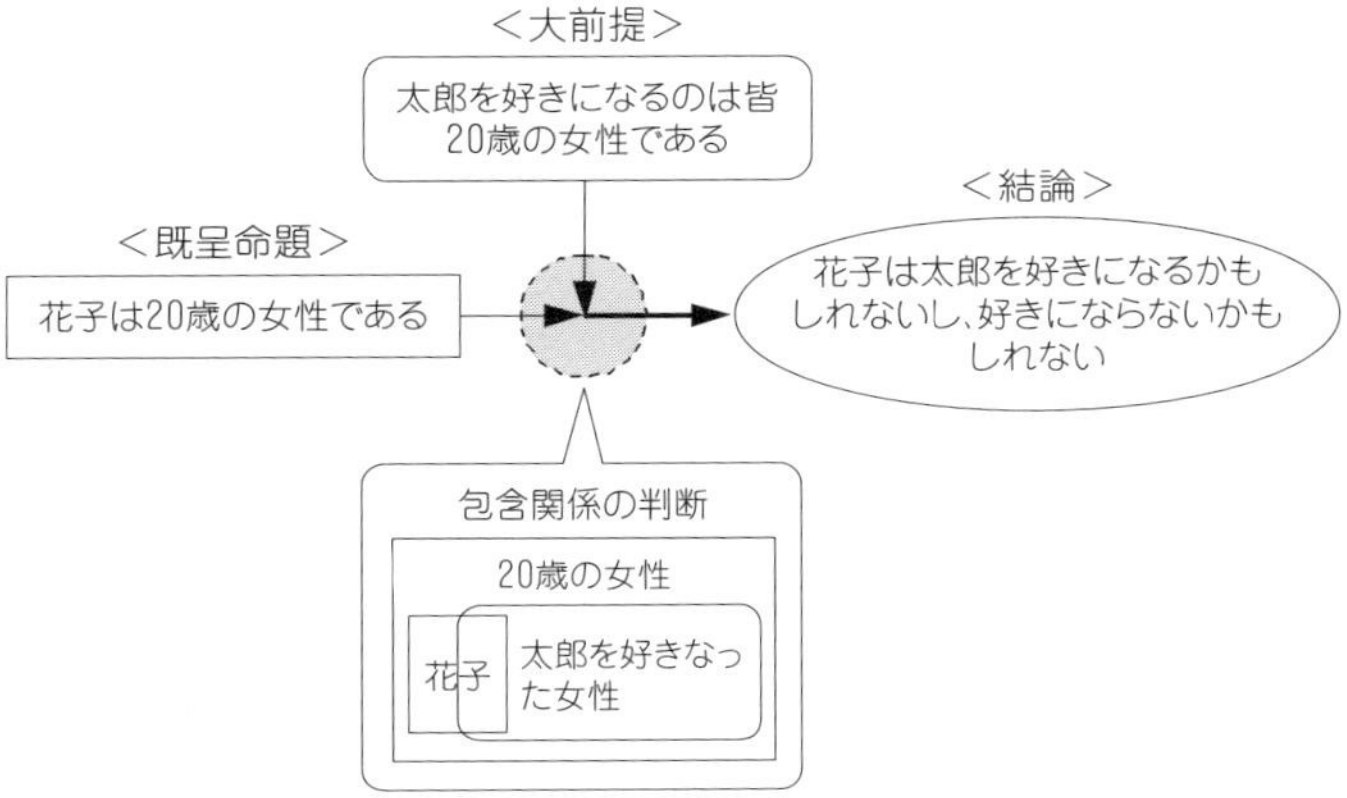
＜大前提＞
太郎を好きになるのは皆
20歳の女性である
＜既呈命題＞
花子は20歳の女性である
＜結論＞
花子は太郎を好きになるかも
しれないし、好きにならないかも
しれない
包含関係の判断
20歳の女性
花子
太郎を好きなった女性

真部分集合的な包含関係ではない場合である。具体的には、大前提と既呈命題とが部分的な交わりしか持っていないケースや、既呈命題の意味内容の範囲の方が大前提よりも広いケースである。このような場合には、明快に断定できる結論には繋がらない。

例えば、「AはBである。」が既呈命題であるときに「CはBである。」という大前提を設定しても、結論として得られるのは「AはCかもしれないし、AはCでないかもしれない。」という曖昧な命題でしかない。

具体的例で説明すると、「花子は二〇歳の女性である。」が既呈命題、「太郎を好きになるのは皆、二〇歳の女性である。」が大前提だとすると、花子は二〇歳の女性であるから太郎を好きになるかもしれないが二〇歳の女性が全員太郎を好きになるというわけではないので、結論としては「花子は太郎を好きになるかもしれないし、好きにならないかもしれない。」ということになる。

花子が太郎を好きになるのかならないのかという可能性を考えるときに、答え《メッセージ》の選択肢は「好きになる」か「好きにならない」かの二とおりであり、この結論のように「好きになるかもしれないし、好きにならないかもしれない。」という答え《メッセージ》では、現実的にはほとんど意味も価値も認められない。演繹法による論理展開の最も重要な特徴は真なる結論が明快に得られることであり、このように曖昧な結論では演繹法の特徴が十分に活かされているとはいえないであろう。

包含関係と結論

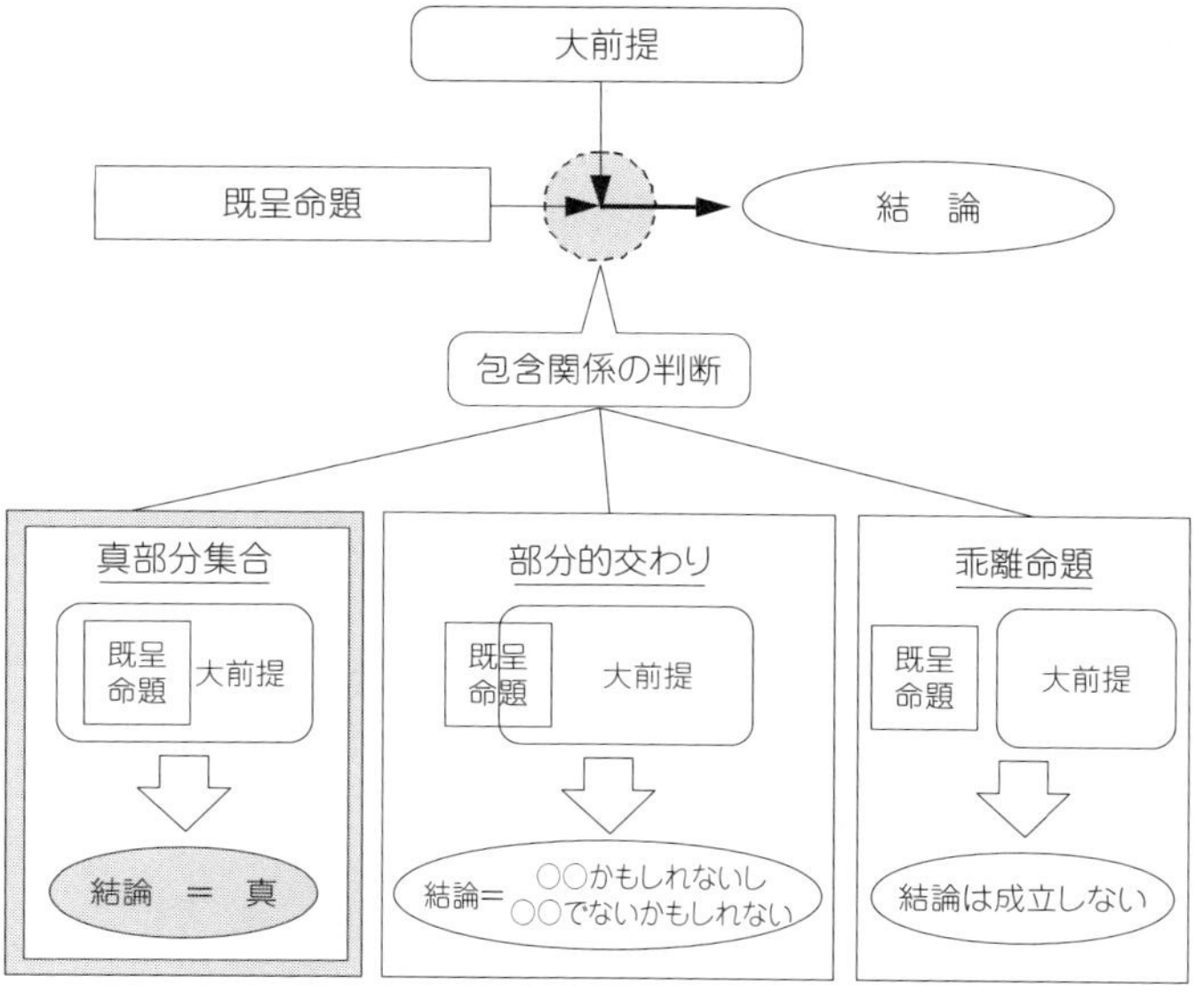

ただし、補足的に説明しておくならば、「好きになるかもしれないし、好きにならないかもしれない。」という結論は論理的に正しいだけでなく、論理学的には、花子と太郎の間の関係について意味内容的な付加を行っているという意味で価値を持つものでもある。つまり、「花子は必ず太郎を好きになる」という可能性を排除し、かつ「花子は絶対に太郎を好きにならない」という可能性も否定しているという意味において、花子と太郎の間の関係性を限定しているのである。つまり、花子と太郎の間の形式論理的な選択肢としては、必ず好きになるか、好きになるかもしれないし好きにならないかもしれないか、絶対に好きにはならないかの三つがあり、「好きになるかもしれないし好きにならないかもしれない。」という結論はそのうちの二つを排除しているわけであるから、形式論理的には価値を持つということがいえるのである。

このような形式論理における解釈に踏み込むことは現実的な論理的思考においてはさほど必要ないとは思うが、いずれにせよ大前提と既呈命題との間の意味的包含関係によって、演繹法による結論の性質が変わってくることには十分注意しておく必要がある。

(3) 大前提の普遍性

では次に、演繹法において適切な命題構造を構成するために必要な、適切な大前提の第二の要件について説明しよう。

第二の要件は、「大前提の意味内容が普遍的な妥当性を有していること」である。そもそも演繹法の結論とは、既呈命題の意味内容が大前提の意味内容に包含されていることを判断して、既呈命題の意味内容に大前提の意味内容が付加されて成立するものである。

「AはBである。」という既呈命題に対して、「BはCである。」という大前提を設定した場合には、Bを介して、既呈命題における主語「A」に、大前提における述語「Cである。」が付加されて結論「AはCである。」が成立する。したがって、大前提である「BはCである。」が万人に正しいと認められる意味内容でなければ、Bを介することによってAとCが繋げられて「AはCである。」という結論が成立しても、「AはCである。」という命題の現実的正当性は発生しない。つまり、演繹法に基づいた形式的な論理展開上の妥当性は成立しても、万人が正しいと認めることができる真なる結論を得られることにはならないのである。

事例を用いて説明しよう。「A君は嘘をついた。」が既呈命題のとき「嘘をつくのは悪いことだ。」が大前提として据えられたとしよう。この二つの命題から導かれる結論は、「A君は悪いことをした。」となる。この結論は論理展開上形式的には妥当なものであるが、万人を納得させるだけの〝真〟なる命題かという疑問がある。

なぜならば、仮に「A君がついた嘘は、相手を傷つけないためのものであり、またA君がついた嘘によって迷惑を被った者は誰もいないのだとすれば、A君は悪いことをしたとはいえない。」

普遍性

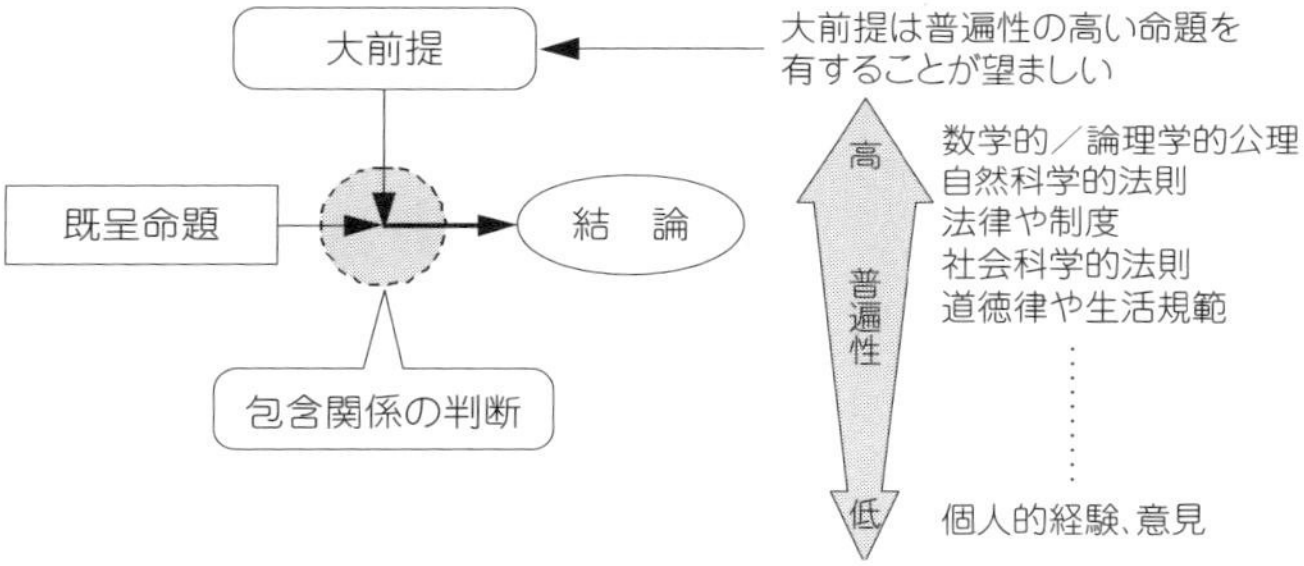

という反論が出されると、結論は必ずしも真であるとはいえなくなってしまう。つまり、論理展開上は形式的妥当性を持つ結論を得てもその結論が真でないのならば、論理展開上、必然的にその結論を導き出すことになった命題構造自体が適切ではないということになってしまうのである。

すなわち、この例では「嘘をつくのは悪いことだ。」という大前提が、その意味内容において万人が正しいと認めるだけの普遍性に欠けていたことになる。つまり、演繹法において真なる結論をもたらしてくれる命題構造を構成するために必要な適切な大前提は、その意味内容が普遍的妥当性を持つものでなければならないということになる。

実際に演繹法による論理展開で、真なる結論を導き出すための大前提として適切な普遍性の高い命題としては、「三角形の内角の和は一八〇度である。」というような数学的／論理学的公理を筆頭に、「F = ma：力は加速度と質量の積に比例する。」とか「哺乳類は胎生で肺呼吸である。」といった自然科学的法則が最も適切である。またそれらと並んで、「窃盗は犯罪である。」とか「民主主義国家においては、主権は国民が保持する。」といった法律や制度も普遍性が高い。

一方、社会的ルールでも「人間は生まれながらにして自由と平等の権利を有する。」というような思想や価値観が反映されたものや、「公定歩合の引き上げは物価の上昇を抑制する。」といった社会科学的法則も現実的には十分な普遍性を持つと見なしてもよいと思われるが、先の公理や自然科学的法則に比べるとやや普遍性のレベルは低い。これらに関しては、多少議論の余地や反証の可能性が存在するからである。

さらに「嘘をつくのは悪いことだ。」とか「年長者を敬うべきである。」等々の道徳律や生活規範の類いになると、演繹法における大前提に据える命題として不適切というほどではないにせよ、万人が納得できるほどの十分な普遍性を持つとは言い難い。ましてや、個人的な経験や意見といった属人性の高い命題を演繹法の大前提に据えるのは妥当ではない。

演繹法という思考の方法論では、既呈命題と大前提との意味的包含関係のシンプルな判断だけで結論が成立するわけであるから、示された既呈命題に対して適切な大前提が設定できるかどうかが真なる結論が得られるかどうかを決定付ける。そのためには、以上説明してきたように、大前提が既呈命題の意味的内容を包含するものであることに加えて、大前提の意味内容が普遍性を持つことが求められるのである。

3 帰納法

(1) 実証科学的な妥当性

帰納法とは、「複数の観察事象の共通事項を抽出し、その共通事項を結論として一般命題化する論理展開」であり、実証科学的な性質を持つと説明した。

この説明からも明らかなように、帰納法における結論導出までのプロセスは大きく分けて二つの作業から成る。一つは観察事象のサンプリング、もう一つが各観察事象に共通する事項を抽出することである。

帰納法の構成要件であるこの二つの作業のうち、観察事象のサンプリングという行為が帰納法に実証科学的な性質をもたらしている。つまり、結論を導出するための判断材料が現実的な具体的事象によって構成されるため、帰納法は極めて現実的、実証的な性質を持った論理展開の方法論になっているのである。

このように、帰納法における結論の判断材料が個別具体的な現実事象の集合であり、しかもその観察事象群をサンプリングによって集めているため、そこから結論として導き出される一般化命題は純粋論理的な真であることは極めて稀れである。

帰納法の論理展開

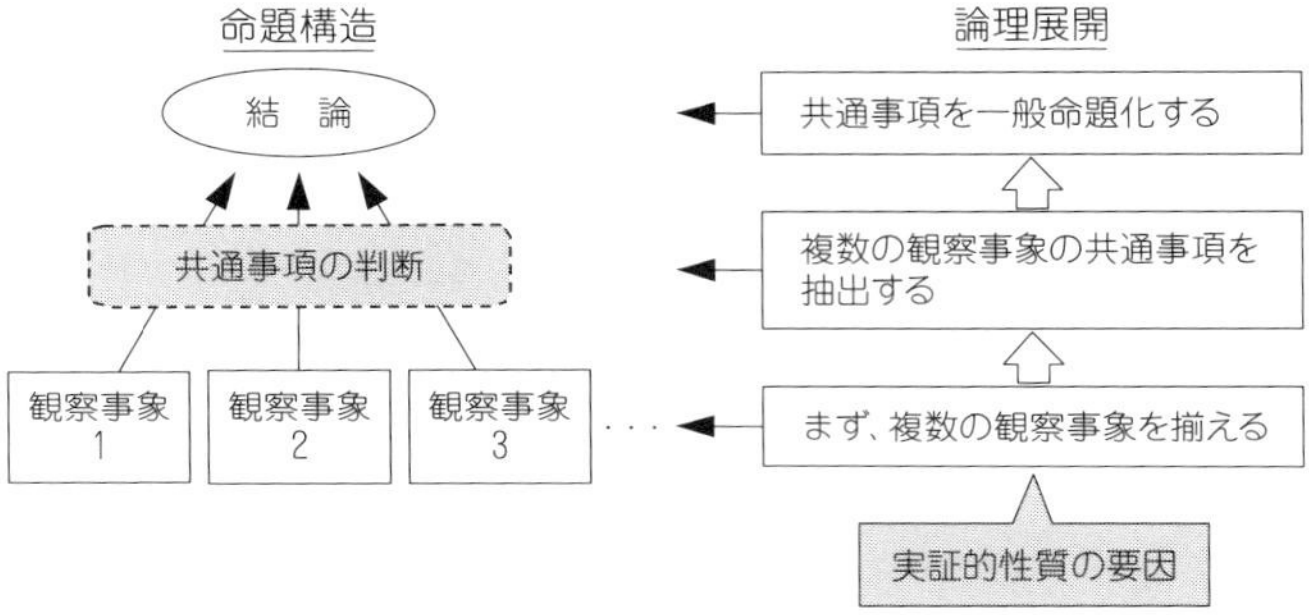

命題構造
論理展開
結　論
共通事項を一般命題化する
共通事項の判断
複数の観察事象の共通事項を抽出する
観察事象 1
観察事象 2
観察事象 3
まず、複数の観察事象を揃える
実証的性質の要因

純粋論理や公理の世界と違って、現実世界の事象にはさまざまな矛盾や例外が存在する。例えば「哺乳類は胎生である。」という自然科学的法則にも例外（カモノハシは卵生）があるし、「人間は男か女である。」という命題すら完璧な真ではない（両性具有者の存在）。

その上、全数調査的情報収集に基づいて判断を下すのではなく、限られた数の観察事象をサンプル的に並べてそのサンプルの中だけで成立している共通事項から一般化命題を導いてしまうのであるから、帰納法の結論の正しさを論じる観点を〝真か偽か〟とするのは妥当ではない。帰納法による結論の正しさを論じるべき観点は、その結論が一般化命題として〝どれくらい確からしいか〟という基準であるべきである。ちなみに論理学の用語では、帰納法の結論の正しさの程度を〝強い／弱い〟で表わしたりする。

このように、帰納法は適用される対象自体が具体的現実的事象であり、得られる結論も強い弱いで表わされる〝確

適切なサンプリング

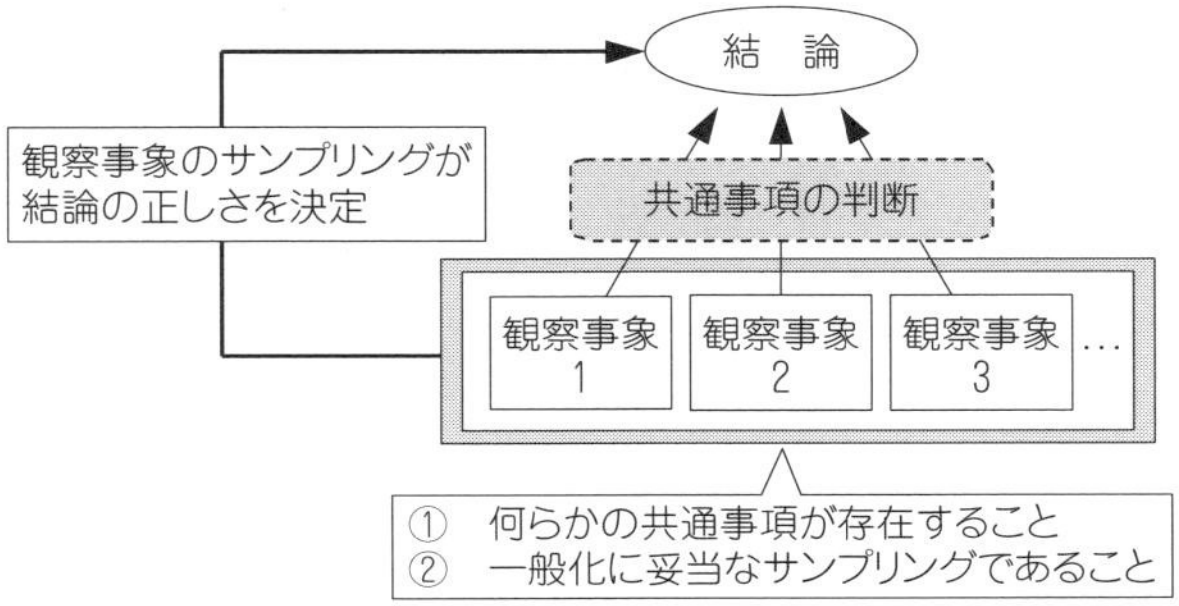

実はこれは当然のことでもある。帰納法も演繹法も論理展開の方法論であるから、結論を導出するための材料としての命題は意味的な関係性を持つ必要があるのである。論理展開とはある命題から、論理の介在を経て次段階の命題を得ることであった。すなわち、二つの命題が論理によって何らかの関係付けがなされ得る場合に論理展開が成立するのである。したがって、乖離命題の間には一切の論理が介在し得ず、当然論理展開は不可能なのである。

では次に「適切なサンプリング」のもう一つのポイントについて説明しよう。

第二のポイントは、「一般化に妥当な事象をサンプリングすること」である。言い換えるならば、観察対象群全体を代表させるようなサンプリングになっていなければならないということである。厳密に適切さを追求するのであれば、統計学的に適正なサンプリングということになろう。

具体的には観察事象としてのサンプル数が過少であって

はならないということと、ある特性を持つ層に偏ったサンプル構成であってはならないという点に特に留意すべきである。

例えば、自分が会ったことのあるアメリカ人が一〇人であった場合、その一〇人がすべて金髪であったとしても、帰納法的結論として「アメリカ人は皆、金髪である。」という一般化を行うのは無理がある。人間の髪の毛の色には、黒、茶、赤、金、白、等々と各種が相等の比率で存在し、かつ母集団であるアメリカ人の数が二億四千万人以上もいるという前提では、いかなる無作為抽出をしてもサンプル数が一〇人では全く意味をなさない。

このようにバイアスのかかったサンプリングは、現実にも見かけることが少なくない。例えば、インターネットによるアンケート調査だと、世の中全体の構成と比べて相対的に機械に対する親和性が高い、情報に対して積極的、学歴、所得が比較的高い、年代が若い等々のインターネット利用者層の特殊性がかなり強く反映された結果になってしまう。

さらにいうと、そもそもアンケート調査自体、アンケートに答えてくれる人達の性格や行動特性によるバイアスがかかっていることになる。新聞社が行う世論調査のサンプリングはかなり厳密な無作為抽出による選定を行ってはいるが、世論調査に対して協力的であるという特性を持つ人達の声だけで結果が決まってしまう。世論調査のアンケートの依頼を断って答えない人達の声が抜け落ちてしまっているのだ。

もちろん、帰納法の観察事象のサンプリングに余りにも厳密な統計学的妥当性を持ち込むこともまた非現実的ではある。しかしながら、帰納法によって確からしい結論を得るためには、観察事象が属する母集団の大きさや特性のバラツキを意識したサンプリングは不可欠である。帰納法は実証科学的性質の論理展開であり、適切なサンプリングこそが結論の正しさを決定付けるからである。

(3) 共通事項の抽出

帰納法において結論を得るための二つの作業のうち観察事象のサンプリングに続いて行うのが、複数の観察事象の共通事項を抽出することである。

ちなみに先の説明では、帰納法においては

共通事項の抽出

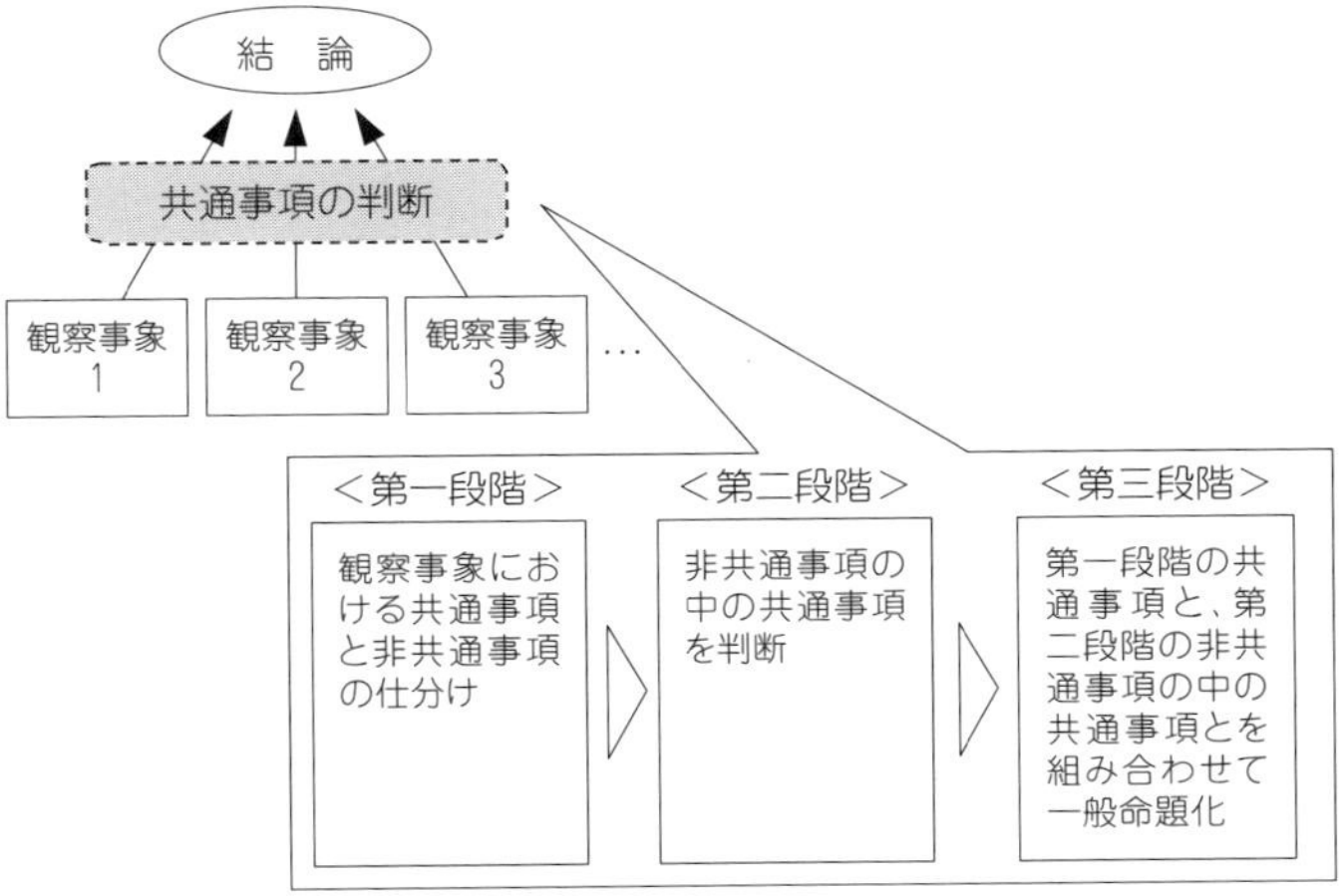

現実の具体的事象を観察事象としてサンプリングするからこそ帰納法の実証科学的性質が生じると述べたが、一方、帰納法における〝共通事項をくくる〟プロセスは純粋論理的な判断作業である。したがって、帰納法において観察事象が提示された以降のプロセスは演繹法と同様に形式論理的な論理展開の性格を持つものであることも理解しておいて頂きたい。

以下、正しい結論を得るための「共通事項の抽出」について、先と同じ例を使って詳しく説明していこう。

観察事象として、以下の三つの事実が挙げられているとする。

「二〇歳のA子は太郎を好きになった。」
「二〇歳のB子は太郎を好きになった。」
「二〇歳のC子は太郎を好きになった。」

まず第一段階として、これら三つの観察事象における共通事項と非共通事項の仕分けを行う。共通事項は、「二〇歳の」と「太郎を好きになった」の二つである。また非共通事項は、「A子」「B子」「C子」という観察事象中の主語の人の名前である。そしてこの段階では、「二〇歳の」と「太郎を好きになった」という二つの共通事項は、結論を構成する要素として取っておく。

次に第二段階の判断として、「A子」「B子」「C子」という〝非共通事項の中の共通事項〟を見つける作業を行う。この場合であれば、「A子」「B子」「C子」はいずれも「女性」であると

共通事項の抽出例

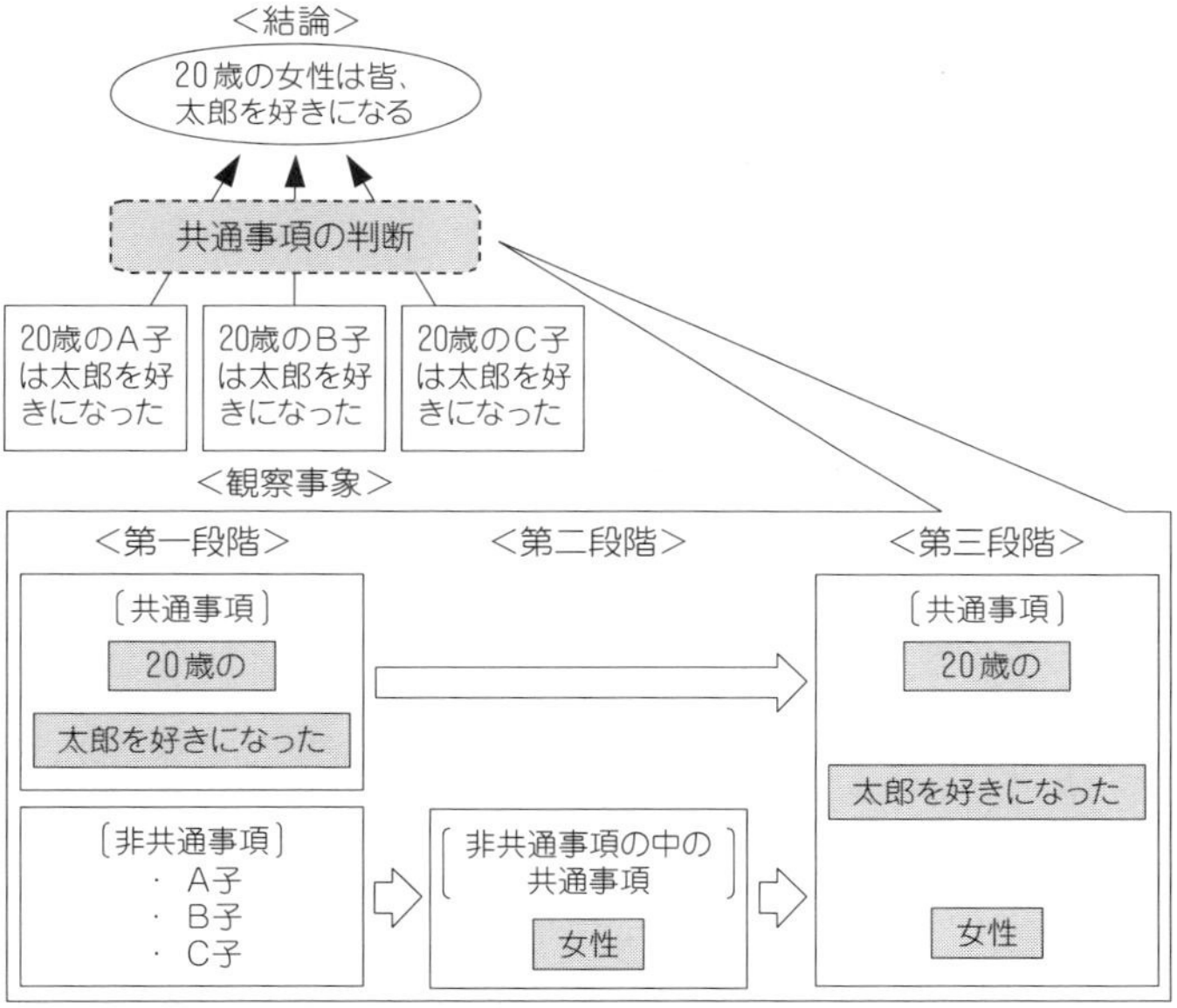
<結論>
20歳の女性は皆、太郎を好きになる
共通事項の判断
20歳のA子は太郎を好きになった
20歳のB子は太郎を好きになった
20歳のC子は太郎を好きになった
<観察事象>
<第一段階>
<第二段階>
<第三段階>
〔共通事項〕
20歳の
太郎を好きになった
〔非共通事項〕
・A子
・B子
・C子
〔非共通事項の中の共通事項〕
女性
〔共通事項〕
20歳の
太郎を好きになった
女性

いう判断が可能であろう。

そして第三段階として、第一段階で得られた「二〇歳の」と「太郎を好きになった」という二つの共通事項と、第二段階で〝非共通事項の中の共通事項〟として得られた「女性」とを組み合わせて「二〇歳の女性は皆、太郎を好きになった。」という観察事象を集約した命題を得、さらにそれを一般命題化して「二〇歳の女性は皆、太郎を好きになる。」という結論とすることになるのである。これが帰納法における「共通事項の抽出」である。

この共通事項の抽出のプロセス

において留意すべき点は、〝非共通事項の中の共通事項〟のくくり方にある。

例えばこの例では、三つの観察事象の非共通事項「A子」「B子」「C子」を「女性」としてくくったが、より厳密に共通事項を絞り込むならば、「○子という名前の女性」というくくり方も成立する。この場合、結論は、「二〇歳の○子という〝子〟という名前を持つ女性は皆、太郎を好きになる。」ということになる。

また、「A子」「B子」「C子」という名前を持つのは女性だけとは限らない、という見方も論理的には否定できない。そうすると、結論は「二〇歳の○子という名前を持つ人は皆、太郎を好きになる。」ということになる。

さらに、「A子」「B子」「C子」という名前を持つからといって、必ずしもそれが人間であるとは限らない。「A子」という犬や「B子」という猫、「C子」という象だっているかもしれない。ということまでを考えるのであれば、「二〇歳の○子という名前を持つ生き物は皆、太郎を好きになる。」という結論になる。

このように、帰納法における共通事項の抽出は、第二段階で行う〝非共通事項の中の共通事項のくくり方〟すなわち〝非共通事項の一般化〟が大きなポイントになっている。先に、帰納法においても観察事象のサンプリングの後の、共通事項の抽出プロセスは純粋論理的な判断作業であると述べたが、右に示した例のように形式的な側面に拘泥し過ぎてしまうと、行き過ぎた形式論理や純粋論理が持つ弊害が生じ、複数の現実事象を観察して一般化できる命題を見つけ出そうとする帰納法の本質的価値を損なってしまうことになる。〝共通事項のくくり方〟においてどの程度まで厳密性を求めるかは、結論の納得性という観点からの判断に依るしかないのである。

この点についてもう一つ別の例で説明してみよう。

観察事象として、

「アジが、雨の日にたくさん釣れた。」

「アナゴが、雨の日にたくさん釣れた。」

「アマダイが、雨の日にたくさん釣れた。」

が挙げられているときの帰納法による結論はどうなるか。

「アのつく魚は、雨の日にたくさん釣れる。」でよいのか。

この場合、「雨の日に」と「たくさん釣れた」が第一段階の共通事項であり、第一段階での非共通事項「アジ」「アナゴ」「アマダイ」における第二段階での共通事項は、これら三つはすべて「アのつく魚」とくくることができる。

このように、共通事項の抽出の仕方は帰納法のルールに則ってはいるが、このプロセスから得られる結論「アのつく魚は、雨の日にたくさん釣れる。」は客観的に正しいとはいえない。なぜなら、「アジ、アナゴ、アマダイなどの名称に〝ア〟のつく魚には共通の行動特性がある。」といった他の一般化命題による合理的裏付けが存在しないからである。

帰納法の原則は、複数の現実的観察事象に共通する意味／事項を抽出して、個別の観察事象よりも普遍性の高い一般命題を導くことであるが、その結論がすでに論証されている一般化命題、例えば公理、定理、法則などと照らし合わせて齟齬《そご》や不整合がある場合には、その結論は妥当なものではない場合が多い。表面的な共通項の軽率な一般化や、偶然に一致しただけの現象の一般化に陥らないよう十分に注意しなければならない。

4 演繹と帰納の関係

本節ではこれまで、演繹法と帰納法とを全く異なる論理展開の二つの方法論として、並列的な扱いで説明してきた。しかし、実はこの二つの論理展開の間には密接な関係が存在し、現実の論理構築や論証作業はこの二つの共同作業であることが多い。

たしかにこれまで、「演繹」は〝純粋論理的〟、「帰納」は〝実証科学的〟と分けて解説してきたが、実は演繹において大前提として設定される一般化命題は、帰納によってのみ論証され得るものなのである。すなわち、世の中で一般に正しいと認められている純粋論理の所産である論理学や数学の公理を除いて、すべての自然科学、社会科学の定理や法則は、実は現実の事象を集め

演繹と帰納の関係

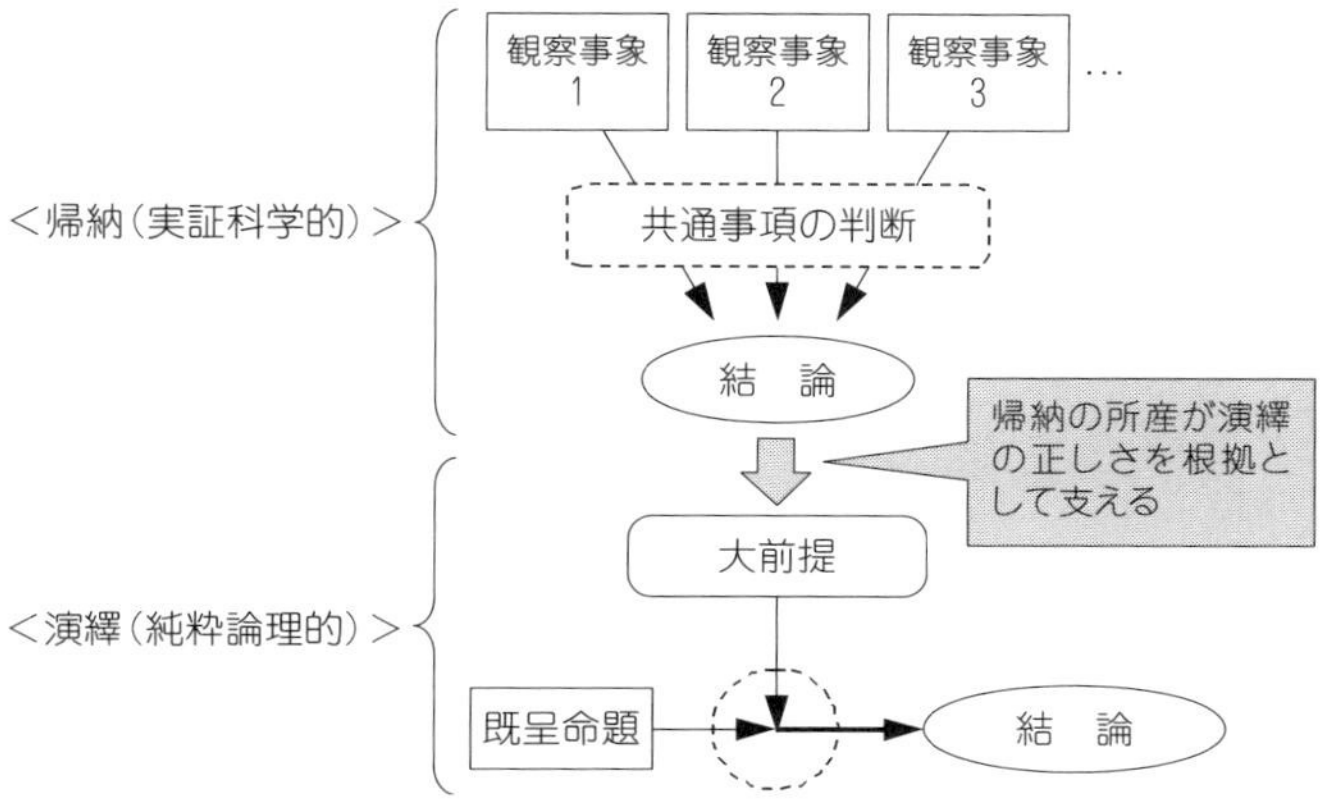

た中から結論を抽出する帰納によってのみ証明されてきたものなのである。

自然科学の話で考えると判りやすいが、観察される複数の事象の共通事項を発見し一般化し得る内容を結論とするアプローチが自然科学の基本的方法論である。これは帰納法の論理展開の方法論そのものである。

人間は観察と実験によってのみ真理をわがものにしてきた。ニュートンの法則も唯物史観《ゆいぶつしかん》もガンの病理も公定歩合と物価の関係も、すべて観察と実験による実証科学的アプローチによって方程式と法則が打ち立てられたのである。そして、それらの一般化命題が万人に認められるだけの普遍性を立証された時点で、その方程式や法則は演繹における正しさの根拠の役割を担う大前提となる資格を得るのである。

既呈命題を大前提と照らし合わせて既呈命題が大前提に包含されていればその結論が真なるものだと断定できるのは、その大前提が現実的に正しいと万人に認められた普遍的に正しい命題だからである。つまり、「世の中における正しいこととは、現実的に正しいことだけ」なのである。ところで、演繹法は純粋論理的であると聞くと、なぜか心理的に帰納法よりもより理論的で、かつより普遍的に正しい感じがしてしまう。つまり、純粋論理の展開の中だけで成立し、その結論も明快に真偽が断定できる演繹法と、さまざまなことが生起する現実の雑多な事象を部分的にかき集めてきた上に立脚しており、しかも曖昧さを完全には払拭しきれない範囲でしか結論を出し得ない帰納法とを比べると、どうしても演繹法の方が論理性に優れていると思ってしまいがちである。

しかし、演繹法において大前提の命題が真でなければ、その論理展開から得られる結論は正しさの根拠を持たない。そして、その演繹法において結論の正しさを支える大前提は帰納法によってのみ成立しているのであるから、演繹も帰納と同じだけの不確実性にさらされていることになるのである。

以上のように、われわれが現実的に推論を行ったり論理構築をする場合に演繹と帰納は密接に結びついて機能し、正しい結論をもたらしてくれる思考の道具となってくれているのだ。そのとき、「現実的に正しいことだけが正しい」という正しさのルールを受けて論理構築の下支えをしてくれるのは、実は純粋論理的である演繹法ではなく、曖昧さと不確かさから完全には逃れることのできない帰納法の方なのである。

Ⅱ・4　正しさの根拠

ここまで、「論理的思考」を行うために必要な「思考」と「論理」について説明を進めてきた。特に、前節で解説した演繹法と帰納法の二つの論理展開の方法論は、われわれが思考によって正しい結論を得るための重要な必要条件である。

では、正しい結論を得るための十分条件とは何か。どのような条件が整えば、われわれは正しい結論を得ることができるのか。

本節では、本書のここまでの総括として、論理的思考によって正しい結論を得るための条件、すなわち「正しさの根拠」について解説する。

1 二つの正しさ

正しい結論を得るための条件を正確に理解するためには、まず〝正しい〟ということ、つまり「正しさ」の定義と解説が必要であろう。

これまで本書では、〝客観的正しさ〟〝万人が認め得る正しさ〟〝論理的正しさ〟〝形式的正しさ〟〝強い確からしさ〟等々、「正しさ」について、文脈に応じてさまざまな表現を用いてきた。ここではまず、これらの表現で示されている「正しさ」を整理して、論理的思考を行う際に理解しておくべき「二つの正しさ」を示しておこう。

結論からいうと、「二つの正しさ」とは、「客観的正しさ」と「論理的正しさ」である。「客観的正しさ」とは、論理学の世界では〝真(truth)〟と呼ばれる正しさで、万人が認め得る正しさであり現実的事実に合致した正しさである。本書でも「現実的に正しいことだけが正しい」という表現で正しさの基本的ルールの説明を行ったが、まさにこの正しさが客観的正しさである。

一方、「論理的正しさ」は「形式的正しさ」と理解してもよいであろう。演繹法、帰納法の論理展開において、方法論的形式を満たしているという意味での正しさである。論理展開の方法論的形式を満たしているということを具体的に示しておくと、演繹法においては既呈命題と大前提との意味的包含関係が適切に判断されていることであり、帰納法においては複数の観察事象における共通事項が適切に抽出されていることである。そして、こうした論理展開の方法論的形式を満たしている意味での正しさは、論理学においては〝妥当（valid）〟と呼ばれ〝真（truth）〟とは区別される。

このように意味するところが異なる「二つの正しさ」があるため、適切な論理展開によって得られた〝妥当な〟結論であっても〝真〟ではない、つまり客観的には正しくないということは多々ある。また逆に、〝妥当ではない〟論理展開によって得られた結論が結果的には〝真〟であるという偶然も起こり得る。

例えば、「テングダケは毒キノコである。」を既呈命題、「毒キノコは食べられない。」が大前提とすると、「テングダケは食べられない。」というのが演繹法によって導き出される結論である。この結論は論理的には正しい、つまり〝妥当な〟結論ではあるが現実的には正しくない、つまり〝真〟で

二つの正しさ

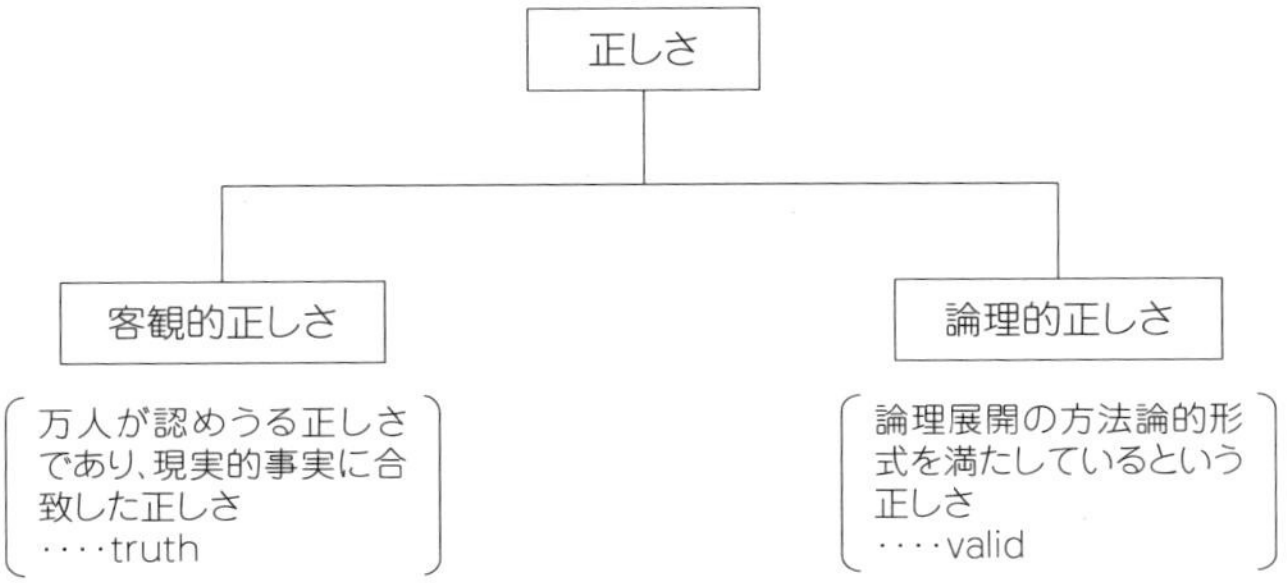
正しさ
客観的正しさ
論理的正しさ
万人が認めうる正しさであり、現実的事実に合致した正しさ
‥‥truth
論理展開の方法論的形式を満たしているという正しさ
‥‥valid

はない。テングダケは毒抜きをして実際に食べることができるからである。

ちなみにこの事例の場合、結論を「テングダケは食べられる。」としたとすると、論理展開は妥当ではないが結論は真となる。ただし、誤った論理展開によって真なる結論を得ても、それは偶然であり論理的思考の成果としては価値がないことはいうまでもないことである。

帰納法においては、論理的正しさと客観的正しさとのギャップはより明白であろう。

「アメリカ人のAさんは金髪である。」
「アメリカ人のBさんは金髪である。」
「アメリカ人のCさんは金髪である。」

という観察事象からは、「アメリカ人は皆、金髪である。」という結論を導き出すことができるが、この結論は論理展開上は妥当であるが、現実的には当然正しくない。

このように、注意深く論理的判断を行い、正しい論理展開をしたとしても、客観的に正しい結論が得られるわけではない。本書においてこれまでにも述べてきたように、「論理的妥当性」という正しさは、「客観的正しさ」の必要条件に過ぎないことを確認して頂けたであろう。

2 ファクトとロジック

では客観的に正しいことを結論として得るために妥当な論理展開、すなわち「ロジック」に加えてさらに必要なものは何か。「ロジック」という必要条件に加えて、どのような十分条件が揃っていなければならないのか。

答えは「ファクト」である。「ファクト」と「ロジック」が両方揃っていてこそ、われわれは論理的思考によって客観的に正しい結論を得ることができるのである。

妥当な論理展開、すなわちロジックと、そのロジックを適用する対象の思考材料／情報が現実的事実に合致していること、すなわちファクトであることの二つの条件が揃ってはじめて真なる結論が得られる。

以下、「正しさの根拠」である「ファクト」と「ロジック」の観点を念頭に置きながら、これまでに説明してきた演繹法、帰納法のポイントも含めて、論理的思考によって客観的に正しい結論を得るための要件を総括的に整理しておこう。

客観的に正しい結論を得るための要件は三つある。一つ目は、思考対象の「命題がファクト」であること。二つ目は、論理を展開するための「命題構造がロジカル」であること。三つ目は、

正しさの根拠

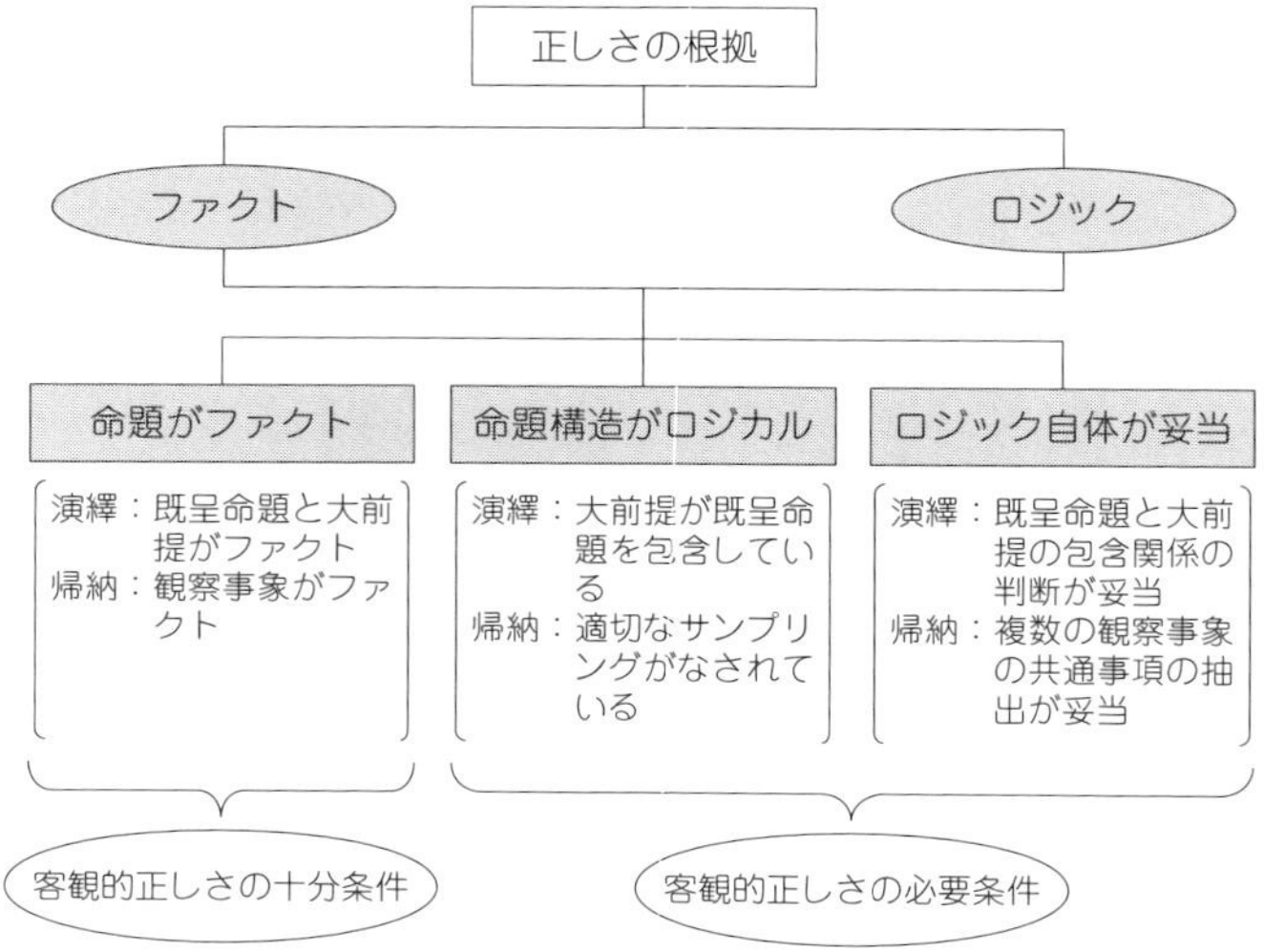
正しさの根拠
ファクト
ロジック
命題がファクト
命題構造がロジカル
ロジック自体が妥当
演繹：既呈命題と大前提がファクト
帰納：観察事象がファクト
演繹：大前提が既呈命題を包含している
帰納：適切なサンプリングがなされている
演繹：既呈命題と大前提の包含関係の判断が妥当
帰納：複数の観察事象の共通事項の抽出が妥当
客観的正しさの十分条件
客観的正しさの必要条件

「ロジック自体が妥当」であることである。

一つ目の要件「命題がファクト」であることを具体的に解説すると、論理的思考を行う場合に、演繹法においては既呈命題と大前提が現実的事実に合致しているということであり、帰納法においては観察事象が現実的事実に合致していること、および複数の観察事象が思考対象の現実的実態を正しく代表していることである。つまり、論理的思考における思考材料となるすべての命題が〝真〟でなければならないということなのである。これらの命題が〝真〟であってこそ、そうした命題の持つ意味内容の中から導き出される結論が、客観的に正しいといえるものになる可能性が成立する。

仮に、これらの命題がファクトではない場合、すなわち現実的な正しさの裏付けのない命題を思考材料にして論理展開を行う場合でも、その論理展開のプロセスが形式的妥当性を持つことは可能である。しかしながら、そのプロセスから導出される結論が真なるものである根拠は存在しない。誤った命題を材料に展開された論理プロセスから導き出される結論は、真なる根拠を元より持たないものであるから、その客観的正しさを論じること自体意味がないともいえるのである。

論理的思考によって客観的に正しい結論を得るための第一の要件は、まず論理展開以前の課題として、その思考プロセス全体の客観的正しさを根底から支えるためには、思考材料である命題がすべてファクトでなければならないということなのである。

次に、二つ目の要件「命題構造がロジカル」であることについて説明しよう。この要件は言い換えるならば、論理展開の思考フィールドとして形成される命題構造が演繹法あるいは帰納法のルールとフォーマットを満たしていること、つまり論理形式に適合した命題の組み立てがなされていなければならないということである。

具体的内容については、演繹法、帰納法の説明を行った前節において詳細に解説したが、確認のために再度ここで整理しておこう。

演繹法における「ロジカルな命題構造」とは、大前提が既呈命題を意味内容的に包含している関係になっていることである。大前提と既呈命題が乖離命題であれば結論を導出することは不能であるし、大前提と既呈命題が部分的交わりしか持たない関係であれば「〇〇であるかもしれないし、ないかもしれない。」という論理的には妥当であっても、現実的には価値の小さい曖昧な結論しか得られなくなってしまうことになる。したがって、与えられた既呈命題に対し、その既呈命題を真部分集合として意味内容的に包含し得るような大前提を設定することが、演繹法におけるロジカルな命題構造を作ることになるのである。

また帰納法における「ロジカルな命題構造」とは、観察事象の〝適切なサンプリング〟が成されていることである。サンプリングによって揃えられる複数の観察事象のすべてに共通事項が存在しないと、共通事項をくくって一般命題化するという帰納法の方法論が成立しない。演繹法において乖離命題を思考材料とすると一切の結論が導き出せないのと同じように、帰納法においても観察事象がいくら真であっても各観察事象すべてに共通する意味内容が存在しなければ、論理展開が成立しないのである。

このように論理的思考において扱う命題は、第一の要件で示したようにそれぞれがファクトであるだけでなく、演繹法、帰納法それぞれの妥当な論理展開が可能な形式を満たした命題構造になっていなければならないのである。

そして三つ目の要件「ロジック自体が妥当」であることとは当然のことではあるが、論理的展開における論理的判断が適切になされていなければならないということである。

具体的には、演繹法における既呈命題と大前提との意味的包含関係の判断が妥当であることであり、帰納法においては複数の観察事象に共通する事項の判断が妥当であることを示す。

この第三の要件は第二の要件と並んで、論理展開のコアプロセスの妥当性を担保するものであり、結論が論理的、形式的正しさを持つために必要な条件である。先に説明した第一の要件「命題がファクト」については、必ずしもこれが満たされていない場合でも、論理的、形式的正しさは成立し得るものであるが、この第三の要件「ロジック自体が妥当」が満たされていないと、論理展開自体が妥当性を持たないものになり、結論の客観的正しさはもちろん形式的妥当性も成立しなくなる。

第二の要件「命題構造がロジカル」と第三の要件「ロジック自体が妥当」の二つが、論理展開そのものの妥当性と結論の形式的正しさを担保してくれるものなのである。また、この第二、第三の要件こそが、これまで論理的に正しいことは客観的に正しいということの必要条件でしかないと説明してきた、まさにその必要条件を成すものでもあるのだ。そして、第一の要件であった「命題がファクト」であることこそ、論理展開によって得られる結論が客観的に正しいための十分条件なのである。

つまり、「命題構造がロジカル」で「ロジック自体が妥当」であることが、結論が客観的に正しいものであるための必要条件、「命題がファクト」であることが十分条件なのである。これら三要件が整ってこそ論理的思考によって得られる結論が客観的に正しいものであるための必要十分条件が満たされ、われわれは真なる結論を得ることができる。そして、これら三要件の真髄とは、「ファクト」と「ロジック」に他ならないのである。

以上、論理的思考によって得られる結論が客観的に正しいものであるための三つの要件について説明してきたが、最後に〝正しさ〟を論じる場合に最も尊重しなければならない金科玉条ともすべき大命題を再び示しておこう。

「現実的に正しいことだけが正しい」ということである。

先に説明した三つの要件を満たしてファクトとロジックに基づいて得たつもりの結論であっても、もし現実的事実と齟齬があれば、その結論は当然正しくないのである。結論が現実的事実にそぐわなければ、その結論を導くプロセスにおけるファクトの認識かロジックの展開かのいずれかに必ず間違いがある。

多様かつ大量の事象を対象に複雑な論理展開を行おうとする場合、われわれは不確実性の沼に足を取られ難解の森に道を見失うことがしばしばである。そのときわれわれを正しさへと導いてくれるのは、「現実的に正しいことだけが正しい」という大命題と、「ファクトとロジック」に裏打ちされた、ささやかな論理展開の能力なのである。

第Ⅲ章 分析

ここまで「思考」と「論理」について説明してきた。

第Ⅰ章では「思考」とは何かについて明らかにした上で、「思考のメカニズム」と「思考成果」について解説し、第Ⅱ章では正しく思考するための方法論としての「論理展開」と、論理展開によって得られる結論が客観的に正しいものであるための条件について解説した。これによって、正しくものを考え、正しい答えを得るための方法論である「論理的思考」の概要全体を得たことになる。

そして第Ⅲ章では、「論理的思考」を活用して正しい結論を得ようとする最も現実的な行為である「分析」について解説する。

まず「分析」とは何かについて説明した後で、具体的な「分析作業」とその作業ごとの勘所について解説する。さらに、合理的分析を行うために有用な分析のテクニックや分析への取り組み方についても説明する。そして最後に、人間の精神活動として論理的思考に大きな影響を及ぼす心理についても言及しておく。

「分析」は「論理的思考」の実践である。実践は何事も理論とは異なる難しさがある。その〝実践の難しさ〟を低減するための工夫と現実的技法について整理してまとめてある。本章において示した手法を実際に使いこなせるよう、一つひとつ着実に習得して頂きたい。

Ⅲ・1　分析とは

「分析」という言葉は、いずれの文字も「分ける」という意味である。「分」は「分ける」ことそのものであり、「析」も〝木を引き裂く〟が語源で、その意味は「裂いて部分に分ける」ことである。このように「分析」の主要概念は「分ける」ことにある。

そしてこれは第Ⅰ章で示した「思考」の概念に符号する。思考のメカニズムとは「要素に分けて、突き合わせて比べて、同じと違うの判断を行う」ものであり、「分かる」とは「きちんと分け尽くされた状態を得る」ことであった。つまり、「分析」も「思考」と同様に、「分けて分かる」というのが基本のメカニズムなのである。

では、分析の本質的意味合いが思考と同じく「分けて分かる」ことだとすると、思考とは何が違うのか。それは、〝作業性と実践性〟である。思考は考えることの〝原理的〟概念であって、頭の中の行為として完結するものである。一方分析は、〝原理的〟に対して〝実践的〟、〝作業的〟なニュアンスを持っている。分析は実践的作業であるが故に頭の中だけで完結するのではなく、頭の外側の情報やデータやグラフや観察対象にまでリーチを伸ばした概念である。

このように「分析」とは、〝分けて分かるための実践作業〟なのである。

この理解を前提にして、本節では「分析」についてより十分な理解を得るために、以下、「分析の定義」、分析のコアプロセスである「構造化」、そして「実践的分析の要件」について説明していく。

1 分析の定義

右に示したように、端的にいってしまえば「分析」の本質とは〝分けて分かるための実践作業〟である。この説明の中にもあるように、実践的作業であるという分析の特徴を反映させた形で、「分析の定義」を示しておこう。

そもそも分析とは〝分けて分かる〟ことであるから、分析の最も基礎的な一義的定義は、「要素に分けること」となる。ただし、現実の分析の実践性や作業性、さらに実際に分析を行う当為者の意図などの要素を念頭に置いてより具体的な二義的定義を行うならば、「収集した情報を要素に分けて整理し、分析目的に合致した意味合い《メッセージ》を得ること」というようになろう。

つまり「分析」とは、一義的には「要素に分けること」であり、実際の行為としては「収集した情報を要素に分ける作業を通して、目的に合致した意味合い《メッセージ》を得ること」と理解すればよい。

狭義の分析と広義の分析

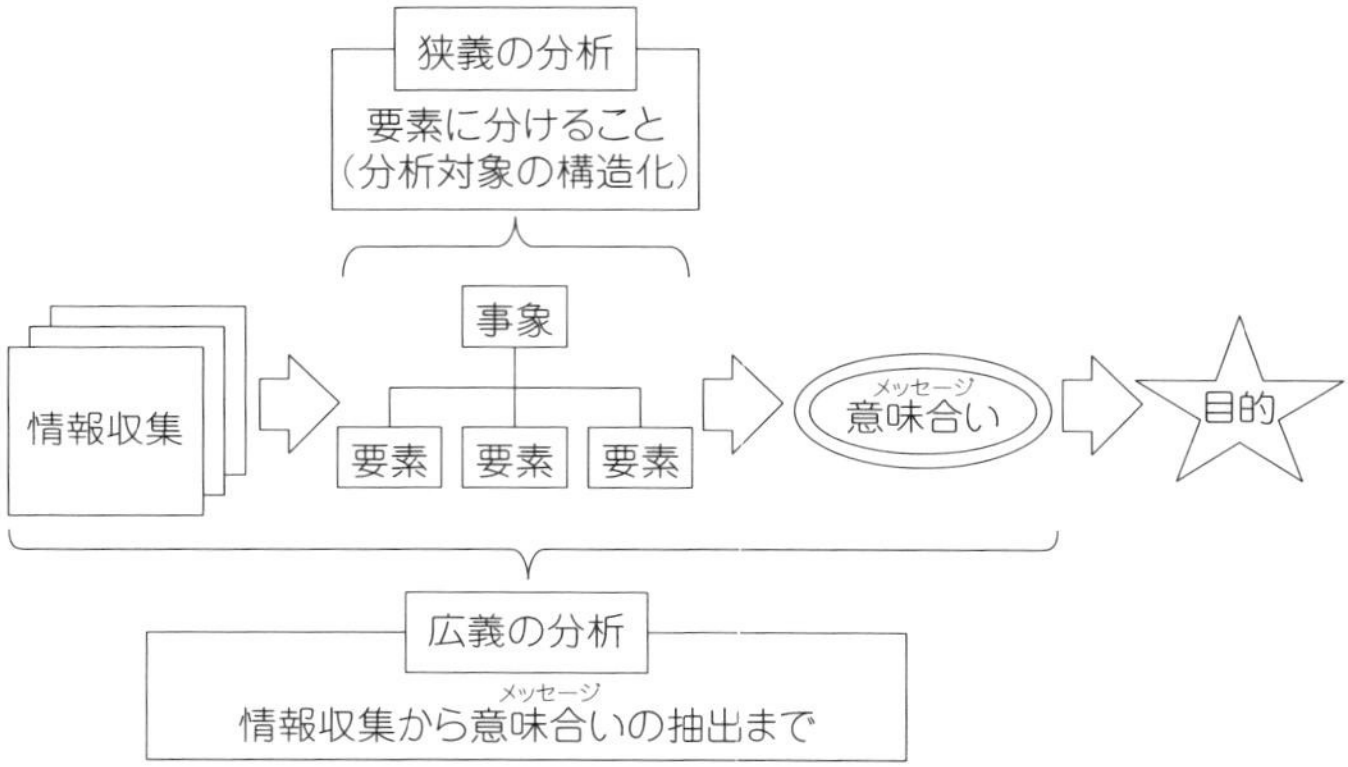

そして、この定義の理解に基づくと、実践的行為としての分析は分析の本質である「要素に分けること」に加えて、三つの要件から成ることが判るであろう。

すなわち、

①目的の存在
②情報収集の必要性
③意味合い《メッセージ》がアウトプット

の三点である。

つまり、実際の分析作業においては「要素に分ける」という分析の本質的作業の前に、まず何を分かるために分析するのかという「分析目的」が存在し、またその次に、要素に分ける対象となる分析対象に関する「情報」が収集されなければならない。さらに、分析によって〝要素に分け尽くす〟だけでは分析目的が達成されたことにはならず、〝分けて分かった〟ことの中から分析目的を満たす「意味合い《メッセージ》」を得ることができてはじめて、分析の成果が得られたことになるのだ。

このように、先に示した「要素に分ける」という狭義の一義的定義が分析の本質を端的に表わしたものであるのに対して、これら広義の二義的定義に含まれる三つの要件は〝実践性〟、〝作業性〟という分析の属性を反映したものである。

したがって、「分析」についての十全な理解を得るためには、要素に分けるという狭義の意味での分析と、情報収集や意味合い《メッセージ》の抽出まで含む広義の意味での実践的分析の両方を押さえておく必要があるのである。

2 構造化

「分析」とはどのような作業かについて具体的に理解するために、まず狭義の一義的定義に基づいて説明しよう。ちなみに分析の一義的定義「要素に分けること」は、実践的分析作業を表現した二義的定義においても分析作業の核心を成す重要なパートであることはいうまでもない。

では、分析対象を〝分けて分かる〟ために要素に分けるとは、どのような作業によって何をアウトプットすることなのであろうか。

分析の核心、すなわち「要素に分けること」とは、分析対象を「構造化」して理解することである。

そして「構造化」とは、「ある事象の構成要素と、それら構成要素間の位相（繋がり方／関係性）を明らかにする」ことである。つまり、ある事象を分解してみると、どのような個別要素に分けられるのか、そして個別要素はそれぞれどのような関係で組み合わさっているのかということを明らかにすることが「構造化」であり「構造的理解」なのである。

「構成要素」を明らかにすることは、「事象の識別」によって成される。分析対象の事象を部分に分け、それが何であるか、それはどういうものであるかによって各部分を識別し、〝違うで分け、同じでくくって〟分類しながら構成要素として整理していく。複雑な事象であれば、一次的に分類した構成要素をまた分解、分類して二次的分類を行ったり、さらに三次、四次と分解、分類していくことで完成度の高い体系として整理するのが望ましい。このことは、第Ⅰ章の〝分類〟の項で説明したとおりである。

また「構成要素間の位相」を明らかにすることとは要素間の

「構造化」とは

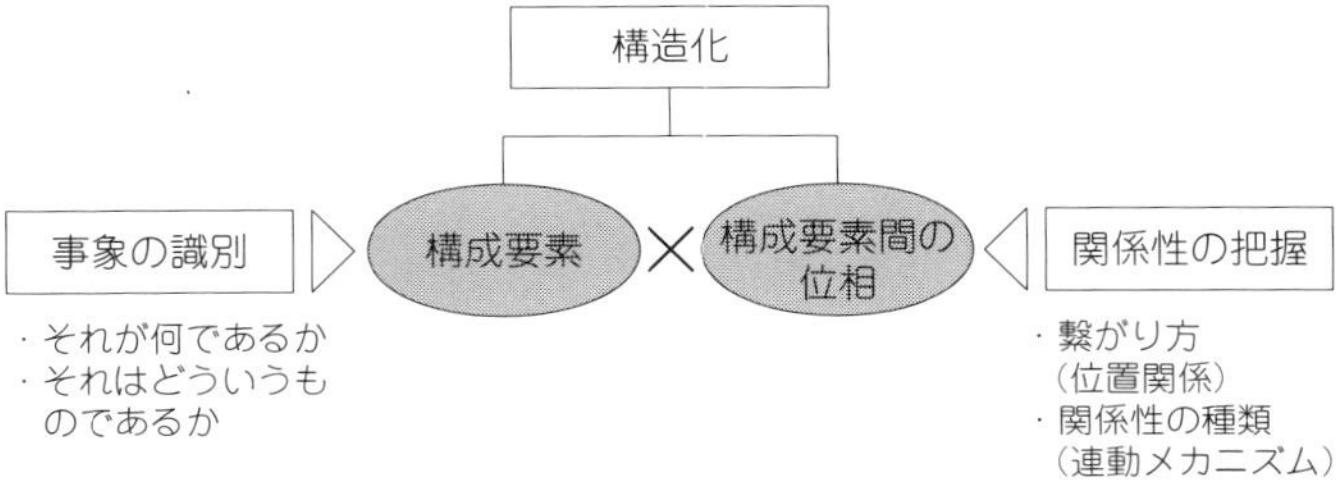

「関係性の把握」であり、具体的には二つの側面がある。一つは、スタティックな意味での個別要素ごとの繋がり方の「構図」の理解である。つまり、どの要素とどの要素がどういう位置関係で繋がっているかを明らかにすることである。

もう一つは、ダイナミックな意味での個別要素間の関係性の把握である。例えば、どの要素がどの要素の原因になっているのかとか、どの要素が変化したとき、それにつれてどの要素がどのように変化するのかといった関係性の内容の把握である。構成要素間の「連動メカニズム」の理解といってもよいであろう。

確認のために、〝構造化して分かる〟ということを事例を使って簡単に説明しておこう。

例えば、「水」を構造化して理解すると、「H_2O：一つの酸素原子を両側から二つの水素原子が挟む形で、共有結合によって結びついて成立している。」ということになる。この場合、構成要素は、「O：酸素原子」と「H_2：二つの水素原子」、位相は「酸素原子を中心にして、二つの水素原子が挟んでいる」ことがスタティックな側面で、その繋がり方が「共有結合」であるというのが連動メカニズムのあり方である。

また例えば「力」を分析して構造化すると、「$F = ma$：力は、その力を受ける物体の質量と運動の加速度との積」ということになる。この場合、構成要素は「m：物体の質量」と「a：運動の加速度」、そして位相に当たるものは「積」である。

以上のように「構成要素」と「要素間の位相」を明らかにすることが、一義的な意味での分析の中心的作業であり、われわれはこうした「構造化」によって〝事象を分かる〟ことを得るのである。

ところで、このような一義的な意味での分析は、実践的な作業としての分析においても重要なプロセスとして必ず必要であると説明したが、分析対象を構造化して理解するというこの作業は実践的分析プロセスにおいても単に必要だというだけではない。分析対象を構造的に理解することは、現実的テーマに関する原因の究明や手段の立案といった分析目的を満たし得る結論を獲得する上でも大きなメリットを与えてくれることになるのだ。

先ほどの説明で、分析対象を構造化して理解することとは、構成要素を一つひとつ識別することと、それらの要素間の位相を認識することであるということを示した。したがって、どの要素をどのようにコントロールすれば、その結果どの要素がどのように変化するのかというその事象に関する「因果律」を把握できることになる。つまり、分析対象の構造化がきちんとできていれば、事象の原因の特定やその因果関係に立脚した有効な手段の立案を容易に行うことができることになるのである。

以上のように「構造化」は最も重要な分析のコアプロセスであり、分析対象を的確に構造化して理解することによって、実践的分析作業における〝目的を満たす意味合い《メッセージ》〟を得る上でも大きなメリットを得ることができるのである。

3 実践的分析の要件

ここまで、一義的な分析の定義である〝要素に分ける〟ことの核心作業である「構造化」という方法論について説明してきた。構造化は、広義の意味での分析作業、すなわち情報収集や意味合い《メッセージ》の抽出といった作業まで含む実践的分析においても、もちろん最も重要な役割を担うコアプロセスである。ただし、先に説明したように実践的分析を行うためには、この一義的定義によって規定される構造化作業以外にも三つの要件を理解しておかなければならない。

本章では、基本的には現実的作業行為としての分析、すなわち広義の意味での実践的分析を主たるテーマとして扱い、実際の分析作業に役立つスキルやテクニックの紹介と解説を行うことを狙いとしている。分析の〝実践性〟、〝作業性〟の十分な理解を図り、次節以降で紹介する分析テクニックを習得するための基礎を固めるために、実践的分析の三つの要件について一つずつ説明を加えておこう。

まず第一の要件である「目的の存在」について説明しよう。そもそも、われわれが何かを分析する場合には、その分析対象となっている事象を単に要素に分けて分かることだけを目的にして

実践的分析の要件

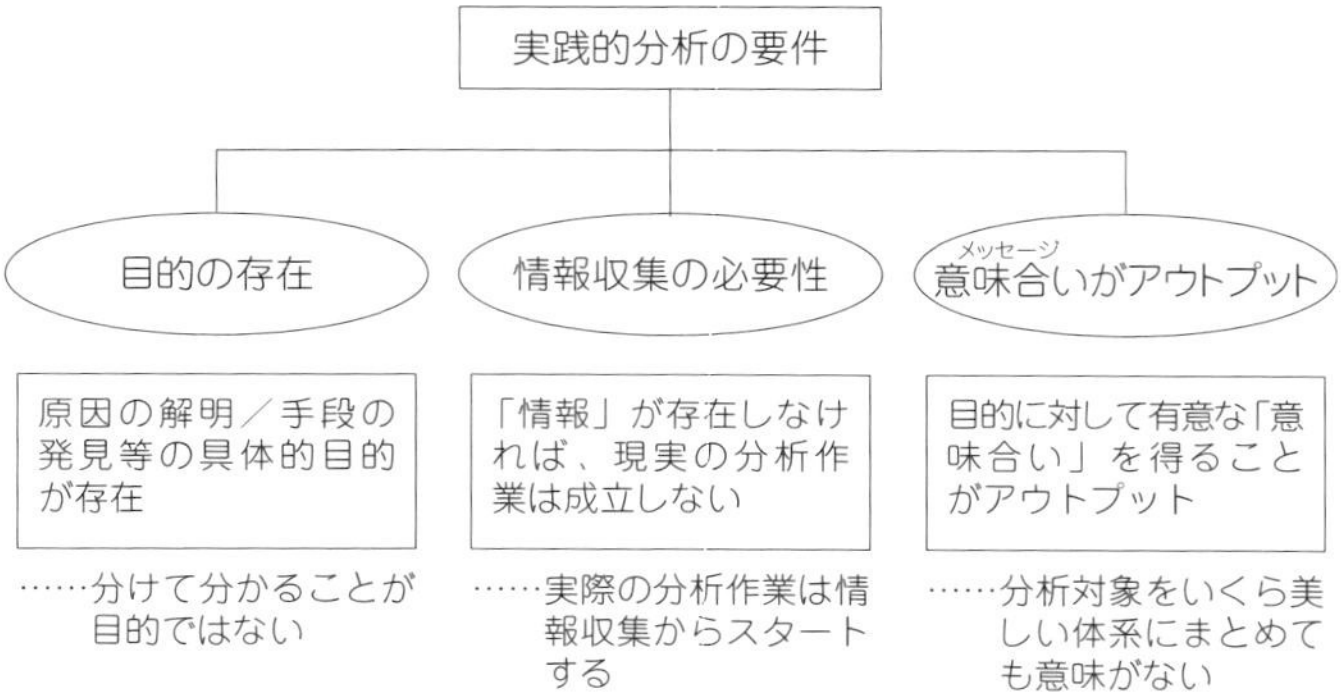

いることは少ない。ある事象が発生している原因を突きとめようとしたり、何らかの状況を自らの望ましい方向へ変化させるための手段を見つけようとして、分析を行うのが通常である。

したがって、現実の分析作業には何らかの原因の解明とか何らかの手段の発見といった、現実的な目的が存在する。そしてこの目的が、分析の具体的作業のあり方を決定することになる。つまり、どのような情報を収集するのか、どのような分析手法をとるのか、そして何を発見し、何を分析成果とするのか。そうした具体的事項はすべて、分析の目的に応じて決められるのである。実践的分析は、まず「目的」ありきなのである。

次に、第二の要件「情報収集」について説明する。第I章で人間が正しいことを分かるための手段は、「思考」と「情報収集」の二つだけであると明記したが、実践的分析においてはこの両方が含まれることになる。分析の狭義の定義である〝分析そのもの＝要素に分けること〟を行うにしても、まずその対象すなわち分析される情報が存在しなければ現実の分析作業は成立しない。そのため、実践的分析には情報収集が不可欠であり、実際の分析の具体的作業は情報収集からスタートすることになる。

第Ⅱ章では、正しさの根拠として「ファクト」と「ロジック」がともに不可欠であることを示したが、分析においても「情報収集」が「ファクト」の部分を形成するという極めて重要な役割を担っているのである。

そして第三の要件「意味合い《メッセージ》がアウトプット」であるというのは、第一の要件である分析目的に呼応したものである。

分析の狭義の定義においては、分析は〝要素に分けること〟とされるため、その場合の分析のアウトプットは、分析対象が要素に分け尽くされて分かりやすく整理された状態になっていることということになる。一方、実際の分析には何らかの原因の解明であったり、何らかの手段の発見であったりと現実的な目的が存在する。したがって分析のアウトプットとしては、この目的を満たすような答えを得ること、つまり探していた原因はあれであるとか、これが求めていた手段であるといった目的に対して有効な意味内容を持った結論《メッセージ》を得ることでなければならない。

したがって、実践的分析のプロセスにおいてそれまで誰も知らなかったような法則を発見しても、それが分析目的とは何の関係ないものであればその発見は価値がないし、また徹底的に分析作業を尽くして分析対象の要素を美しい体系にまとめ上げたとしても、その体系自体は価値を持たない。

現実の分析においては、あくまでも「アウトプットはメッセージ」なのである。

Ⅲ・2　分析作業

前節において、分析のコアプロセスである「構造化」と「実践的分析の要件」について説明した。

以降、実践的分析を行う場合に必要な作業や有効な手法、よい分析を行うためのテクニックや留意点など、分析の具体的ノウハウについて紹介、解説していく。

分析とはそもそも論理的思考の典型的実践作業であると説明してきたが、現実にわれわれが取り組む分析は大変に複雑である。本書において、第Ⅰ章、第Ⅱ章で解説してきた「思考」や「論理」で扱った事例と比べると、実際の分析テーマや分析事象は「情報収集」にしても「事象の構造化」にしても桁違いに複雑で難易度が高い。

実践的分析の作業ステップ

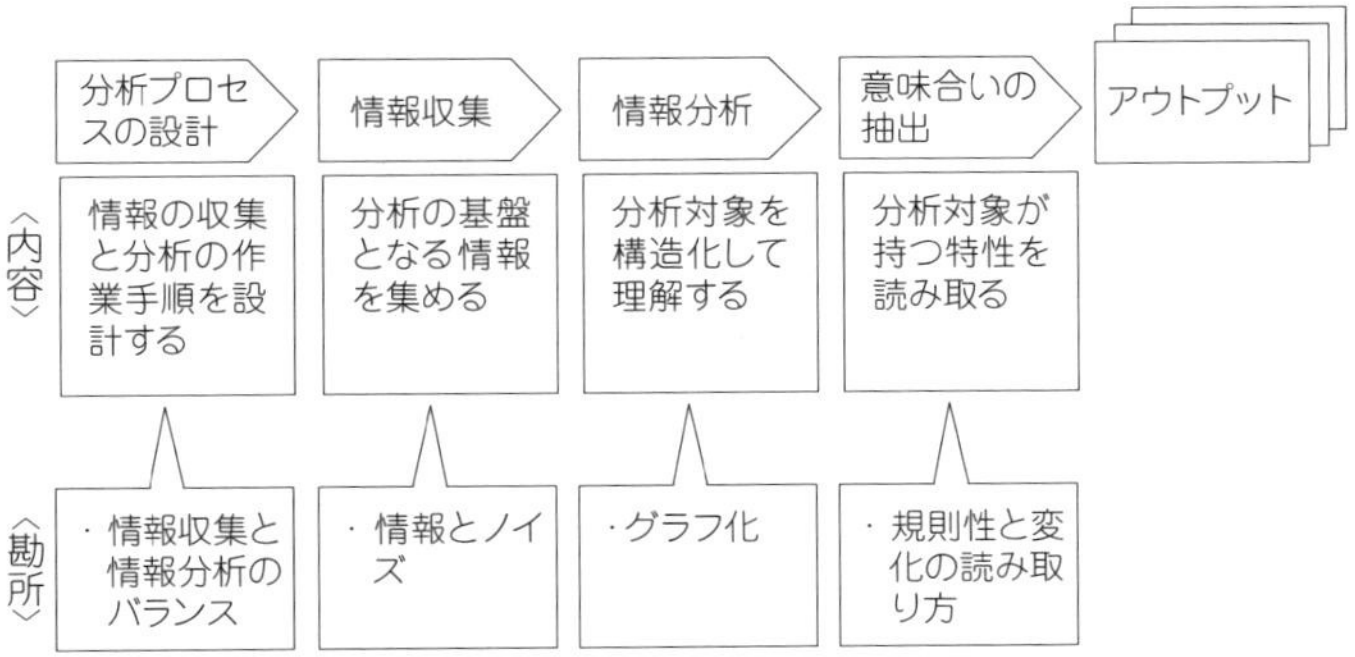
分析プロセスの設計
情報収集
情報分析
意味合いの抽出
アウトプット
〈内容〉
情報の収集と分析の作業手順を設計する
分析の基盤となる情報を集める
分析対象を構造化して理解する
分析対象が持つ特性を読み取る
〈勘所〉
・情報収集と情報分析のバランス
・情報とノイズ
・グラフ化
・規則性と変化の読み取り方

したがって、よいアウトプットを得るためには、分析の基本動作とでもいうべきいくつかの重要な分析作業と、それぞれの基本動作における留意点について十分理解しておかなければならない。

実際の分析作業は基本的に、分析プロセスの設計、情報収集、情報分析（分析対象の構造化）、意味合《メッセージ》いの抽出という四つのステップで行われるが、本節では各ステップごとに特に重要と思われる、いわば基本動作における勘所とでもいうべきポイントについて解説していく。

具体的には、分析プロセスの設計に関しては、考慮すべき設計要件と作業のウエイトづけについて。情報収集に関しては、収集すべき情報の価値を意識すること、特に情報とノイズの判別について。情報分析のステップにおいては、グラフ化することの効用とグラフのパターンについて。そして意味合《メッセージ》いの抽出に関しては、グラフの読み取り方の勘所すなわち重要な意味合いの発見の仕方についてそれぞれ詳しく説明していく。

1 分析プロセスの設計

現実の分析は、分析目的が外生的に与えられた後、分析プロセスを設計するところから始まる。家を建てることも船を造ることもあるいは社員旅行に行くことでも、満足な結果を得るためにまず必要になるのが設計と計画である。また前章まで説明してきた論理的思考の事例とは異なり、現実の分析においては扱う情報量も構成要素間の関係性の複雑さも桁違いにレベルが高い。こうした複雑で難易度の高い作業であるからこそ、分析の第一ステップである分析プロセスの設計が極めて重要なのである。

(1) 設計要件

実践的分析作業のプロセス設計を行うに当たって、考慮しなければならない事項は三つある。分析作業に課せられた「制約条件」が第一の事項。そして、具体的作業として何を行うのかについての「作業計画」が第二の事項。そして、分析作業を通してどのような分析成果が得られるのかという「アウトプットイメージ」が第三の事項である。

これら三つの設計要件について、以下具体的に説明していこう。

まず「制約条件」についてであるが、これは内在的なものと外在的なものに分けられる。分析作業の設計において、担当者の手の内にある程度大きな自由度が認められる項目が内在的制約条件、担当者が自由に裁量できる余地が小さい項目が外在的制約条件という区別である。

具体的に内在的な制約条件とは、「時間」「手間」「費用」の三つである。これらの項目は、分析プロセスのあり方を規定する制約条件ではあるが、どの情報収集にどれくらいの時間や費用を投入するのか、どのデータ分析にどれくらいの手間をかけるのか、といった設計上の裁量の余地が比較的大きなものである。

そしてまたこれら三つは、分析の「コスト」としてまとめて扱うこともできよう。ちなみに、時間、手間、費用は、コスト性という意味において同類であるから、相互に変換

分析プロセスの3つの設計要件

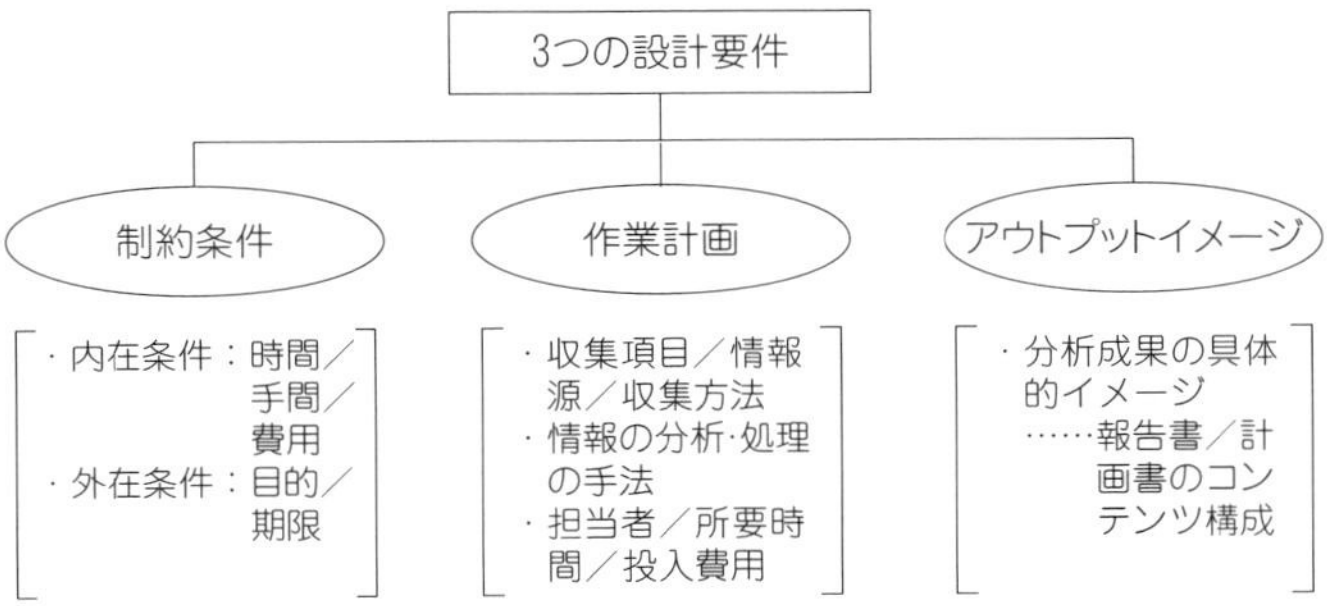

5つの制約条件

が可能である。時間が足りない場合は、人手を増やしたり徹夜したりして手間を増やすことで対処することができるし、費用を増やして外部の調査機関に分析委託することも可能である。

一方、外在的な制約条件は、分析の「目的」と「期限」である。「目的」と「期限」は、分析作業の担当者が自由に決定できるものではないケースが多い。しかしながら、何のために分析をするのか、いつまでに分析を終えなければならないかは、分析プロセスの設計上最も重要な項目であり、たいへん強い制約性を持つものである。

ちなみに、内在的条件と外在的条件のどちらとも見なすことができるのが、分析を行う担当者の「分析スキル」である。分析担当者を任命できる者にとっては「分析スキル」は内在的可変ファクターであるが、分析担当者本人にとっては自分のスキルレベルはいかんともし難い制約条件である。本項の解説は、実際の分析担当者を主たる対象にしたものであるとの立場から、コントロール不能な制約条件と見なして設計対象事項としては扱わないことにする。

以上の説明のように、分析プロセスを設計する上で考慮しなければならない制約条件は「コスト」あるいは「投入資源」としてくることのできる「時間」「手間」「費用」と、外生的に与えられる「目的」と「期限」の五つに整理することができよう。

分析プロセスを設計するということは、これら五つの制約条件の下で、どのような情報を、どのような手段で集め、どのような手法と作業によって情報を処理して、目的を満たす意味合い《メッセージ》を得るかの作業計画を作ることである。

この「作業計画」が第二の設計要件である。具体的には、外生的に与えられた目的と期限は原則的に変更不可の大前提として見なし、時間と手間と費用の按分を考えながら、

①収集すべき情報と収集の手法
②情報の分析／処理の手法
③各作業に対する担当者と所要時間および投入費用

を作業計画として決定することになる。そしてこの作業計画こそが、例えばビルを建てる場合の設計図になるわけであり、分析作業の効率と分析成果の価値を決定付けることになるのである。

そして、具体的分析作業の作業計画とは異なるが、設計事項としてたいへん重要なのが第三の設計要件である「アウトプットイメージ」である。課せられた制約条件と計画した作業によって、

どのような分析成果まで辿り着けるのかという具体的イメージである。

例えば、新規事業の可能性を探る目的で行う分析の場合であれば、最も有力な事業にまで絞り込んで収支計画やアクションプランまで揃えた事業計画書を提出するのか、事業の魅力度を評価しただけの候補事業のリストを作成するのかといった具体的な報告書のイメージである。こうした具体的なアウトプットイメージを持たないまま作業計画を立ててしまうと、どうしてもコストや具体的作業のツメが甘いものになってしまうのである。

したがって、第一の設計要件として示した「制約条件」と第三の設計要件である「アウトプットイメージ」の両方を念頭に置いてこそ、第二の設計要件である具体的な「作業計画」が立てられるのである。

ところが、ビジネスの世界で実際に行われている分析作業を見てみると、適切なプロセス設計がなされていないことが意外なほど多いのが実情である。

最も多いケースが、何となく分析テーマを曖昧に意識しながら、とにかく関連していそうな情報やデータをただ集めているだけというやり方である。もちろん会社の事業計画や会計時期に合わせて形式的には期限も決まっているし担当者の役割分担も大まかには設定されているが、分析作業の結果、確実に成果に結び付くという確証と展望のない成り行き計画でしかないことが多い。時間も作業も費用も曖昧なままでなし崩し的に関連情報の収集活動だけを続けて、四半期程度ごとに集まったデータをまとめて報告書にしているのが実態である。これでは、価値ある成果が得られないのは当然である。

このような事態にならないためには、分析作業を始めるに際してプロセス設計をきちんと行うことが不可欠である。情報収集作業に飛びつく前に五つの制約条件を確認し、具体的アウトプットを想定した上で、収集すべき情報、情報処理の仕方、担当者とコスト按分の三つの計画事項のフォーマットを埋める習慣をつけるだけで分析成果は大きく改善するはずである。

(2) ウエイト付け

分析プロセスの設計を行うに際して、現実の分析作業でよく見受けられる要改善点をもう一点指摘しておこう。

「情報収集と情報分析との間のウエイト付け」のあり方についてである。どれくらいの時間や手間を情報収集に当て、また集めた情報の分析にどれくらいの時間や手間を投入すべきかのバランスが適切でないケースが非常に多い。

ここまでの説明の中でも指摘してきたことであるが、現実に行われている分析作業を見てみると、時間も手間もほとんど情報収集に費やしていることが多い。詳しくは後ほど解説することになるが、情報は多く集めれば集めるほどよい分析成果に繋がるかというと、決してそうではない。

情報収集と情報分析の按分

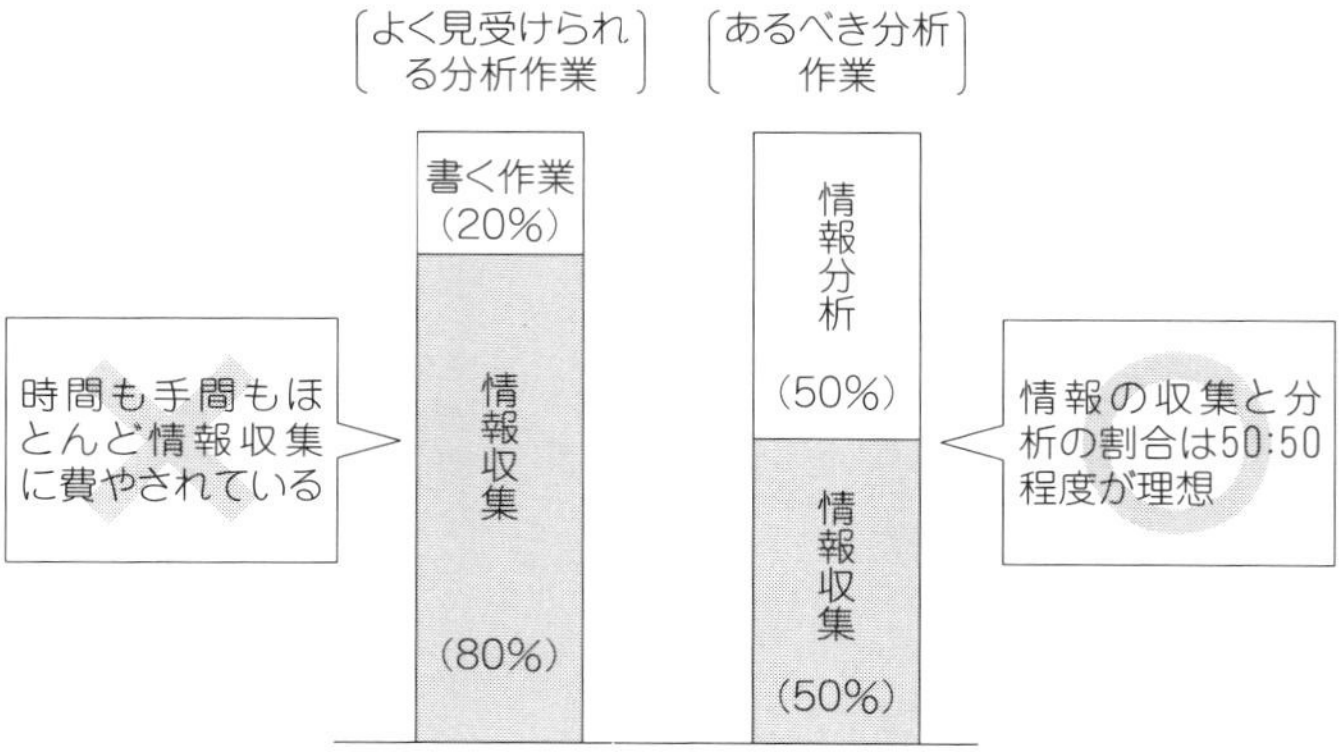

にもかかわらず、現実のケースでは、手間と時間の七、八割以上が情報収集に費やされていることが多い。例えば、三ヵ月の分析期間が与えられていたとすると、二・五ヵ月くらいは情報収集に使っているのである。その上、残り〇・五ヵ月だけでも構造化やメッセージ抽出のために論理的思考を巡らしているかというと、これもまたそうではなく集めたデータや情報に十分な分析を施せないまま報告書を書く作業に投入しているケースが多い。つまり、よく見受けられる現実の分析作業は、〝集めて〟、〝書いて〟いるだけの作業であって、〝考える〟という分析のコアプロセスが抜け落ちてしまっているのである。

価値の高い結論《メッセージ》を得るためには、ダイヤの原石となるような良質の情報が取れていることは必要であるが、ただ多く集めるだけ集めて、吟味したり磨いたりすることなく箱に詰めても、それでは石コロの詰め合わせを作っているだけである。分析プロセスの設計に際して、この点を十分に意識しておかなければならない。

どれくらいの時間や手間を情報収集に当て、どれくらいを構造化や意味合い《メッセージ》の抽出に当てるべきかの基準は、分析目的やデータのアヴェイラビリティー（入手可能性）、そして分析者のスキルにもよるが、敢えて大胆に割合を示すならば、五〇：五〇というのが妥当な線であろう。集めた情報やデータを目の前にしてただ漫然と眺めているだけではもちろん意味はないが、ある程度の分析スキル、論理的思考力のある分析者であれば少なくともトータル時間の半分を分析に投入すれば、八割もの時間を情報収集に使っていたケースと比べると確実に結論《メッセージ》の価値は向上するはずである。

2 情報の価値

分析プロセスの設計を経た後、実際の実践的分析作業として、情報収集を行うことになる。分析対象を構造化しようとする分析のコアプロセスも、その対象となる情報が得られてはじめて可能になる。また、分析のアウトプットである分析目的に合致した意味合い《メッセージ》も、得られた情報の中から分析という情報の加工行為によって紡ぎ出されてくるのであるから、情報はアウトプットの母胎であるともいえる。

このように情報とは、それがなければ分析がなにも始まらないという絶対不可欠の要素であり、適切な情報が入手できなければどんなに素晴らしい構造化や論理展開が行われても、分析のアウトプットである意味合い《メッセージ》は、分析目的に合致した有用なものにはなり得ない。したがって、現実の分析における情報収集作業は、文字どおり分析全体の基盤を形成する役割を担うものである。

当然、適切な情報収集を行わなければならないが、ここでは収集すべき「情報の価値」について述べておきたい。

適切な情報収集を行うためには、もちろん各種統計資料やデータベースに関する知識が必要であるし、情報収集作業自体についてもさまざまな技術が存在する。これらの知識や技術も当然有用で必要なものではあるが、本書は論理的思考の実践形態として分析を扱うスタンスであるため、情報収集自体に関する専門的な知識や技術ではなく、論理的思考に対して重要な意味を持つ情報の性質について指摘しておきたい。つまり、情報収集を行う場合に、情報収集についての知識や技術以外にも認識しておかなければならない重要なポイントがあるということである。それは「情報の価値」である。そしてそれはまた、「情報とは何か」ということについての理解でもある。

(1) 情報とノイズ

実際の分析作業において情報収集を行うとき、分析の材料とする「情報」とはそもそも何なのかということを明確に認識しているであろうか。まず知っておいて頂きたいのは、「情報とは何か」ということである。「情報」の定義を示しておこう。「情報」とは、「不確実性を減ずるもの」である。もう少し厳密に定義すると、「当為者の目的に対して不確実性を減ずる意味内容」のことである。そして何らかの意味内容を持つものであっても、それが当為者にとっての不確実を減ずることに寄与しないものは、それは「ノイズ」である。

例で説明しよう。例えば、就職活動中の学生が「最近英語による面接を行う企業が増えている。」というニュースを聞いたとしよう。このときこのニュースは、この学生にとって「情報」になる。なぜなら、学生は

情報とノイズ

情報とは：当為者の目的に対して不確定性を減ずるもの
（ノイズとは：当為者にとって不確実性を減ずることに寄与しないもの）

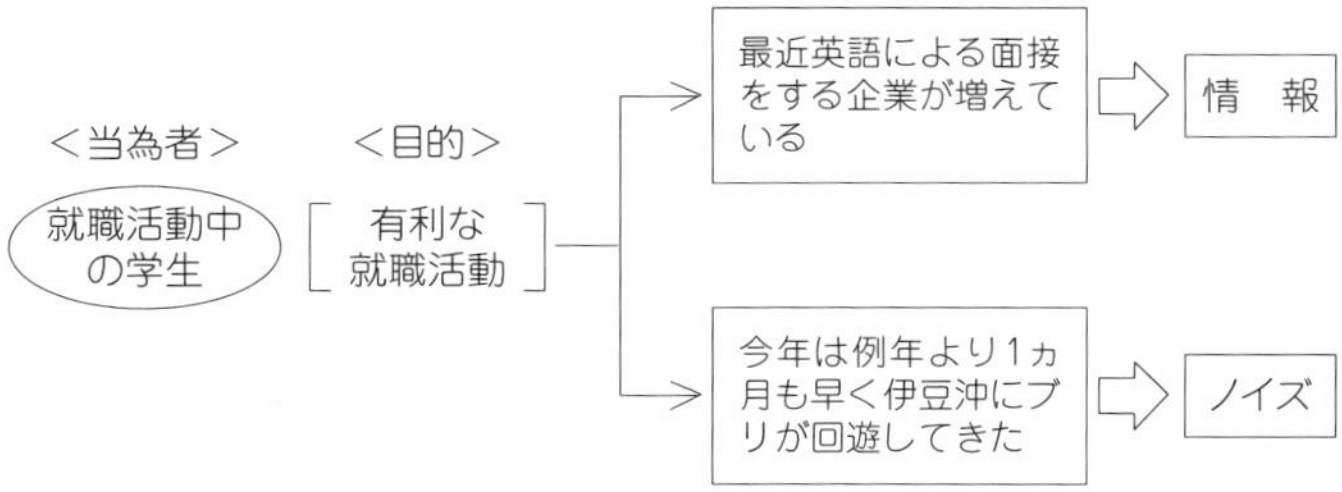

このニュースを聞く前と比べて、自らが取り組もうとしている就職活動の現状について理解を深めることができ、さらには「就職活動を有利に進めるためには、英語による面接の練習をしておくのが得策だ。」という有意な意味合い《メッセージ》を得ることができるからである。

一方、また例えばこの学生が「今年は例年より一ヵ月も早く伊豆沖にブリが回遊してきた。」というニュースを聞いたとしても、就職活動に関しては何も不確実性が低減することはない。したがって、「ブリ回遊のニュース」はこの学生にとっては「情報」ではない。「例年より一ヵ月も早くブリが回遊してきた」ことがいくら事実であっても、またそれが二〇年に一度という貴重なことであり釣人の間では大きな話題になるようなことであったとしても、就職活動を目的にした学生にとっては「ノイズ」でしかないのである。

このように「情報」と「ノイズ」は同じ意味内容であっても、当為者の目的によって情報となったり、ノイズになったりするという特性を有しているのである。

ある目的が存在して、その目的に合致した意味合い《メッセージ》を得ようとして行う実践的分析においては、ここで説明した情報とノイズの観点を持って情報収集を行うことが極めて重要である。いくら精力的に多くのデータやインタビュー結果を集めても、それがノイズであっては何の役にも立たないのである。

当然、ノイズをいくら分析しても、そこからは分析目的を満たすメッセージは生まれてはこない。またノイズは価値を生まないだけではなく、集計や分類といった処理コストの増大を招くという意味で弊害が大きいことにも留意しておかなければならない。

近年は各種データベースの整備とインターネットの普及により、かつてと比べると情報収集のアヴェイラビリティーが上がり、コストが大幅に低下した。このこと自体は分析を行う上でたいへんに有益なことであるが、情報収集の障壁が低くなり、手軽にさまざまなデータや資料が入手できるようになったために安易な情報収集作業が増えてきているように感じる。

その結果、情報収集と称して膨大なノイズの山を積み上げているケースが少なくない。ひとたびノイズの山ができてしまうと、その加工や処理が複雑になるし手間も膨大になるため、データをタテ・ヨコ・ナナメに切ってデータの背景に隠された価値ある意味合い《メッセージ》を探すためのエネルギーと熱意が希薄になってしまう。

また、エレガントで含蓄深い分析をしなくとも、目の前に膨大な枚数の資料の束があれば、たとえそれが単なる数字とグラフの羅列でしかないものであっても、分析作業をそれで良しとはき違えてしまう傾向になりがちである。これでは分析の基礎を固め、有用な意味合い《メッセージ》の母胎たるべき情報収集作業が逆に分析を阻害してしまうことになる。

したがって、情報収集を手がける場合には「情報」を集めることと同等以上に、「ノイズ」を集めないことにも注意しなければならないのである。

情報の効用逓減性

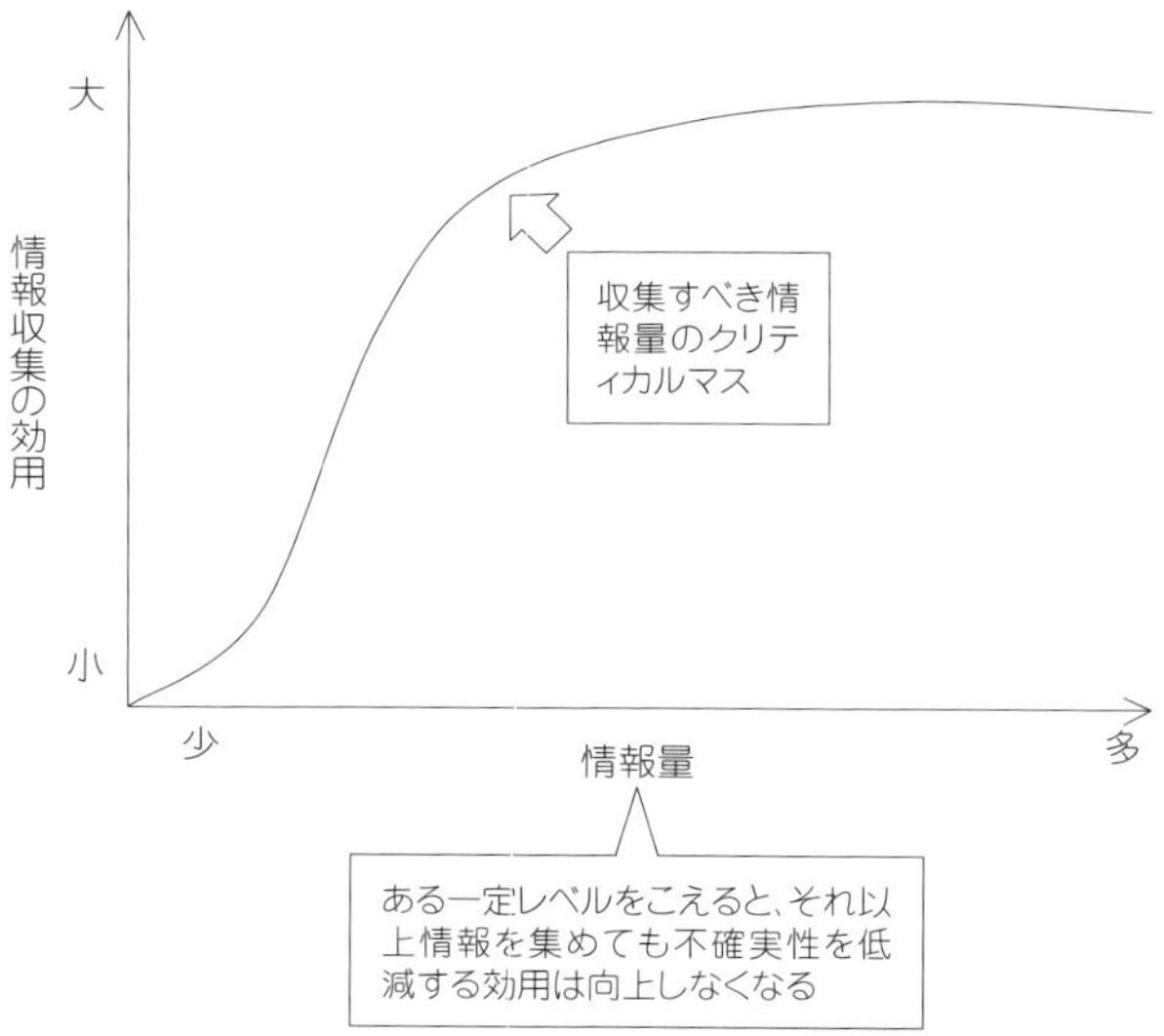

むやみに情報収集をし過ぎないようにすべきであるという意味においては、もう一点留意しておくべき点がある。

(2) 効用逓減

それは「情報の効用逓減性」である。ある分析目的に対して不確実性を減じてくれる情報であっても、集めれば集めるほどよいというものではない。ある分析対象に関する情報を集めていくプロセスにおいて、追加的一情報当たりの不確実性低減への貢献度は逓減していく性質があり、ある一定水準以上になるといくら情報を追加しても不確実性は減じなくなってしまう。その一方で処理コストは比例的に増加していくことが多いし、場合によっては複雑性が増して処理コストが逓増するケースすらある。例えば、道を歩いていて突然出くわした大きな物体が、一体何であるのかを判ろうとするケースを考えてみよう。

まずその物体の前に立って瞬間的に認識できたことがらとして、すなわち情報収集できた内容が「黒い毛に覆われている、低い唸り声を上げている、軽自動車ほどの大きさがある」という三点だったとしよう。もしこれら三つの情報だけで「これはヒグマだ。」と確信を持って分かれば、必要な情報はこれだけで十分である。これ以上の情報を集めたとしても、目の前の物体が何であるかという疑問への答えが変わる余地がなければ追加情報の価値はゼロである。

もし仮に、先の三つの情報だけでは「これはヒグマかもしれない。」という程度の認識であれば、尻尾の形状やヒズメの有無、顔つきなどの情報を得ることは価値を持つ。そしてこれらの情報を追加的に集めて「これは確かにヒグマだ。」という固い判断に至ったならば、これらの追加情報は価値を持ったことになる。

そして、「この物体は一体何であるか。」という疑問に対する答えを求めることが目的である場合には、収集する情報が価値を持つのはここまでである。変更される可能性がない結論を得た後は、いかなる情報も価値を持たない。

もし仮に何らかの方法で、この生き物の歯の数とか正確な体重あるいは胃の内容物や骨格のレントゲン写真などが入手できたとしても、「これはヒグマだ。」と確信を持って結論を得た後では、それらはもはやほとんど価値のない情報でしかないのである。

先にも述べたが、各種の統計やデータベースが整備され、インターネットによってさまざまなデータソースに対して手軽にアクセスできるようになった昨今は、大量の情報を収集することが非常に容易である。そのため、分析対象の本質的形質や特徴的属性に関する価値の大きな情報だけでなく、マイナーな特徴まで含んだ関連情報のすべてを最初から一気に収集してしまうようなことが少なくない。こうした情報収集は情報の集め過ぎにつながり、「情報の効用逓減」原理によって結局、無価値な情報の山を築き上げてしまうことになるのである。

最も理想的な情報収集とは、ノイズを排除し、分析目的に対して寄与度の高い情報だけを必要最小限に集めることである。こうした理想的な情報収集は、理想的ではあるが非現実的な提言に過ぎないと思われるかもしれない。実際に〝濃い〟情報だけを必要最小限だけ集めることは現実的には困難ではあるが、しかしながら、このやり方を常に心がけておくだけでも実際の情報収集手法と情報収集成果は大きく違ってくるものであると心得ておいて頂きたい。

3 グラフ化

実際の分析作業において分析プロセスの設計と情報収集作業に次いで行うのが、分析の中心的

グラフ化

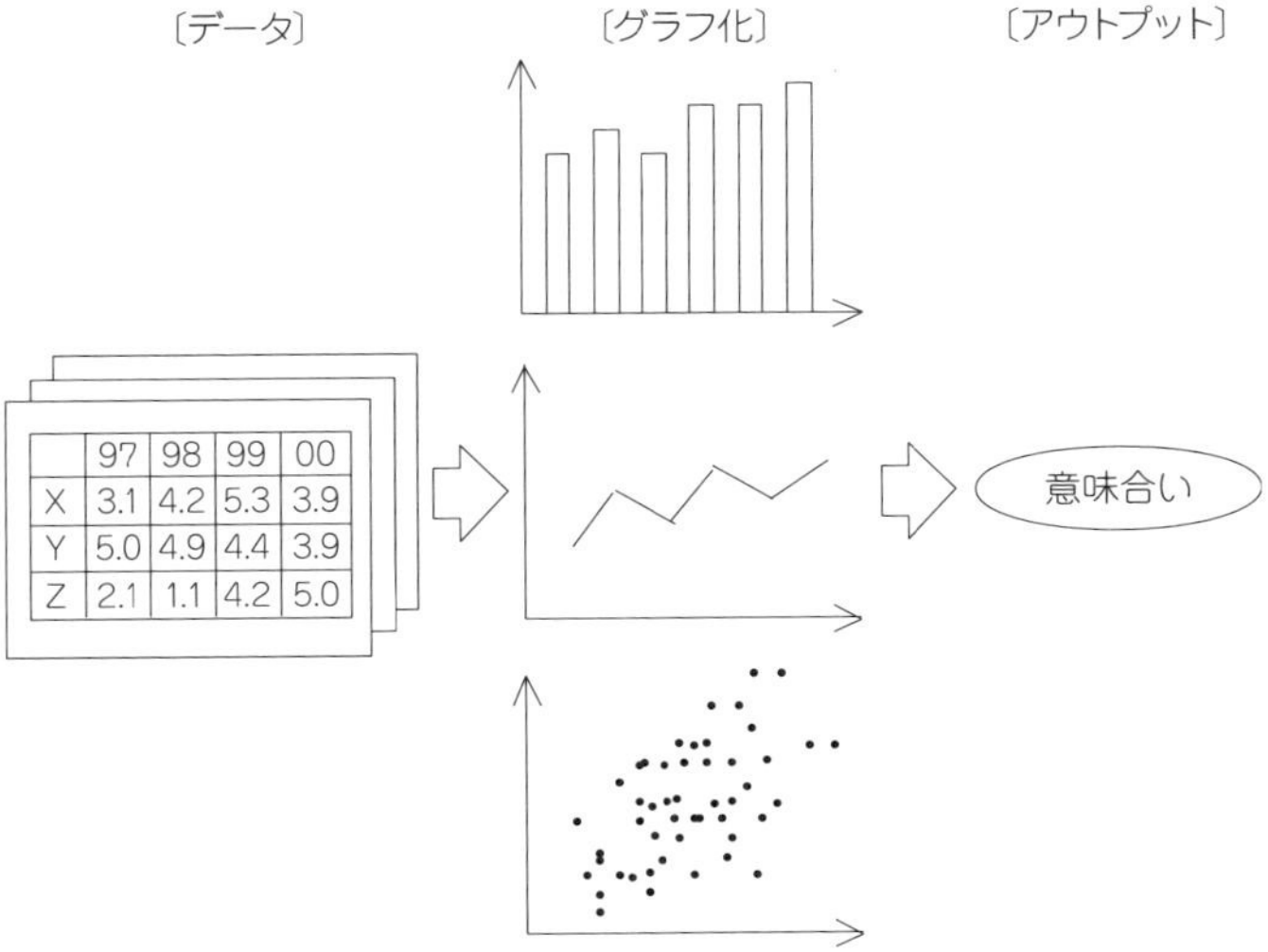

作業である情報分析である。いうならば、分析プロセスの設計も情報収集も、この分析を行うための準備作業なのである。集めた情報に基づいて分析対象を構造化して理解し、その中から分析成果である意味合い《メッセージ》を探すわけであるから、実践的分析作業においてこの情報分析のステップは明らかに最も重要なコアプロセスである。

そして、この情報分析は情報処理行為としての思考作業として最も難易度が高い作業でもある。なぜなら、これまでにも述べてきたように、現実の分析作業では扱う情報量が膨大で、しかも事象の関係性が極めて複雑であるのが常である。したがって、集めてきた情報やデータを頭の中で処理して、分析対象を構成する要素の識別を行ったり要素間の関係性を見抜いたりするのは、たいへんに繁雑で高度な作業になる。

そこで、集めた情報やデータから、例えば因果関係の存在や事象固有の際立った属性といった有意な意味合いを的確に抽出するための手だてが必要となる。その手だてとして最も有用なのがデータの「グラフ化」である。

以下データのグラフ化について、グラフ化することの効用とグラフ化する際の作業上の留意点を説明していく。

(1) グラフ化の効用

実際の分析において集められる情報の大半は、数字によって表わされる定量的なデータであることが多い。客観的な判断を行うためには、情報が定量的なデータとして示されていることは極めて有益であり必要なことでもある。

例えば「売り上げがかなり減少している。」という情報も、「五％減少」したのか「二〇％減少」したのかが明らかにされていないと、その情報の価値は低い。なぜなら、〝かなり〟という定性的な表現では経営に対する影響がどれくらいの深刻さを持つのか判断できないし、また業界全体やライバル企業との客観的な比較も不可能だからである。「当社の売り上げはかなり減少したが、ライバル企業の売り上げもかなり低下しており、業界全体としてもかなり減ってきている。」などの情報では何をいっているのかよく判らないし、ほとんど価値がない。客観的判断を行うための情報は定量的に表わされていることが基本であって、数字で示されたデータこそ価値が高いのである。

しかし、われわれ人間の頭脳は膨大な量の数字の羅列にはまるで弱い。

例えば次の数字の羅列を見て、何らかの意味や傾向を読み取ることができるだろうか。

22　−5　13　−2　6　1　1　4　−2　7　−3　10　−2　13　1　16　6　19　13　22　22

25　33　28　46　31　61……

また例えば、最近普及してきたデジタルカメラを考えてみても、その画面は一〇〇万画素とかそれ以上のデータ量で構成されている。一〇〇万画素というと、1000×1000の方眼紙の一つひとつのコラムに色情報指定がなされているという構成である。これをデータ羅列型で表現すると、

C_{11}＝赤、C_{12}＝赤、C_{13}＝青、………、$C_{1\ 999}$＝黄、$C_{1\ 1000}$＝青、C_{21}＝赤、C_{22}＝赤、C_{23}＝青、………、

$C_{500\ 500}$＝赤、$C_{500\ 501}$＝黄、………、$C_{1000\ 1}$＝青、$C_{1000\ 2}$＝青、$C_{1000\ 3}$＝黄、………、$C_{1000\ 999}$＝黄、$C_{1000\ 1000}$＝青

という具合になる。このような表現形式で一〇〇万個のデータが示されて、そのデータの束が何を表わしているのかを判別するのは人間にはとうてい不可能である。

ところが、この一〇〇万個のデータの束が実際の絵に変換されていれば、それがチューリップ

グラフ化の効用

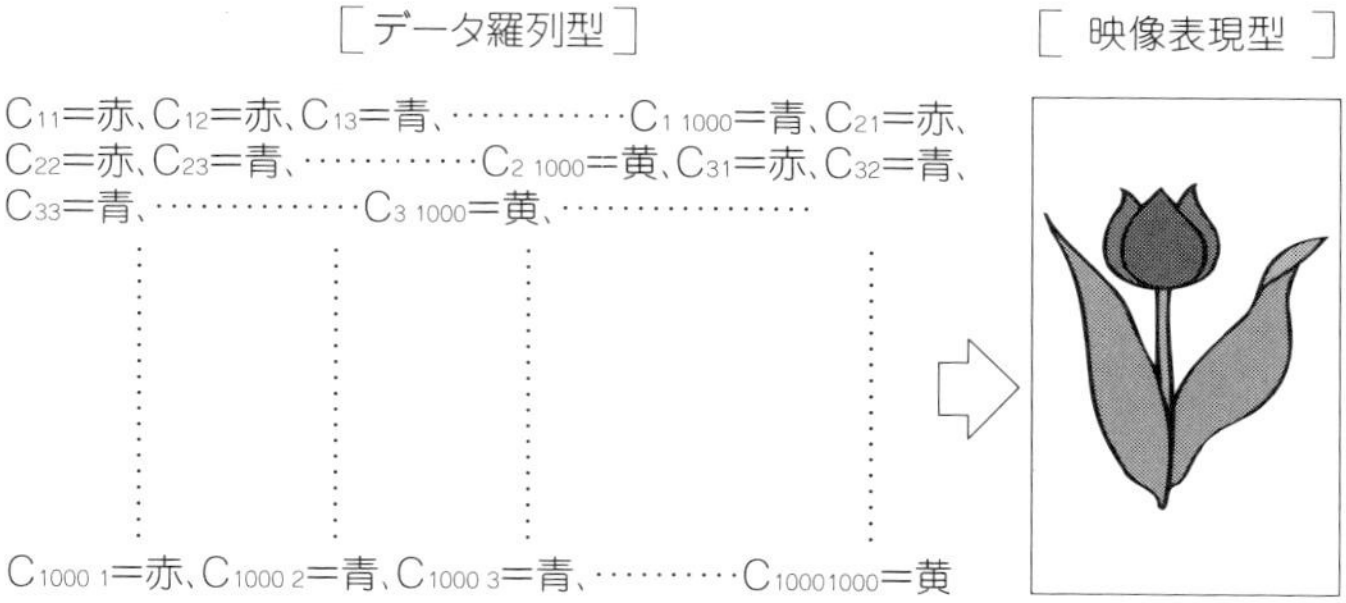

だろうがリンゴだろうが一瞬で判断がつく。これと同様に理解を容易にするという効果が、データをグラフ化することで得られるのである。

また、幾何学の定理の証明などにおいて、与えられた図形をそのまま見ているだけでは何のアイデアも浮かばなかったのが、たった一本の補助線を引くだけで一挙に論理展開の正しい道筋が見えた経験があるであろう。

データのグラフ化がもたらしてくれる効果とは、まさにこれと同じインパクトも持つ。データのグラフ化は、データの束が何を意味しているかを容易に理解できるようにしてくれるだけでなく、論理展開の端緒となるようなメッセージの鍵を与えてくれるという大きな効果もあるのである。

客観的な分析を行うためには、現実事象を定量的データの形で情報収集し事象を定量化して認識しなければならないが、そのデータ集積の中から定性的な意味合い《メッセージ》を汲み取るためには、デジタル表現である数字の羅列をアナログ表現のグラフにすることが有用なのである。

ちなみに、先に一八一ページで示した数字の羅列をグラフ化したものが下の図である。グラフ化の威力が解って頂けるであろう。

(2) グラフ化の原則

データをグラフ化することの意味と効用については理解して頂けたと思うが、次に実際にグラフ化する場合の留意点について説明しておこう。

先にデータのグラフ化は、幾何学の問題における補助線を引くようなものと説明したが、どこからどこへ補助線を引けば答えが見えてくるのかの判断が難し

グラフ化

x	0	1	2	3	4	5	6	7	8	9	10	…
$y=x^2-10x+22$	22	13	6	1	−2	−3	−2	1	6	13	22	…
$y=3x-5$	−5	−2	1	4	7	10	13	16	19	22	25	…

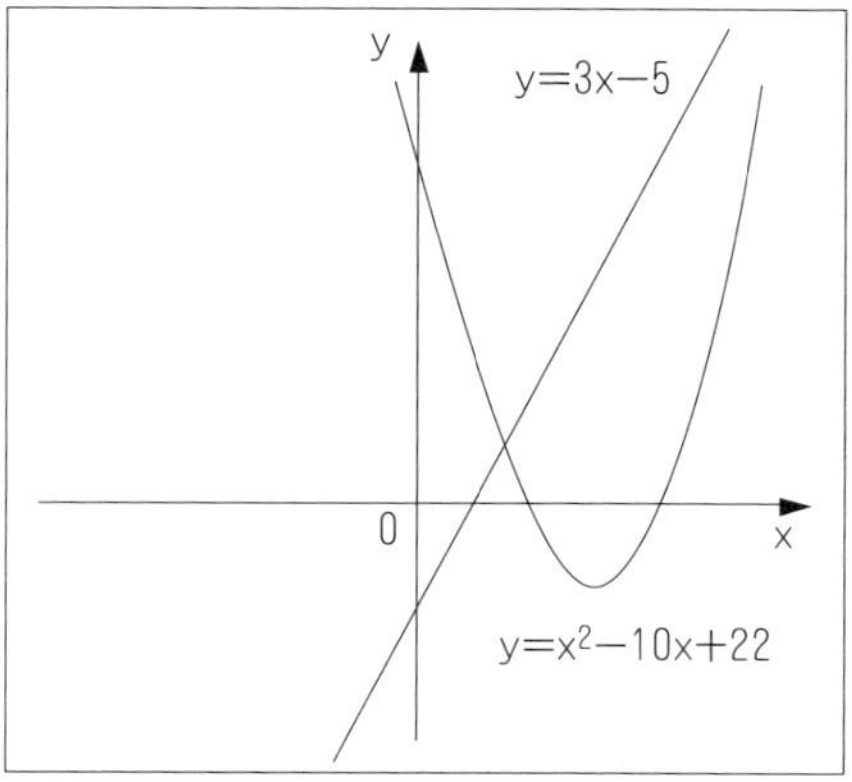

いように、データをグラフ化する場合も適切なグラフ形式を選択できるかどうかが鍵となる。不適切な補助線を引いてしまうと答えの道が閉ざされてしまうのと同様に、不適切なグラフ化をしてしまうとデータの意味する法則も傾向も浮き上がってはこないのである。

ここでは、データのグラフ化を行うに際して最も基本的な原則と、多用される有用なグラフのパターンの紹介をしておこう。

まずデータをグラフ化する場合の基本原則を示しておこう。

グラフ化の最も重要な原則は、二次元で描かれるグラフにすることである。つまり紙の上に平面的に描けるグラフである。なぜならば、人間がある形状を視覚によって最も自然に無理なく理解できるのは二次元表現だからである。遠近法などの表現技術を行使すれば、三次元的表現を紙の上で行うことも可能であるが、そこに表現される形状の意味を十分論理的に解釈、理解するのは一般の人には難しい。したがって、データの羅列が意味するところを読み解くのに有効なものは二次元のグラフなのである。

そしてまたこの原則は、一つのグラフにプロットされるデータは二つの変数を同時に表明できることを意味することにもなる。つまり一つの点によって、タテ軸の量とヨコ軸の量を表わしたものになるということである。平面的に二つの変数で軸が構成されるグラフが基本型である。

念のために例外を挙げておくと、メーカー別のシェアを表わしたり国別の構成比を表わしたり

グラフの種類

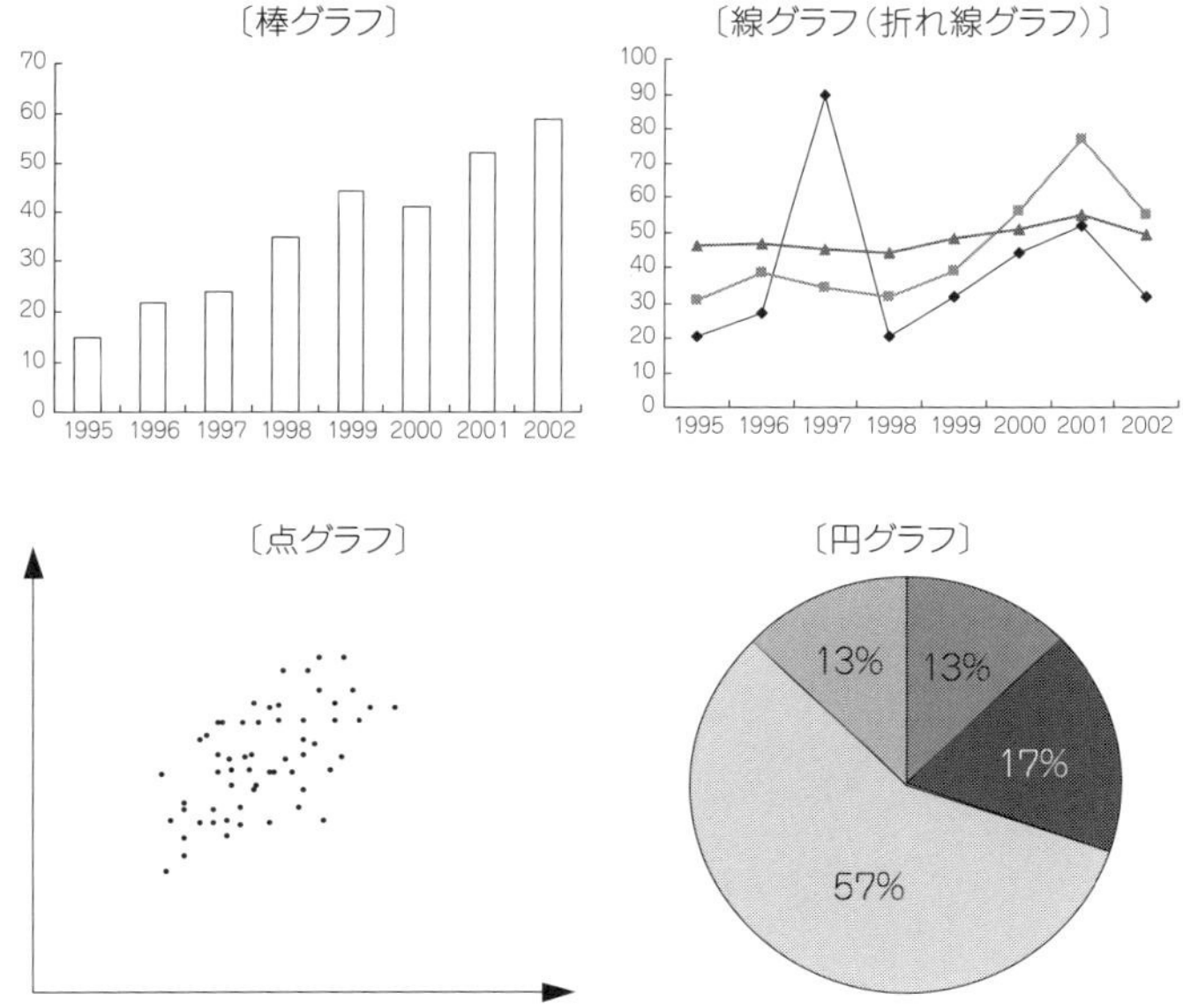

するときに使われる円グラフでは変数が一つである。また片方の軸には量的な意味がなく、もう一方の軸だけが量的データを表現するような棒グラフでも変数は一つである。変数が二つではなく、三つの変数を表現する平面グラフも存在する。タテ軸、ヨコ軸で規定された平面に、場所を示すポイントをプロットするのに単なる点ではなく円を使い、円の面積によって第三の変数の意味を表現させたタイプのグラフである。この三つの変数を表現したタイプは、例えばＰＰＭ（プロダクト　ポートフォリオ　マネジメント）のグラフな

どで用いられている。

このようにいくつかの例外はあるものの、タテ軸、ヨコ軸による変数二つの平面グラフであることが読み取りやすいグラフ化の大原則である。

そして、この大原則に基づいて、データの意味を読み取りやすい形状のグラフのパターンが決まることになる。二つの変数を扱う典型的パターンは、棒グラフ、線グラフ（折れ線グラフ）、点グラフの三種類である。これに変数が一つの場合に使われる円グラフを加えた四つのグラフが最も代表的なグラフのパターンである。簡単に各グラフの特徴と用法について紹介しておこう。

棒グラフは、二つの変数を表現するグラフとしては最も単純なパターンである。一般的には、一方の軸（通常はヨコ軸）に時間軸をとることが多い。そしてもう一方の軸によって表わされる変数が時間とともにどう変化していくのか、例えば経年変化や年齢変化などを読み取る場合の基本パターンである。

また先ほども簡単に触れたが、棒グラフはシンプルであるが故に変数が一つの場合にもよく使われる。サンプルごとの一つの変数に関する量的データを並列的に棒の長さで表わす使い方である。よく見かけるのは、営業マン別の売上達成グラフとか都道府県別の降水量のグラフなどである。例えば、営業マン別の売上達成グラフでは、棒の長さで表わされる売上達成度合いは量的データであるが、営業マンの氏名が並んでいる軸には定量性はない。このように、一つの変数だ

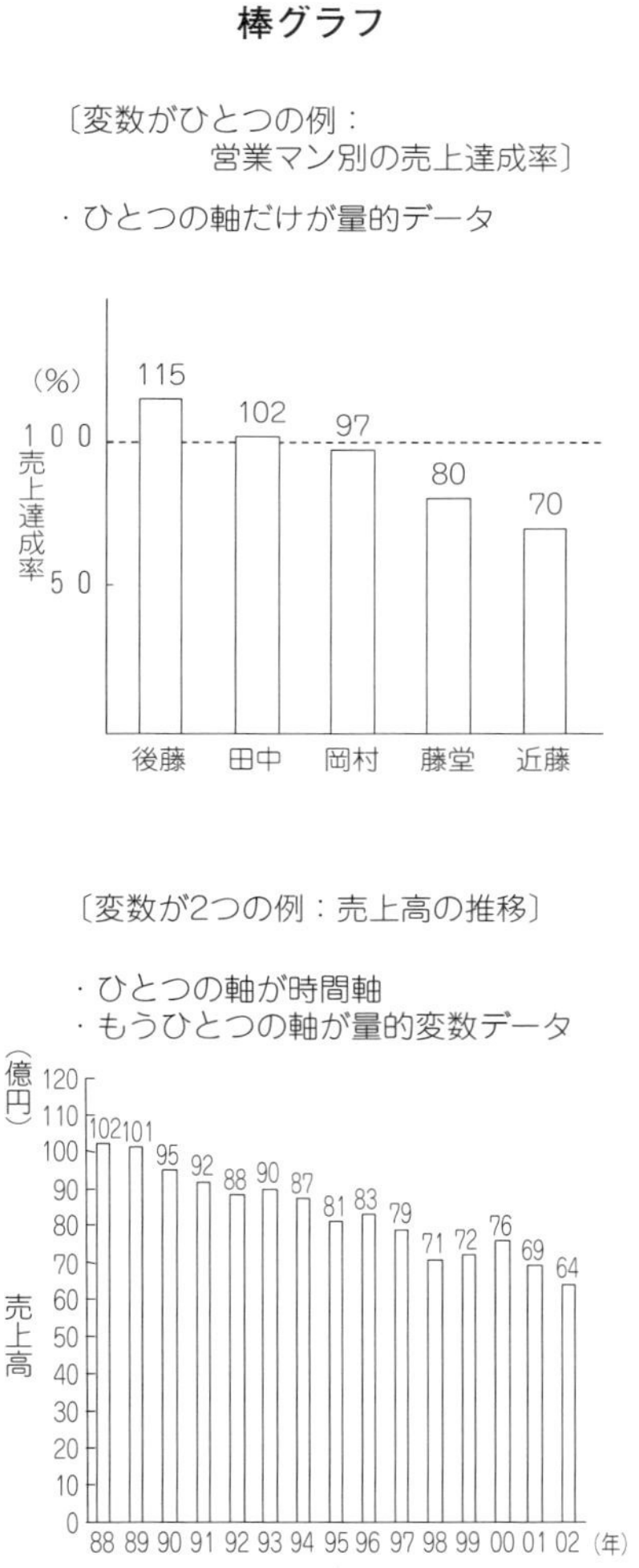

棒グラフ
〔変数がひとつの例：
営業マン別の売上達成率〕
・ひとつの軸だけが量的データ

〔変数が2つの例：売上高の推移〕
・ひとつの軸が時間軸
・もうひとつの軸が量的変数データ

けを量的データで表わしてサンプル主体ごとの比較を行う場合にも、棒グラフが有効である。

線グラフは棒グラフと比べると、より二元的である。どういうことかというと、棒グラフは一方の軸（通常はヨコ軸）は大きな変数的意味合《メッセージ》いを持たず、もう一方の軸（通常はタテ軸）だけが変数性を強く表わす場合に適したグラフである。そのために、定常的な軸（通常はヨコ軸）からの距離で表わされる一次元的長さが強調された形状になっているのである。

これに対して線グラフは、ヨコ軸からの距離とタテ軸からの距離がともに変数的意味合いを持

線グラフ（折れ線グラフ）

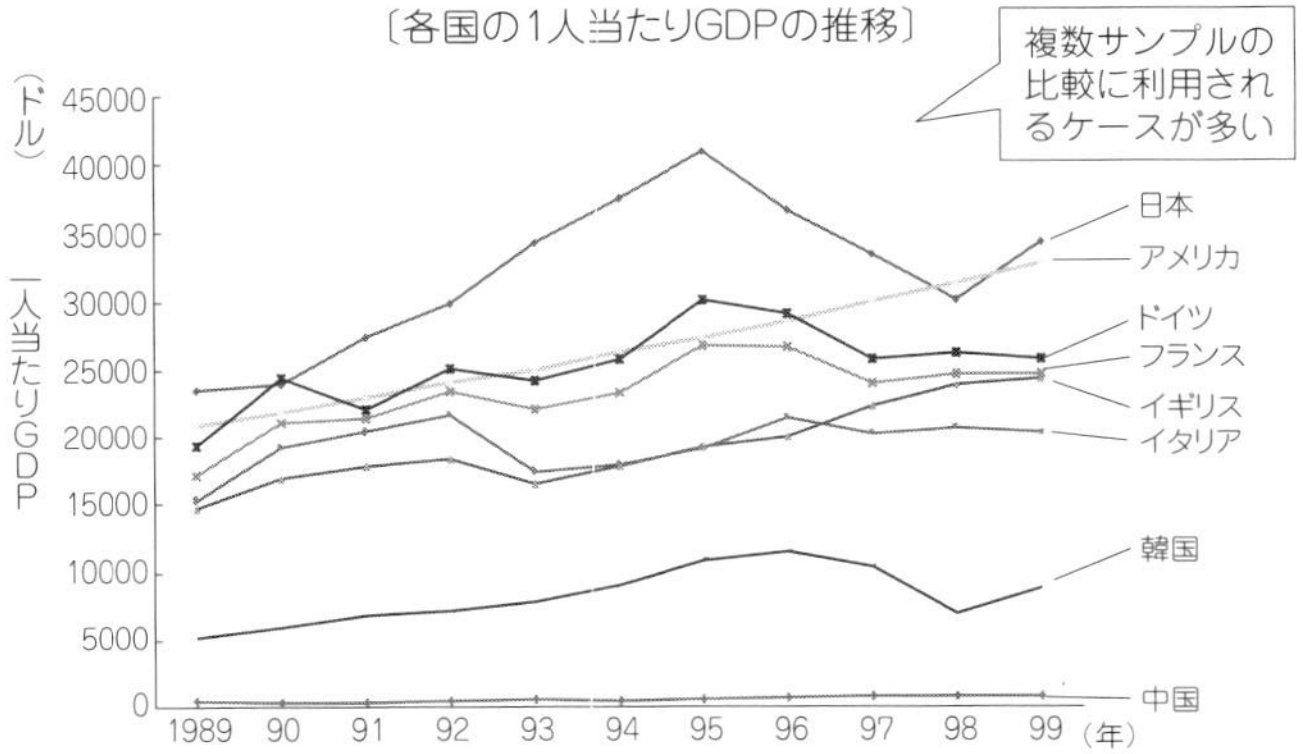

出典：「国際連合　世界統計年鑑」

つ点としてプロットされ、その点をある規則に基づいて繋いで線を描いたグラフである。線グラフの典型例は、x軸、y軸で規定された座標平面に$y = ax + b$などの関数を表わしたものである。このグラフでは、xの値とyの値がどちらも変数的意味合いを持ち、どちらの数値も等しく重要な意味を持つことは理解できるであろう。

このように、線グラフは、二元的変数性が棒グラフよりも強いという性格を持つのである。

しかしながら線グラフも実際に使われるのは、本来棒グラフで描かれていた変数点、すなわち棒の頂点を結んだ一変数性のグラフを同一座標軸平面上に複数描こうとする場合に用いられることも少なくない。例えば、各国の一人当たりGDPの経年推移とか競合各社の経年シェア推移などである。

これは、線グラフの特徴であるタテ軸ヨコ軸両方からの変数的要素が表現できる性質を活かして使われているというより、同一平面上に複数のサンプル主体の変数的要素を棒グラフによって重ねて描こうとすると極めて見にくくなってしまうので、これを避けるために線グラフが採用された使われ方である。時間軸を基準にして、何らかのある一つの変数についての複数のサンプル主体の比較を行うような場合には、この線グラフが最も適切であろう。例えば、先ほど棒グラフの適用例で挙げた営業マン別の売上達成グラフも、当月限りのものではなく各人別に毎月の推移を表わす場合には棒グラフではなく、営業マンの人数分だけ線が描かれた線グラフが適しているのである。

そして、二つの変数要素を二元的に最も端的に表現するのが点グラフである。タテ軸ヨコ軸で構成された座標平面に、一つのサンプルごとにタテ軸のデータとヨコ軸のデータによって表現される点をプロットしていく。そしてプロットされた点は、タテ軸データ、ヨコ軸データの意味合いがともに弱まってはならないため、いかなる線でも結ぶことをしない。一サンプルにつきただ一点だけのグラフである。

もちろん、ある座標平面上に点が一つだけ打たれてあっても、それだけでは意味は発生しないが、サンプル数が増えてくると点の分布・分散状況によって、タテ軸変数とヨコ軸変数の間の相関性が見えてくる。強い正の相関だったり、あるいは弱い負の相関であったり、またあるいは無

点グラフ

点の分布／分散状況によって相関か独立かが明らかになる

〔人口密度と刑法犯罪件数の関係〕

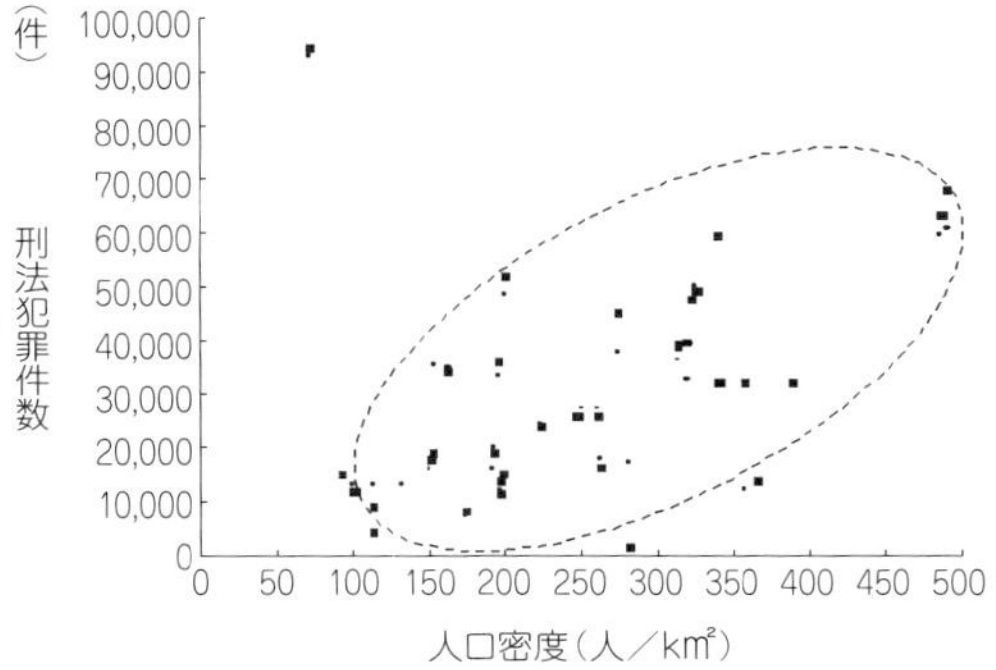

出典：警視庁、各都道府県発表データ

〔家計に占める食費の割合と1ヵ月の家計の総収入の関係〕

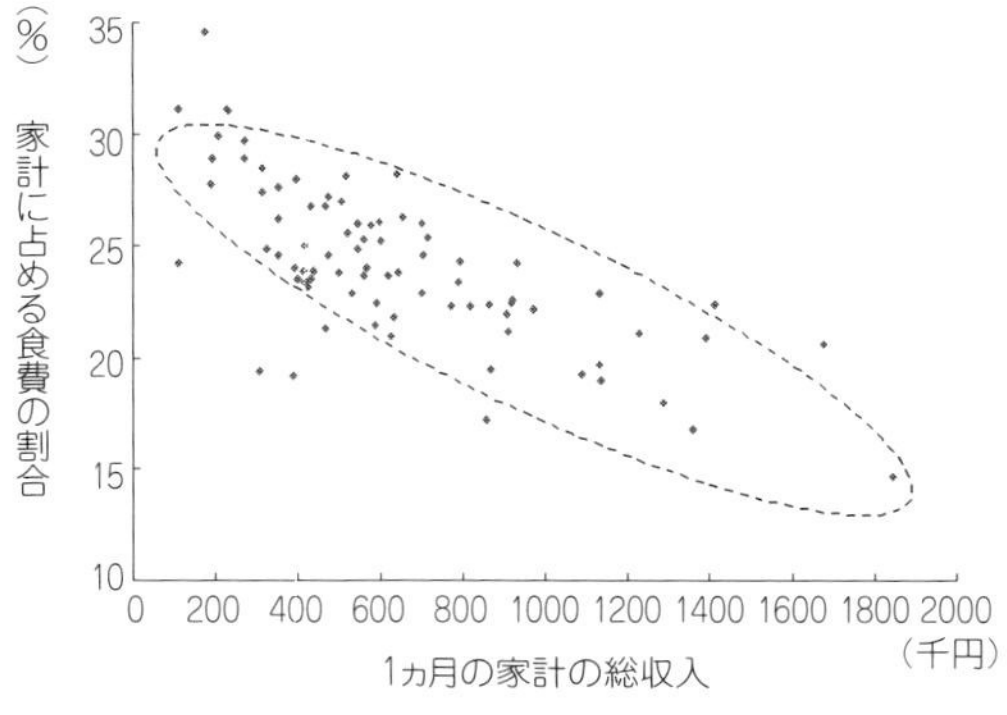

出典：全国消費実態調査

相関であったりという具合いである。

例えば、家計当たりの所得額と食費支出割合の関係とか、都市の人口密度と犯罪の発生件数とか、二つの事象の間の相関性を見極めようとする場合に有効なグラフである。

この点グラフこそ、二つの変数の間の相関性を検証するために有効な平面二元変数グラフの代表的グラフパターンである。

以上、平面上に二次元形状で表現される三つのグラフのパターンを紹介したが、これら棒グラフ、線グラフ、点グラフに加えて、一変数だけの表現に使われる円グラフを使いこなせればグラフのバリエーションは十分である。これら四つのタイプのグラフがあれば、よほど複雑で難易度の高いものでなければ、データの持つ規則性や注目すべき変化を読み取ることが可能である。データのグラフ化を行う場合には、あまり凝った形状を指向するのではなく、これら四つのグラフパターンに精通して頂きたい。

4 意味の発見

集められた情報が単なる数字の羅列のままでは、それらのデータが持つ意味合いを読み取りにくい。そのためデータをグラフ化する必要性があり、またグラフ化することは大きな効用を持つことについて説明し、加えていかにデータをグラフ化すればよいかというグラフのパターンについても紹介してきた。

では、そのグラフをどう読めば価値ある意味が得られるのであろうか。また、分析者が読み取らなければならない価値ある意味は、果たしてグラフ上にどのような形を伴って表われるのか。

グラフから読み取るべきデータが持つ意味合い、すなわち分析対象の特性は、グラフ上では「規則性」と「変化」という形で表出する。〝意味合いは「規則性」と「変化」の中にある〟のである。つまり、データが持つ意味合いを読み取るためには、グラフにおける「規則性」と「変化」を発見することが鍵になるのである。

以下、グラフに表われる具体的な形にも触れながら、「規則性」と「変化」の発見と、その「規則性」や「変化」が持つ意味内容について解説していく。

意味の発見

規則性のパターン

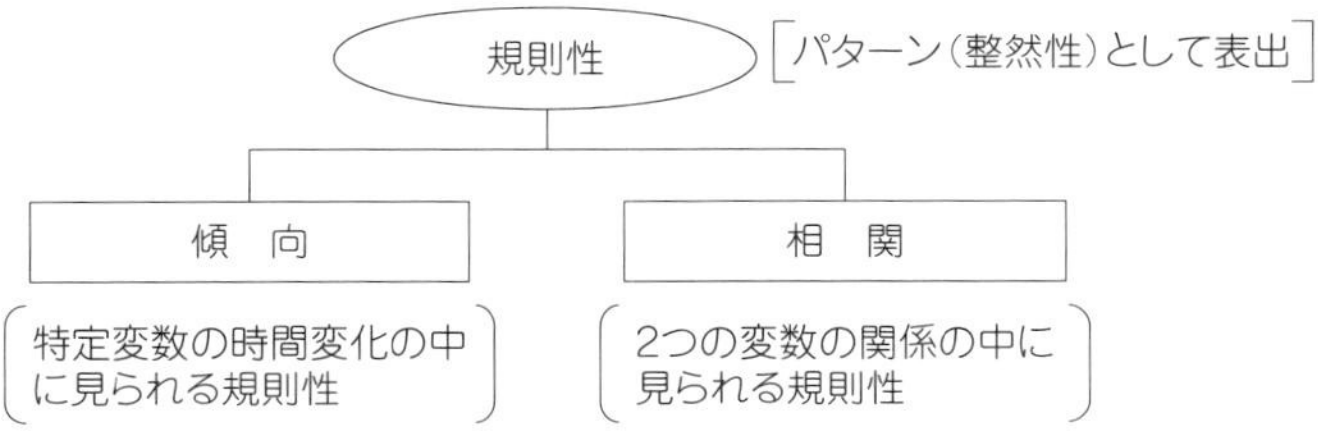

(1) 規則性

「規則性」とは、ある〝定まったパターン、すなわち整然性〟のことである。

ところで「規則性」には、一つの主体が時間とともにある特定の変数において変化していく性質のもの、すなわち「変化の規則性」と二つの変数の間の関係性として見られるもの、すなわち「関係の規則性」の二種類がある。

一つの主体が時間軸とともにある特定の変数において「変化の規則性」を示す例としては、「わが社の売上高利益率はこの一〇年間低下傾向にある。」とか、「シベリアからこの沼に飛来する白鳥の数が近年増加傾向にある。」といった「傾向」を示すものである。そしてこの「傾向」という規則性は、基本的には〝増加傾向〟か〝減少傾向〟かのいずれかである。なぜならば、グラフ化されたデータは定量データであり、数字で表わされる変数内容であるから、量が増える傾向か減る傾向かのいずれかになるのである。

一方、二つの変数間の間で成立する「関係の規則性」とは、「家計に占める食費の割合は、所得が増大するにつれて低下する。」とか、「自動車の運転で事故を起こす確率は、出すスピードが速くなるにつれて上昇する。」という類いのものである。これらは二つの変数の間の共変関係を示しているわけであるから、「相関」を表わしている。

以上のように、読み取るべき「規則性」には、原則的には「傾向」と「相関」の二種類があることをまず理解しておいて頂きたい。そして、これら二つの規則性は、グラフからの発見の仕方もそれぞれの規則性が意味する事象の特性も全く異なる。

傾　向

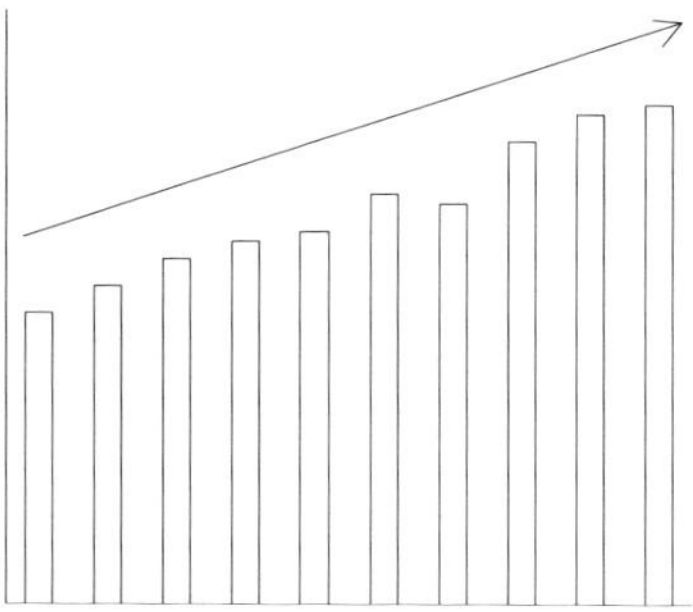

時間軸をヨコ軸に取り、ある特定の変数をタテ軸にとった棒グラフか線グラフで表わされる変化の傾向は、グラフの〝傾き〟が一定であるという規則性を持つ。棒グラフならば、右上がり／右下がりの傾きが一定していて棒の高さがデコボコしていない状態。線グラフならば、線の傾きが一定で線があまり折れていない状態、すなわち一直線に近い状態のときに〝明らかな傾向がある〟ということになる。

ところで、この変化の傾向を読み取ることができるとどういう価値があるかというと、「この変化の傾向は、この先も続くだろう。」と予測することができることである。不確実性に満ちた現実の中である事象の未来を高い確率で予測できることは、たいへんに価値が大きい。変化の傾向を読み取ることは、その事象の未来を予測するための判断材料を得ることになるのである。

ちなみに、変化の傾向は線グラフでいえば〝直線的な形状〟を示す場合が典型であると説明したが、例外も存在する。基調的には増加、あるいは減少という同じ向きの中にあるものの変化率が徐々に大きくなっていったり、小さくなっていく「逓増」、「逓減」のパターンである。これも一つの「規則性」と認められる。例えば、増加基調の中で増加率が小さくなっていくパターンが〝増加率逓減〟と呼ばれる傾向で、具体的事例としては、成熟しつつある産業の市場規模や人間が子供から大人に成長していく過程でのボキャブラリー数などがこれに当てはまる。

もう一つ、直線的ではない規則性が読み取れる場合がある。「繰り返し／循環」のパターンである。これは、単調な増加や減少ではないものの同じ変化パターンのセットが繰り返して続いているという規則性である。例えば、波の形やノコギリの歯の形としてグラフ上に表われる。具体的事例では、好況と不況を順番に繰り返す〝景気循環〟や一定時間ごとに高熱が襲ってくるマラリアなどの病状などが、この「繰り返し／循環の傾向」といえよう。

もう一方の規則性すなわち「相関関係」は、それが表われるグラフの種類も読み取りの仕方も「変化の傾向」とは全く異なる。

「相関」は二つの変数の間の関係性として成立するわけであるから、棒グラフや線グラフによって同一主体の経時変化として見い出される「変化の傾向」とは、グラフの種類がまず異なる。二つの変数間の「相関」を読み取るために適したグラフは、タテ軸・ヨコ軸に二つの変数を据えて多数のサンプルをプロットしていく点グラフである。

そして、プロットされた多数の点が直線的に並んでいるという規則性がある場合に、その二つの変数は〝相関性を持つ〟ということが判るのである。そして、数多くプロットされた点の分布が一本の直線をどれくらいタイトに囲んでいるかで、相関性の強さを判断することができる。一本の直線からの広がりが小さければ小さいほど強い相関であり、プロットされた点の広がりが大きく楕円型の分布であれば弱い相関となる。また一本の直線に対する収斂性がない場合、つまり円型の分布であればプロットされた点には規則性がないということになり、二つの変数の間には相関性はないことになる。

相　関

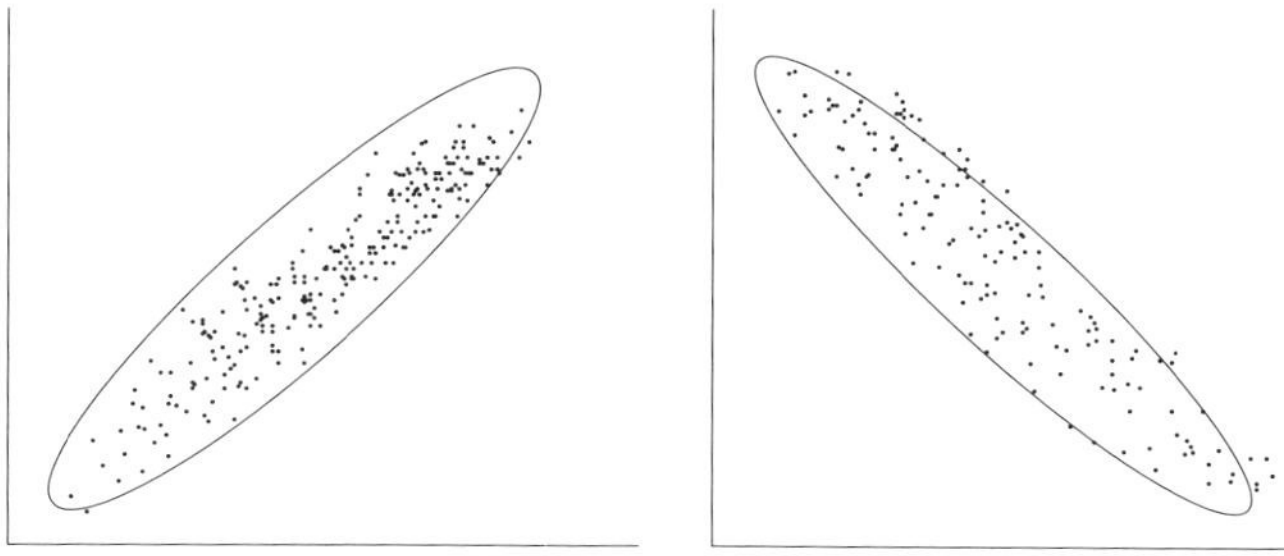

「相関性」を見い出すことは、たいへんに価値が大きい。二つの変数の間に強い相関性が存在することが解れば、その変数関係を持つ事象の予測が可能であるし、もしその相関が因果関係であったとすれば原因となっている変数に働きかけて結果の事象をコントロールすることも可能になるのである。

実際に行われている実験や調査によるデータ収集とその分析は、事象間、変数間の相関関係や因果関係を見い出そうとするものが大半である。因果律によって世の中を理解し、そして望ましい方向で事象をコントロールしようと働きかけるわれわれ人間にとって、相関関係や因果関係の発見は何よりも価値の大きいことなのである。

以上、データをグラフ化した上で読み取るべき「規則性」と「変化」の二つのパターンのうち規則性について説明した。

規則性には変化の「傾向」と「相関」と二種類存在するが、どちらも平面二元グラフの形状で自然に読み取ることが可能なもので、またどちらの「規則性」もそれを読み取る価値が大きいものであることを理解して頂けたであろう。

⑵　変　化

次に、グラフから発見すべきもう一つのパターンすなわち「変化」について説明しよう。

変化のパターン

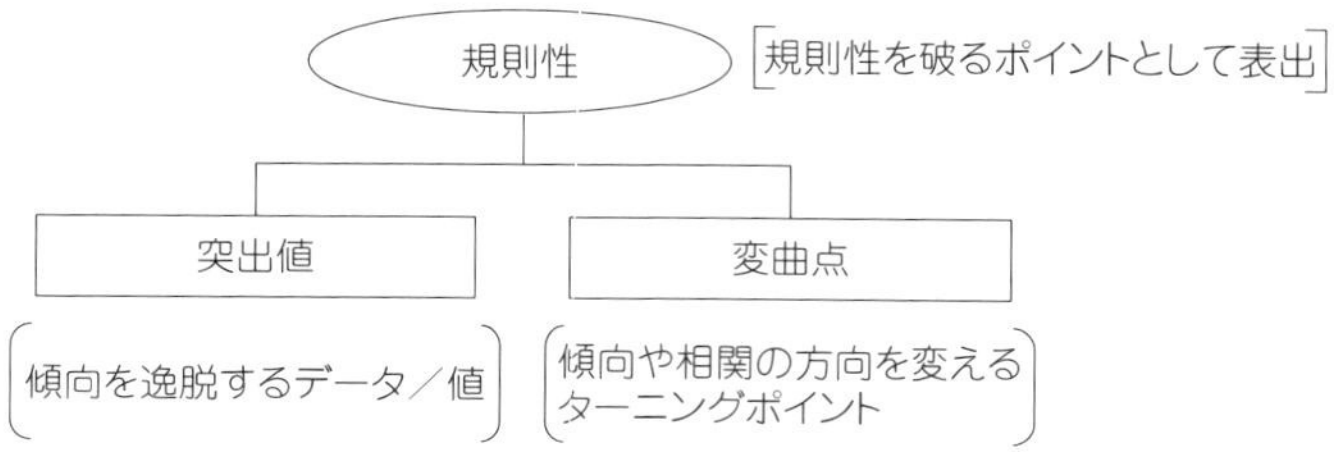

「変化」とは、一言でいうならば「規則性を破るもの」である。そして、「規則性」が〝グラフ全体〟で示されるものであったのに対して、「変化」は〝一点〟によって示されるというのも大きな特徴である。

〝規則性を破る〟変化には、二つのタイプが存在する。二つの変化のタイプとは、「突出値」と「変曲点」である。まず「突出値」から説明していこう。

突出値は、規則性の一つである「傾向」を逸脱した事象、すなわち一本の棒や一つの点として、グラフ上に登場する。例えば、長年縮小傾向にあった市場規模が「ある一年だけ大幅に拡大している。」とか、同じ業界の中で各社とも同じような成長率を示しているのに「一社だけずば抜けて高い成長率を達成している。」とかのケースである。大まかに見て全体としては明らかな傾向が見て取れるグラフの中で、一点だけその傾向を逸脱しているポイントが「突出値」である。

ちなみに、突出値は原則的には、傾向の規則性を破るものとして示されるものであるが、もう一つの規則性である「相関」においては、〝突出した〟データのサンプルは「特異値」として相関性の認定材料から除外して扱うことが多いことにも留意しておきたい。

もう一つの変化である「変曲点」は、傾向や相関の〝ターニングポイント〟を示す点である。例えば、ある製品の売り上げが順調に伸びていたのに「ある時期から低落傾向に転じてしまったという時点」や生産規模を拡大させていき、それにつれて生産性も向上していたのが「ある規模を超えた途端に生産性が低下しはじめた水準」などが「変曲点」である。

これらの例からも分かるように、変曲点は「傾向」にも「相関」にも存在し得る。右の例でいうならば、「売り上げの伸張と低落」は「傾向」の事例であり、「生産規模による生産性の向上と低下」は「相関」の事例である。

それでは、グラフの規則性を破るこうした「変化」は、何を意味しているのであろうか。

突出値や変曲点というグラフ上の「変化」が意味しているのは、「そこで何かが起きた」ということである。表現を変えると、突出値や変曲点を見つけても解ることは「そこで何かが起きた

突出値

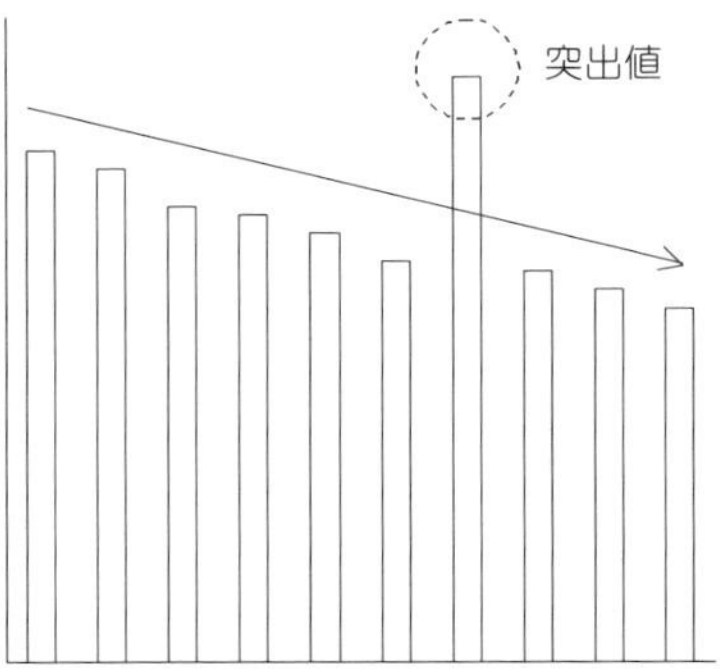

変曲点

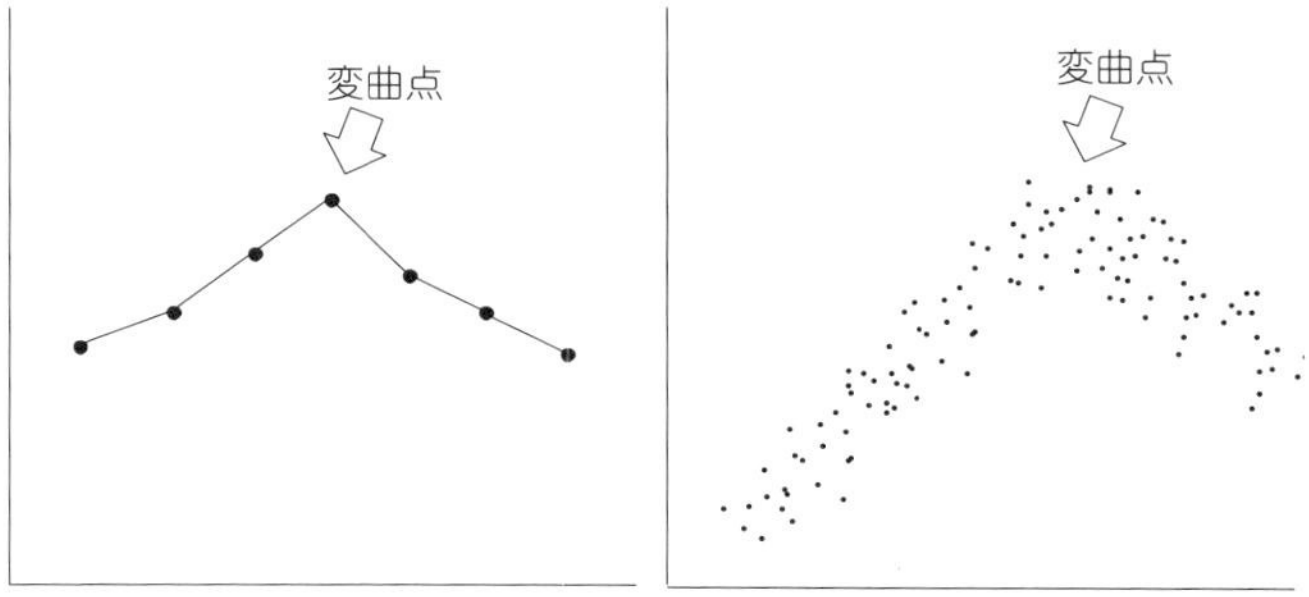

こと」でしかない。

しかし、分析において「そこで何かが起きたこと」が判ることの価値はたいへんに大きい。

なぜならば、〝そこで起きた何か〟が何であるのかを調べることによって、「なぜ伸びていた売り上げが低下しはじめたのか。」という原因が判明する。そして原因が判れば、その原因を解決する手だてを講じて再び売り上げを増加させることができるかもしれないのである。

同じように、「なぜその会社だけがずば抜けた成長率を示しているのか。」を調べることによって、自社とその会社との相違点を認識でき、強化策に繋げていく端緒とすることができるのである。

このように「突出値」や「変曲点」の発見は、その後の工程として〝なぜ突出しているのか〟、〝なぜ変曲しているのか〟を判明させてこそ、現実的に有用な意味合い《メッセージ》に繋がるのが特徴である。その意味において、規則性の発見によって得られる「傾向」や「相関」が、その意味内容そのものが直接価値を持つのとは性質が異なる。「傾向」や「相関」は〝価値そのもの〟の発見であり、「突出値」や「変曲点」は〝価値のありか〟の発見だといえよう。

以上、グラフ上に表わされる読み取るべき意味について説明してきた。

複雑で大量のデータをグラフ化することによって、傾向や相関という「規則性」と突出値や変曲点という規則性を破る「変化」を容易に発見することが可能になる。そして、グラフが表わす「規則性」は〝そのものが価値〟を持つものであり、「変化」のポイントは〝価値のありか〟を示してくれるものなのである。

Ⅲ・3　合理的分析の手法

前節では実践的分析を行うための基本動作とでもいうべき具体的な分析作業について解説したが、本節ではそうした基本動作を踏まえて、よい分析を行うための〝手法〟を紹介し、詳しく説明していく。

実際に行う分析がよい分析、すなわち「合理的分析」であるためには、二つの要件が満たされ

合理的分析の要件

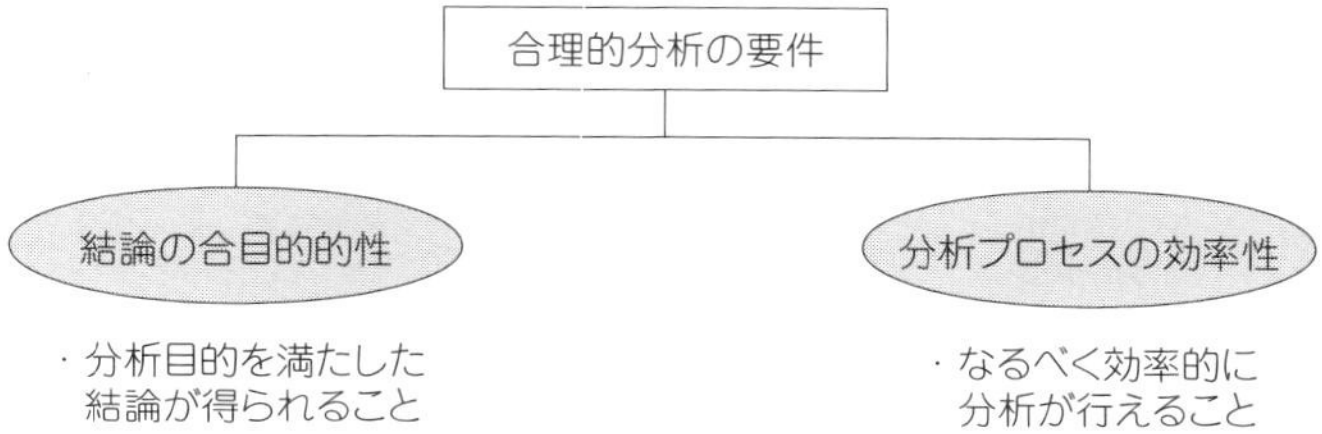

ていなければならない。一つが結論が合目的的であること、もう一つが分析プロセスが効率的であることである。

まず実践的分析は具体的に何らかの原因の解明や対策の立案を目的として行うものであるため、分析成果として得られた結論《メッセージ》がその分析目的に合致した内容になっていなければならない。でなければ、それがいくら客観的に正しい結論であっても、あるいは一〇年に一度の大発見であったとしても、分析目的に対して有効な意思決定／アクションに繋がることがないのであれば価値がない。この「結論の合目的的性」が合理的分析であるための欠かすことのできない第一の要件である。

また実践的分析は、分析事象が複雑で情報収集やデータ処理がたいへんな作業になることが多い反面、その分析に投入できる人手や費用は限られているという現実がある。そのため、結論の質・精度を損なわない範囲で分析を効率的に行うことが必要となる。そしてこの「分析プロセスの効率性」が合理的分析の第二の要件となる。

このように合理的分析とは、分析目的に合致した結論《メッセージ》が確実に得られることと、効率的に分析作業を行うことの二つの要件がともに満たされている分析のことなのである。ちなみに、合理的分析であるためのこれら二つの要件は、現実の分析の〝実践性〟と〝作業性〟という基本的性質から必然的に生じてくるものであり、この二つの要件を満たすことこそ実践的分析作業のメインテーマでもあるのである。

本節では「結論の合目的性」を確保しながら、「分析プロセスの効率性」をも実現するための極めて有用な手法「イシューアナリシス」を紹介する。

以下「イシューアナリシス」について、どのような作業を行い、合理的分析の二つの要件をいかに満たすのか、そしてイシューアナリシスを行うための留意点とテクニックについて詳しく解説を行っていく。

1 イシューアナリシス

「イシューアナリシス」の概要を理解するために、まず「イシュー」とはどういうものかについての説明から始めよう。

「イシュー」とは元々〝論点〟とか〝議論上の争点〟といった意味の言葉で、その〝論点＝イシュー〟に関する決定内容がイエスかノーかによって、その後の事態の展開が大きく左右される

「イシューアナリシス」とは

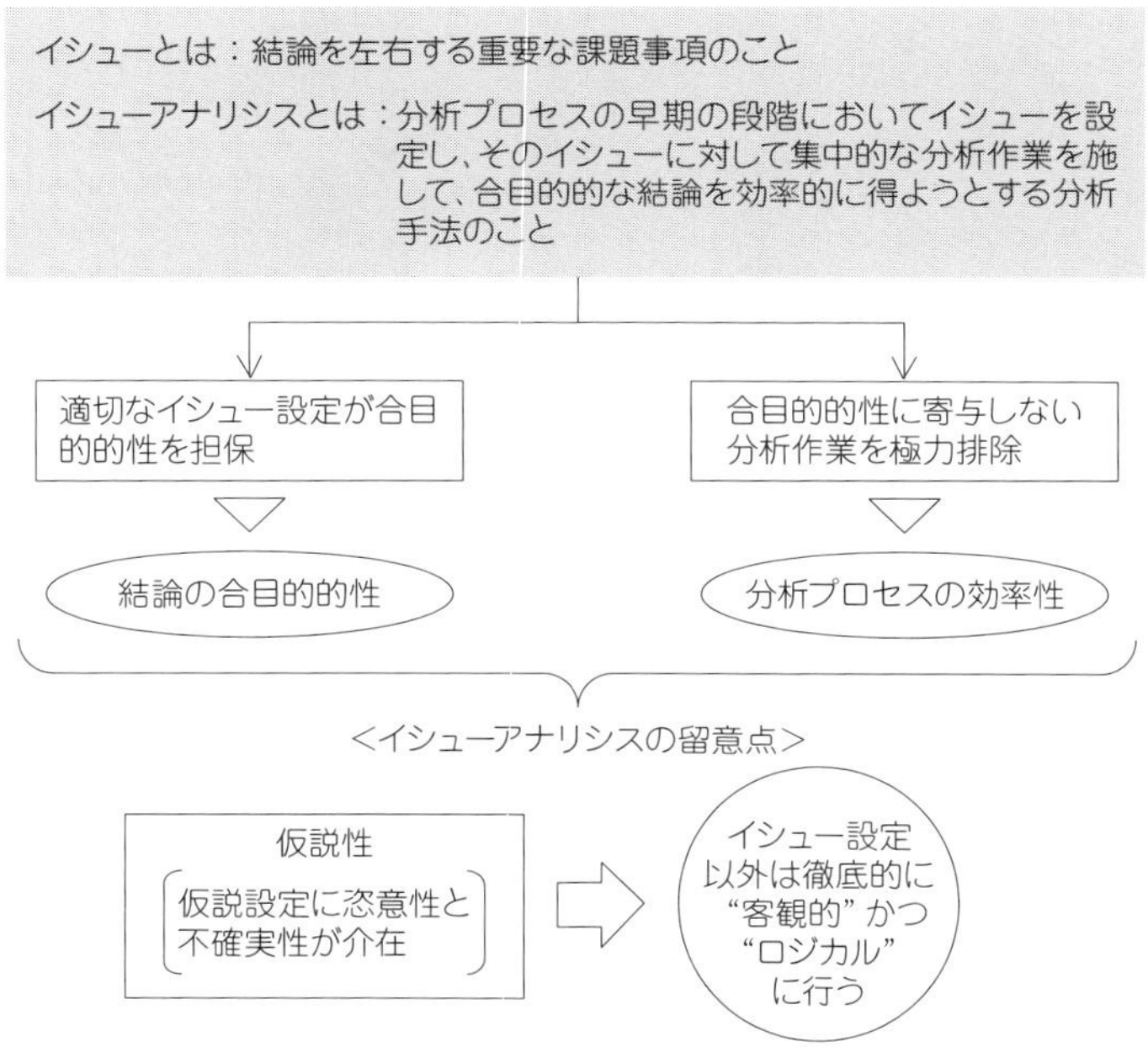
イシューとは：結論を左右する重要な課題事項のこと
イシューアナリシスとは：分析プロセスの早期の段階においてイシューを設定し、そのイシューに対して集中的な分析作業を施して、合目的的な結論を効率的に得ようとする分析手法のこと
適切なイシュー設定が合目的的性を担保
合目的的性に寄与しない分析作業を極力排除
結論の合目的的性
分析プロセスの効率性
<イシューアナリシスの留意点>
仮説性
仮説設定に恣意性と不確実性が介在
イシュー設定以外は徹底的に“客観的”かつ“ロジカル”に行う

ような重要事項であるというニュアンスも持つ。

例えば、「生きるべきか、死ぬべきか、それが問題である。」というハムレットにとっては「今、生きるか死ぬか。」がイシューであり、「イラクに自衛隊を派遣するべきか、否か。」は日本にとって外交政策上の、また国防と軍事に関する上での、さらに現行憲法の解釈と運用に関するイシューである。

「イシュー」とは元々、このような〝重要な論点〟という意味を持つ言葉であるが、実践的分析において使われる場合には、「イシュー」とは「結論を左右する重要な課題事項」という意味で理解して頂きたい。
そして「イシューアナリシス」とは、分析プロセスの早期の段階において、「まずイシューを設定し、そのイシューに対して集中的な分析作業を施すことによって、合目的的な結論を効率的に得ようする分析手法」である。

現実的な分析作業においては、分析対象が複雑で極めて多数の課題項目が関係しているのが常である。したがって、分析対象分野に関係するすべての事象や課題項目について十分な情報収集を行ったり丁寧な分析を行っていると、膨大な作業が発生し多大な時間がかかってしまう。

そこで分析プロセスの早期の段階において、結論の内容を大きく決定付けるような「イシュー」を見極めて、そのイシューに対して情報収集や情報分析の作業を絞り込むことによって〝効率性〟を確保する手法である。

現実の分析は、分析事象の構成要素と要素間の関係性を明らかにすること、すなわち構造的理解そのものが目的ではない。分析者が直面している事態や状況に関する、何らかの原因や何らかの対策を分かろうとして分析を行うのである。したがって、得ようとする原因や対策といった分析目的にあまり影響を与えない事項については、どんな情報が取れようがどんな関係性が解明できようが分析結果の価値には直結しない。このような無駄を省くための、すなわち結論の合目的的性に寄与しない分析作業を極力排除するために分析プロセスの早い段階でイシューを設定し、イシューに対して分析作業を集中させるための手法が「イシューアナリシス」なのである。

それでは、イシューアナリシスのプロセス全体を簡単に示しておこう。

イシューアナリシスは大きく分けて、次の三つのステップから成る。

①イシューの設定
②イシューツリーの作成
③仮説の検証

まず、早い段階で重要事項を見極めて「イシューの設定」を行う。次いで、現実的な情報収集作業や分析作業が行いやすいように、かつイシューの中のそのまた重要事項が際立ちやすいようにイシューを複数のサブイシューへと展開することによって「イシューツリーを作成」する。そしてイシューツリーの作成の過程で採用した「仮説の検証」を行うこと

イシューアナリシスのプロセス

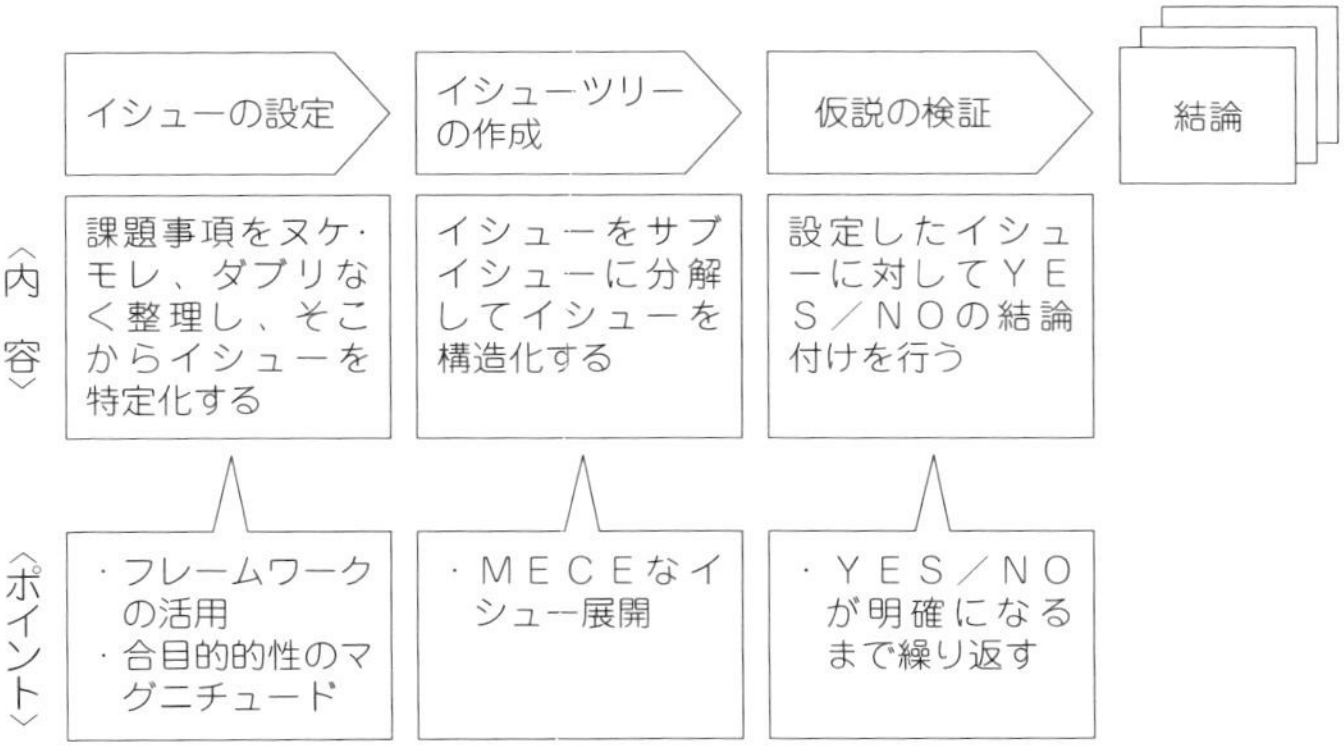
イシューの設定
イシューツリーの作成
仮説の検証
結論
〈内容〉
課題事項をヌケ·モレ、ダブリなく整理し、そこからイシューを特定化する
イシューをサブイシューに分解してイシューを構造化する
設定したイシューに対してYES／NOの結論付けを行う
〈ポイント〉
·フレームワークの活用
·合目的的性のマグニチュード
·MECEなイシュー展開
·YES／NOが明確になるまで繰り返す

によって、分析結果を導き出すという分析作業の流れをとる。

ここで「イシューアナリシス」という手法の性質について、留意しておかなければならない重要な注意事項を示しておこう。

このプロセスを見ても分かるように、イシューアナリシスは早期からイシューを絞り込むことによって分析作業の効率性を得るが、〝分け尽くして分かる〟以前の段階で結論を左右するような重要事項をいわば決め打ちしていることになる。

分け尽くして分かる以前に決め打ちを行うということは、すなわち仮説に依拠して分析を進めるということである。この〝仮説性〟こそがイシューアナリシスの分析手法としての基本的性質であることに注意しておかなければならない。

このような仮説ドリヴン型の分析手法において、正しい結論を得るための要諦は、仮説を設定するという行為自体に恣意性と不確実性が介在せざるを得ないので、仮説の設定以外の作業においては徹底的に〝客観的〟かつ〝ロジカル〟なスタンスを堅持しなければならないということにある。

大胆な仮説の設定に基づいて分析作業を進めていくからこそ効率性が得られるのであるが、その分、情報収集や情報分析の実際の作業においては客観的かつロジカルなスタンスを固く守らなければならないことを銘記した上でイシューアナリシスに臨んで頂きたい。

以下、イシューアナリシスのプロセスに沿って、具体的作業と勘所について解説していこう。

2 イシューの設定

イシューアナリシスを行う場合、分析作業全体の合理性、すなわち合目的的性も分析作業の効率性もひとえに〝何をイシューとして設定するのか〟にかかっている。イシューアナリシスのアウトプットを左右する最重要事項、すなわちイシューアナリシスのイシューは、まさに「イシューの設定が適切かどうか」なのである。

したがって「イシューの設定」は慎重に行わなければならないが、特に注意を払わなければならないのが、結論の主たる意味合い《メッセージ》を形成するための材料が、設定されたイシューによってすくい上げられているかどうかという点である。イシューを設定した時点で有用な結論として結晶させるべき材料が取りこぼされてしまうと、その後のすべての作業は無駄になってしまうのだ。

例えば、マーケティング担当者が自社製品のブランドイメージを向上させるための施策を立案している場合で考えてみよう。

もし、ブランドイメージを傷つけている真の原因が、営業マンが小売店に対して強引な押し込み販売をしていることによって売れ残りが多く発生し、その売れ残りを処分するために小売店が大幅な値引きを定期的に行っていることにあるとしよう。つまり消費者にとっては、その製品は店頭でいつも売れ残っているし、しょっちゅう大幅な値引き価格で売られている製品と映り、その結果ブランドイメージが低下してしまっているのが実態だとする。しかし、マーケティング担当者が考えるその製品のブランドイメージを決定する重要なファクター、すなわちイシューのありかを製品のデザインやネーミング、あるいはＴＶコマーシャルの内容などの中でしか想起できなければ適切なイシューの設定は不可能である。

このケースの場合であれば、適切なイシューは「店頭での売れ残りを防ぐことができるか。」と設定されるべきところを、例えば「ＴＶコマーシャルの訴求力をさらに強化できるか。」とか「より個性的な製品のデザインに変更すべきか。」などという的外れのイシューが設定されてしまうかもしれない。こうした的外れなイシューの設定を行ってしまうと、その後でいかに優れたＴＶコマーシャルの案が出てこようが、見事な製品デザインの変更を行おうが、真の問題である売れ残りと大幅な値引きの解消には直結せず、本来の目的であったブランドイメージの改善には手が届かない。

このケースでは、分析担当者がイシューを設定するに際して、ブランドイメージを左右するファクターとして、売れ残りと値引きという現象を見落としてしまったことが的外れなイシューの設定になってしまった原因である。

フレームワーク

フレームワークとは：考察事象を整理·分類するための思考の枠組のこと

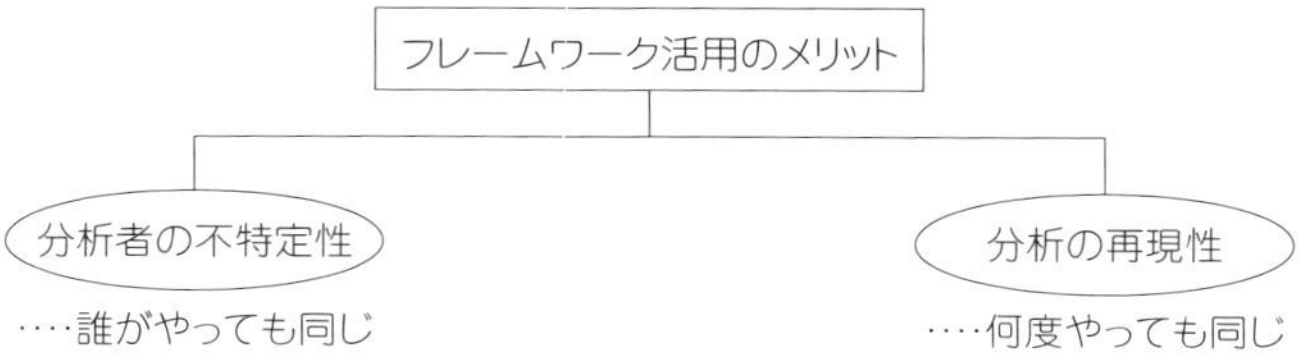

このように、適切なイシューを設定する上で最も重要なポイントは、真のイシューを的確にすくい取るために課題事項にヌケ・モレが生じない形で分析範囲の設定を行い、その範囲の中でイシュー候補をチェックした上でイシューを特定化することである。つまり、イシューの設定には、下準備として分析対象領域全体についての基礎分析が必要なのである。

しかしながら、課題事項の網羅性にこだわるあまり、同じ課題事項を何度も別の角度から調べることも効率性を損なうことになる。分析領域全体の課題事項をヌケ・モレ、ダブリなく、体系的に整理した理解を得ることが重要なのである。

つまり、イシューを設定するための下準備として行う基礎分析は、分析領域をＭＥＣＥに整理した形でイシュー候補の棚卸しができなければならないのである。

そこでこの基礎分析では、分析領域を包括的にカバーするために「フレームワーク」というツールを活用する。ここでいうフレームワークとは「考察事象を整理・分類するための思考の枠組」のことである。分りやすくいえば、フレームワークとはものを考えるときの定規のようなものである。フリーハンドでは上手く描けない円や楕円が定規を使うときれいに描けるように、情報収集やイシュー候補の棚卸しを行う際にこのフレームワークを使えば、ある一定レベル以上の成果を確保することができるようになる。例えば、経営分野における代表的なフレームワークとしては、3C（Company, Customer, Competitor）や4P（Product, Price, Place, Promotion）や組織の3S（Structure, System, Staffing）などが挙げられる。

先ほどのブランドイメージ向上策を立案する場合の例でも、もし4Pというマーケティングのフレームワークを活用していれば、製品デザイン（Product）やTVコマーシャル（Promotion）だけでなく、売れ残り（Place）や値引き（Price）に対しても問題意識が広がった可能性が高い。

フレームワークを使うことで、ある一定レベル以上の分析のクオリティーを得ることができるのは、フレームワーク自

代表的なフレームワーク：3C

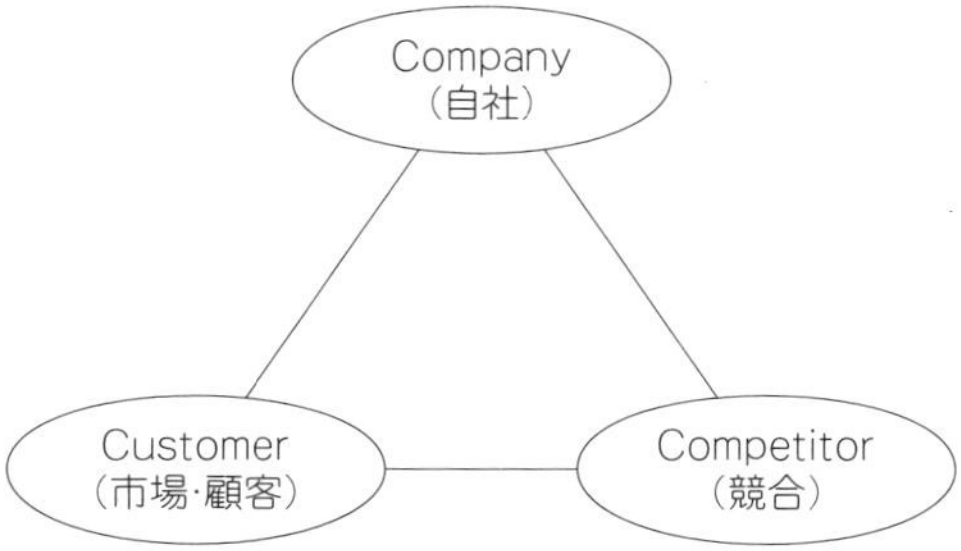

代表的なフレームワーク：4P

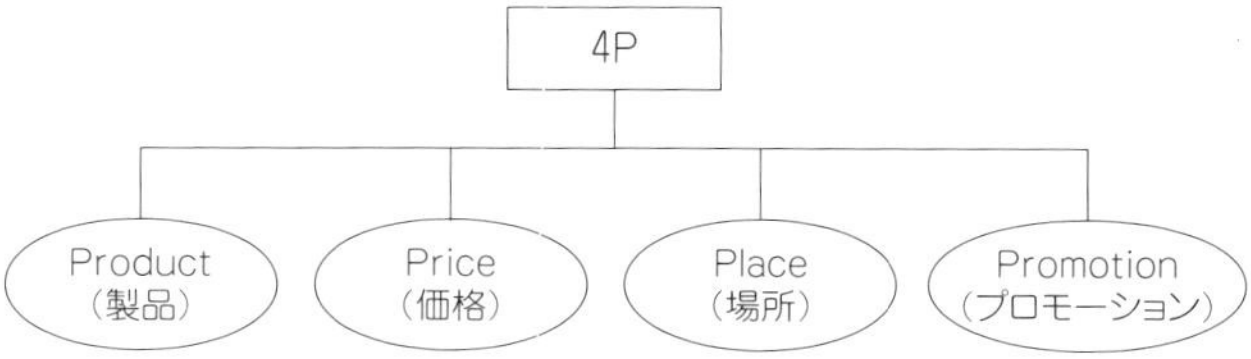

体が考察事象をＭＥＣＥに分けることで作成され、すでに「構造化」されているためである。したがって、このフレームワークを使うと誰がやってもある一定レベル以上の分析結果が得られ、何度やっても同一レベルの分析結果が得られることになるのである。この「分析者の不特定性」と「分析の再現性」がフレームワークの効用である。また、基礎分析にフレームワークを活用することで作業をフォーマット化することによって、情報収集やイシュー候補の洗い出しが効率化することも大きなメリットである。

そして、この基礎分析によって分析対象領域に存在する課題事項、すなわちイシューの候補をヌケ・モレなく包括的に集めた後は、集められたイシュー候補の中からいよいよイシューを特定化することになる。しかしこれは、たいへん高度な判断を伴う難しい作業である。そして「イシューの設定」は、イシューアナリシスの効用である合目的性と効率性の根拠であると同時に〝仮説性〟の要因ともなっていることに留意しておかなければならない。イシューを設定することとは、そのイシューの中に結論の核心が含まれるはずであるという仮説を立てる

代表的なフレームワーク：組織の3S

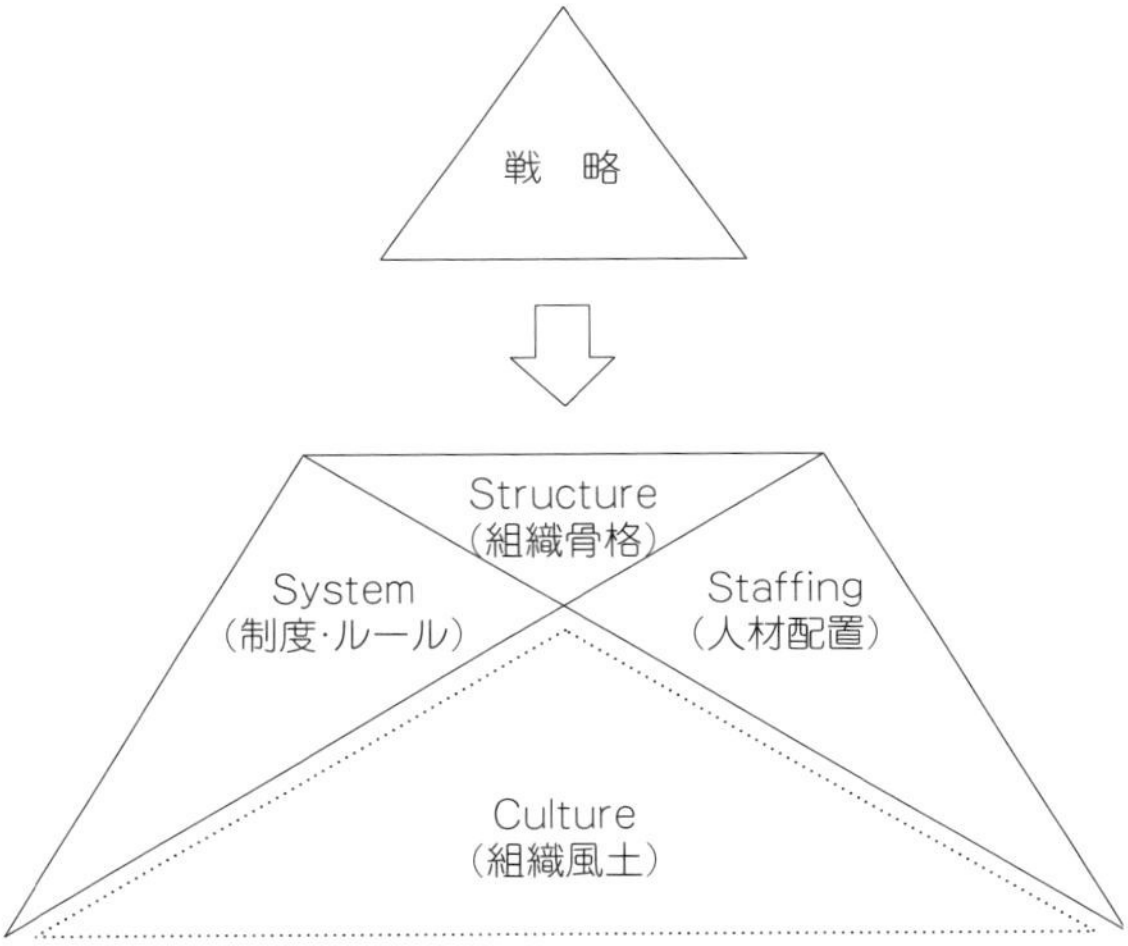

ことと同義であり、仮説を立てるということは、すなわち分析者の恣意性と不確実性が分析プロセスに強く入り込むことを意味している。

したがって、分析成果としての結論をより価値の高いものにするためには、より適切なイシューを選び取るしかないのである。適切なイシューを選び取るところが、より適切なイシューを選び取るためのテクニックやフォーマットの類いは存在しない。イシューアナリシスのクオリティーを決定付けるイシューの設定という最も重要な作業は、分析当為者の属人的判断に依るしかないのである。

唯一の判断基準は、〝その課題事項がどれだけ目的に合致した結論に寄与し得るか〟という「合目的的性のマグニチュード」だけである。分析者はこの唯一の判断基準「合目的的性のマグニチュード」というモノサシを、基礎分析で挙げられた複数のイシュー候補に当ててみて、どの課題事項が最も重要であるかを判断し、決定しなければならないのだ。

適切なイシューを特定化するためにある程度有用となるかもしれないアドバイスを一つ挙げておくとするならば、基礎分析によるイシュー候補を整理する際に、さまざまなクライテリアを適用して〝イシュー性〟を見い出す努力をしておくことである。

第Ⅰ章で〝クライテリア〟の説明を行った際にも指摘したが、分析対象に対する適切なクライテリアの設定は幾何における補助線のような効力を持つ。不適切な補助線では何も見えてはこない図形でも、有効な補助線が一本通ることによって見事に解答が浮かび上がる。これと同じように分析対象に対してさまざまなクライテリアを適用することができれば、真のイシューを浮かび上がらせる最適の切り口を見つけられる可能性が高まるのである。

例えば、売り上げが低迷している原因を探ろうとして分析を行う場合、地域別のクライテリアで見てみると、どの地域でも同じく一様に一〇％ずつ売り上げが低下していて製品別のクライテリアで見てもどの製品も一様に一〇％ずつ低下しているような場合、ややもすると製品力も営業力もすべての競争力が全社的に一律に低下してしまっているという認識に傾きがちである。

ところがチャネル別というクライテリアで見てみると、コンビニエンスストアだけが三〇％も

売り上げを分けるクライテリア（例）

〔足し算による分解〕

・地域別	売上	＝	A地域	＋	B地域	＋	C地域
・製品別	売上	＝	X製品	＋	Y製品	＋	Z製品
・チャネル別	売上	＝	コンビニ	＋	百貨店	＋	スーパー
・価格帯別	売上	＝	低価格品	＋	中価格品	＋	高価格品

〔掛け算による分解〕

・売上	＝	販売単価	×	販売個数
・売上	＝	マーケットサイズ	×	自社のシェア
・売上	＝	客単価	×	顧客数
・売上	＝	営業マン１人当たり売上高	×	営業人数

売り上げを落としている一方、コンビニエンスストア以外はむしろ売り上げが好調であることが解ったとしよう。実はその背景に、ライバル企業がコンビニチェーンと製品の共同開発を積極的に行うようになったとか、ライバル企業がコンビニエンスストアだけは採算を度外視して大幅な値引きをして大量に納入するようになったなどという事実が存在するかもしれない。

もしこのケースの場合、基礎分析において、売上低迷という事象を包括的に調べる段階で地域別か製品別かというクライテリアしか適用していなければ、「製品力全体を改善することは可能か。」などというイシューの設定になってしまう。

ところが、分析者がチャネル別というクライテリアを想起することができれば、「コンビニエンスストアでの売り上げを拡大することは可能か。」というより適切なイシューの設定が可能になるのである。

こうした有効なクライテリアを想起できるかどうかも、結局は分析者の属人的分析能力に帰結するものではあるが、さまざまなクライテリアによって事象を把握しようと心掛けることは、適切なイシューを見い出すための手だてとして少なからず有効であることを理解しておいて頂きたい。

3 イシューツリーの作成

「イシューアナリシス」においては、「イシューの設定」の次に「イシューツリーの作成」というプロセスが続く。

これまでにも述べてきたように、現実の分析テーマは分析領域が広く、しかも課題事項が複雑に絡み合っている。したがって、たとえ結論を左右するような重要なイシューを特定化することができたとしても、そのイシューはまだまだ抽象度が高く、そのイシュー自体もさまざまな課題事項が複雑に関係し合って成立していることが多い。

例えば、特定化されたイシューが「ブランドイメージの内容を変更させるべきか。」などといった高度な判断が必要なものである場合だと、このイシューに対してストレートに答えをもたらしてくれる情報収集や分析内容を明快に把握することは難しい。つまりイシューの抽象度が高く、イシューが意味する内容範囲が広い場合には、具体的な情報収集の対象や分析作業を十分に絞り込めないのである。これでは、イシューアナリシスのメリットである合目的性と効率性が大きく損なわれてしまうことになる。

このためイシューの抽象度が高い場合には、このイシューをいくつかのサブイシューに分解して「イシューツリーを作成」し、イシューの〝構造化〟を行うことが必要となるのである。

事例で説明しよう。例えば、売り上げがどんどん低下してき

イシューツリーの作成

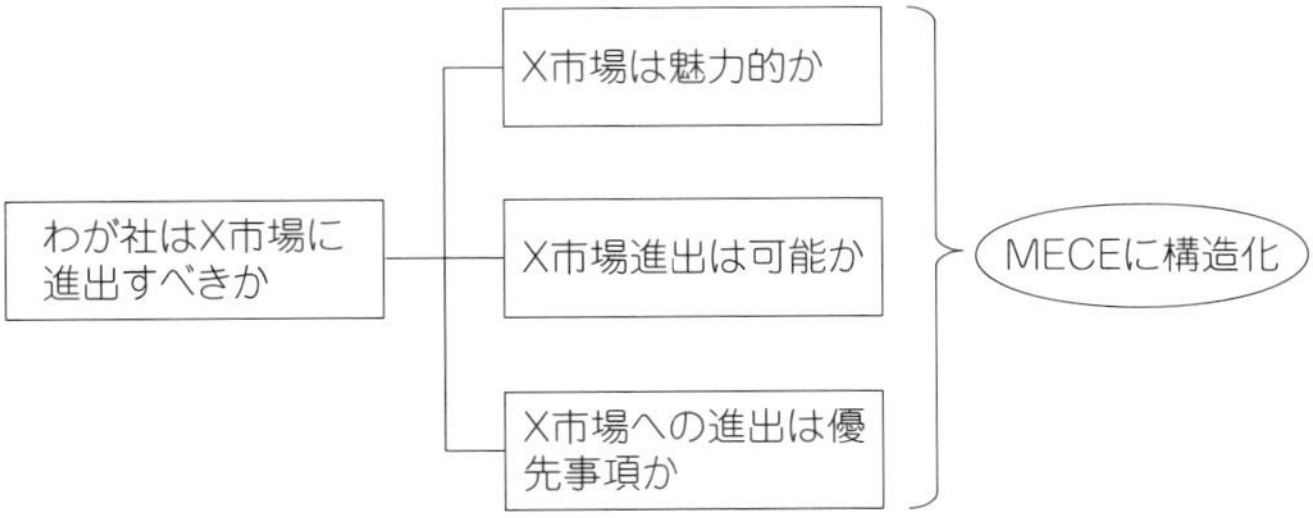
わが社はX市場に進出すべきか
X市場は魅力的か
X市場進出は可能か
X市場への進出は優先事項か
MECEに構造化

ている会社があったとする。その会社が再び成長軌道に乗るための施策を見い出すための分析を行うケースで見ていこう。

さまざまな観点から基礎分析を行い、既存の事業分野は完全に成熟・衰退しつつあることが分かり、今後再び大きな成長を目指すためには、「将来有望視されているX市場に進出するかどうか。」が最大のイシューであると判断された。

この場合のイシュー「わが社はX市場に進出すべきか。」は、このまま実際の情報収集を行ったり分析作業を行うにはやや抽象度が高過ぎるので、抽象度が低くより具体性の高い複数のサブイシューへと展開し、イシューツリーを作ることが有効である。

「X市場に進出すべきか。」というイシューは、例えば次のように三つのサブイシューへと展開してイシューツリーを作ることができる。

サブイシューⅰ：X市場は魅力的か。

サブイシューⅱ：X市場への進出は可能か。

サブイシューⅲ：X市場への進出は優先事項か。

つまり、「X市場に進出すべきか。」という元々のイシュー（メインイシュー）のままでは具体的な調査事項や比較衡量の対象が不明確であったのが、このようにサブイシューにブレイクダウンされて示されると、現実的にかつ具体的に調べやすくなり判断しやすくなる。

例えば「X市場は魅力的か。」ならば、X市場の市場規模や成長性、あるいは収益性や競争の激しさなどについて調査し、他の市場との比較を行うことによってX市場がどの程度魅力的かどうかを判断することが可能になる。「X市場への進出は可能か。」でも同様に、必要な経営資源や要素技術、規制や許認可、また協力会社の必要性なども含めて、X市場へ進出するために必要な条件と自社の経営資源や制約条件とを比べて、判断が下しやすくなる。「X市場への進出は優先事項か。」は、元々のこの分析の目的であった「再び成長軌道に乗るための施策」としてX市場に進出すること以上に優先して取り組むべき対象が他には存在しないのかを問うものである。

このように三つにブレイクダウンされたサブイシューのそれぞれについて検討を行い、三つのサブイシューの検討結果がすべてYES、YES、YESと三つ揃えば、メインイシューである「X市場に進出すべきか。」に対する結論もYESとなる。一方、三つのサブイシューの結論のうち一つでもNOがあれば「X市場に進出すべきか。」というメインイシューに対する結論はNOとなる。

元々のメインイシューのままでは抽象度が高過ぎて、具体的にどのような情報収集をしたり、具体的にどのような事項について分析をすればよいのかが明確でなかったのが、具体的事項に関するサブイシューに展開することによって情報収集や分析事項が明らかになり、ＹＥＳ／ＮＯの判断も明快に行えるようになるのである。

　以上に述べてきたような一つのイシューを複数のサブイシューに展開して構成することを、「イシューツリーの作成」と呼ぶ。イシューツリーの作成に関して留意しておかなければならない重要事項は、サブイシューが元々のイシュー（メインイシュー）に対してＭＥＣＥになっていなければならないという点である。ＭＥＣＥなサブイシューに展開されているからこそ、サブイシューに対する結論がすべてＹＥＳになった場合に、メインイシューの答えがロジカルにＹＥＳとなり得るのである。

　先に、イシューアナリシスにおいてはイシューを設定すること自体が〝仮説性〟を持ち、〝仮説性〟は必然的に恣意性や属人性を含むことになるので、イシューの設定以外の分析作業は徹底的に客観的、論理的でなければならないと説明した。ここで示したイシューの展開によるイシューツリーの作成は、まさに論理的な作業として行わなければならないプロセスである。ロジカルにＭＥＣＥに展開されたイシューツリーだからこそ、サブイシューの結論が自動的にメインイシューの結論として認められるのである。

4 仮説の検証

イシューの設定を行い、そのイシューをサブイシューに展開してイシューツリーを作成した後は、情報収集やデータ分析によって各イシューに対するＹＥＳ／ＮＯの結論付けをしていくことになる。そもそもイシューの設定とは〝仮説性〟を含んだものだと説明してきたが、それ故に設定したイシューに対してＹＥＳ／ＮＯの結論を出すことが「仮説の検証」を意味することになるのである。

先の例でいえば、「再び成長軌道に乗るためには、Ｘ市場に進出すべきだ。」という仮説が、「Ｘ市場に進出すべきか。」というイシューの形式で設定されていると見なすことができるのである。そしてまた、そのイシューを展開して得られた三つのサブイシューに対して、それぞれ情報収集や情報分析を行い、ＹＥＳ／ＮＯの判断を下してその判断を総括し、元々のメインイシューに対する結論とするというプロセスは、イシューツリー全体に対する「仮説の検証」プロセスなのである。

この仮説の検証プロセスで留意して頂きたいのは、イシューでもサブイシューでもその結論が明快にＹＥＳ／ＮＯと判定できないような場合の対応である。むしろ、実際の分析においては、例えば、〝市場の魅力度〟にしても〝自社の進出能力〟にしても、明快にＹＥＳ／ＮＯが断定でき

仮説の検証

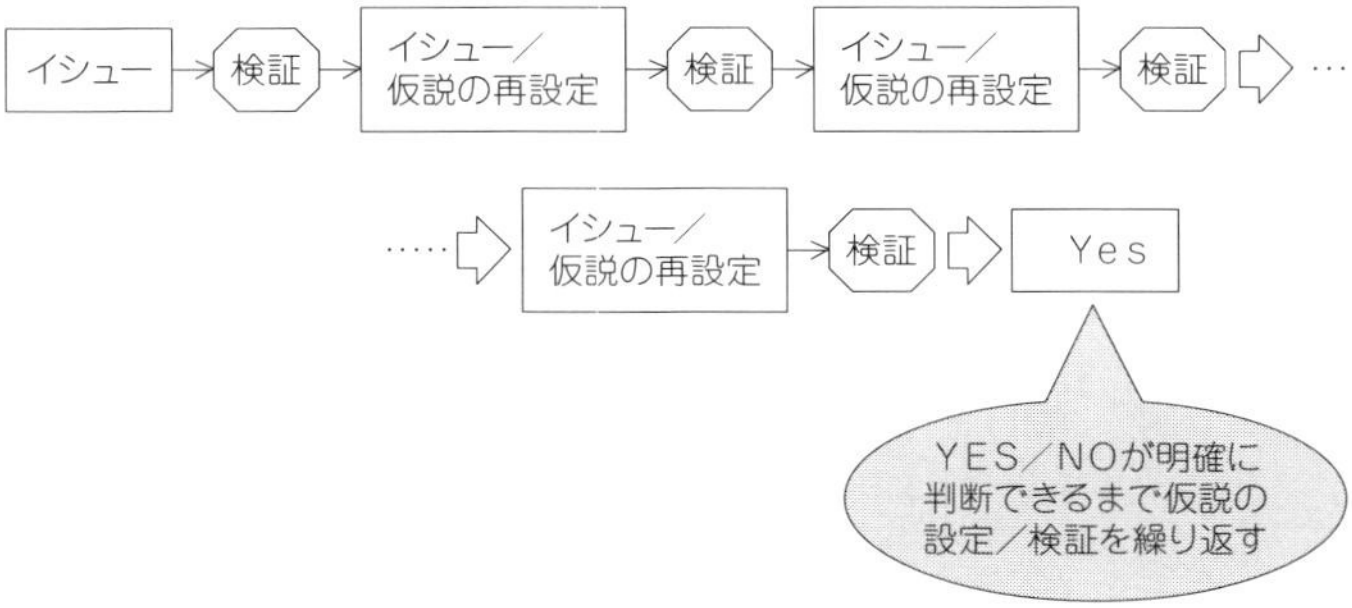

ることの方が少ないというのが現実である。

例えば、成長性は高いが競争が厳しくて収益率が低いとか、成長性も収益性もともに高いが後発で参入した企業はすべて三年以内に撤退しているとかの調査結果では、その市場が魅力的なのかどうかのイシューに対して、とてもYES／NOで単純には結論付けられないであろう。

このように明確にYES／NOと結論付けられないような場合には、「イシュー、すなわち仮説の修正・再設定」を行い、その新しく再設定された修正イシュー／修正仮説の検証を行うことになる。そして、イシュー／仮説の設定↓検証↓イシュー／仮説の再設定↓検証↓イシュー／仮説の再々設定↓検証……という仮説の設定と検証のプロセスを、明確にYES／NOの結論が得られるところまで繰り返す。これがイシューアナリシスにおける仮説の検証プロセスである。

例えば、「X市場に参入が可能か。」というイシューに対して、「X市場への参入にはA社が保有する基幹特許で守られた技術がどうしても必要である。」と判明したとしよう。また、自社はその特許を保有していないし、また相場並みの特許料をA社に支払うと十分な利益が確保できなくなることも予測されているとする。

しかしながら、「この特許以外の項目については、自社は極めて有利な条件が揃っている。」としたら、「X市場に参入が可能か。」というイシューに対する結論は、YESかNOか微妙な判定になってしまうであろう。

このような場合には、イシューを少し修正して再検証してみるのが有効である。例えば、「A社と提携をする（ことによってX市場に参入する）ことは可能か。」とか、「その特許の代替技術を早期に開発する（ことによってX市場に参入する）ことは可能か。」というイシュー／仮説の修正を行い、新しいイシュー／仮説の検証を行うのである。

その結果、例えば「A社はわが社が保有している有力な製造特許の技術を欲しがっており、A社の持つ基幹特許とのバーターが成立する可能性が高い。」ことが判明すれば、「X市場への参入は可能か。」というイシューに対する結論は、かなりの確からしさでYESということができることになる。これが「仮説の修正・再設定」である。

以上のような仮説の検証プロセスを経てイシューに対する結論を判断し、その結論の内容に応じて、分析目的に合致したメッセージを最終的な分析成果として得るのである。

イシューアナリシスのまとめ

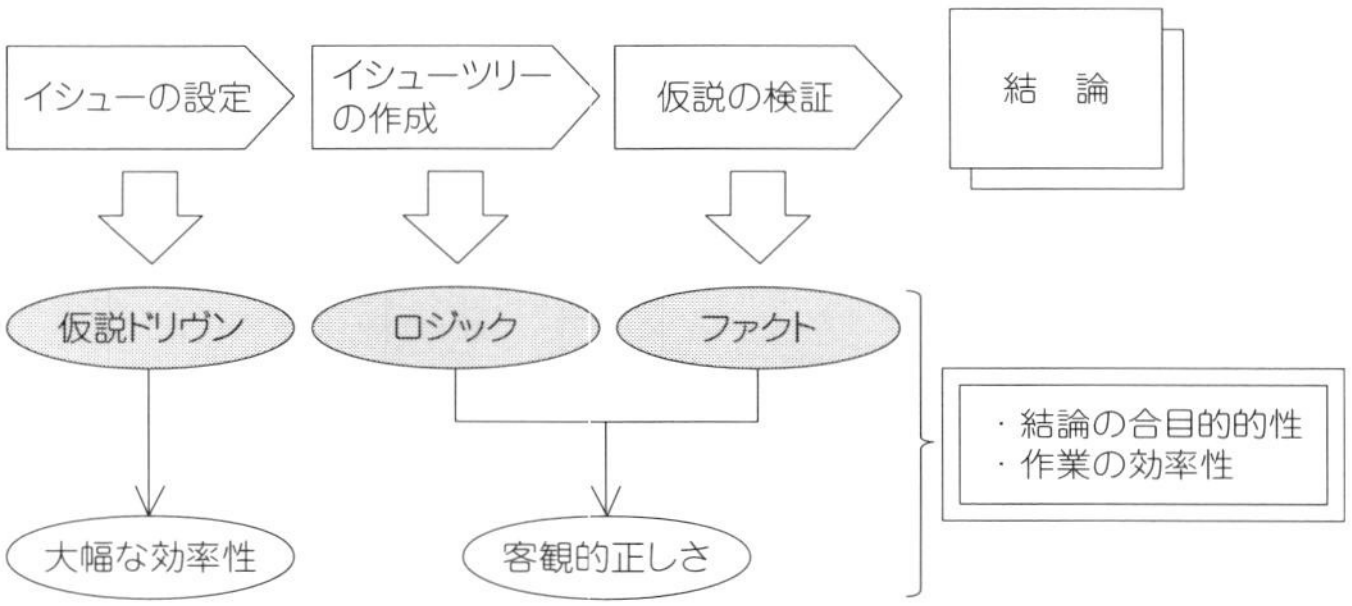

ところで、この「仮説の検証」プロセスは、イシューアナリシスにおいて、分析全体が確かな「ファクト」に立脚したものであるための最も重要な役割を担っている。イシューアナリシスでは、分析の早期の段階で「イシューの設定」という〝仮説性〟を持つプロセスがある分、それ以外のプロセスでは、可能な限り客観的かつ論理的でなければならないと繰り返し説明してきた。客観的、論理的というのは、具体的にいうならば「ファクト」と「ロジック」を整えるということである。そしてまたこれは、第Ⅱ章で示した論理的思考の結論が客観的に正しいものであるための要件そのものでもある。

「イシューツリー」が課題事項の論理的な展開として「ロジック」を担い、「仮説の検証」が客観的判断材料として「ファクト」を担うのである。

このように、イシューアナリシスは「イシューの設定」によって「仮説ドリヴン」の分析が可能になり、合目的的性を損なわない範囲で〝大幅な効率性〟を得る一方で、「イシューツリー」における「ロジック」と「仮説の検証」における「ファクト」によって、合目的的性の基礎となる〝客観的正しさ〟を実現しているのである。

Ⅲ・4　論理と心理

ここまで、論理的思考の実践作業としての分析について、有用なテクニックや効率的な手法などにも言及しながら解説を行ってきた。

ところで、人間は理性と感情の生き物である。人間は理性の力によって森羅万象を科学的に解明してきた。そして、論理的思考はすべての科学の基本的方法論である。

また一方で、人間は論理的思考とは全く違った方法論によって、すなわち感情によっても心を決めたり行動したりするというのも確かな事実である。事象に対する評価でいえば、正しいか正しくないかという単純な評価項目しか持たない「論理」よりも、美しい、嬉しい、悲しい、恐ろしい、気持ちがよい、寂しい……等々といった具合に、たいへん豊かで多様な評価軸を持つ「感情」の方が現実の人間を突き動かしている度合いが大きいのではないかと思われるほどである。

いずれにせよ、人間の判断や行動に対して影響を与えるファクターとして、感情や心の状態のメカニズムである「心理」が極めて大きなウエイトを持つものであることは間違いない。人間の最も理性的な行為である論理的思考の実践作業である「分析」においても、それが生身の人間によってなされる限り「心理」の影響を免れ得ない。本節では、「分析」において「心理」がどのような影響をもたらすのかについて解説する。よりよい分析を行うためには、分析の技術や手法に加えて是非心得ておいて頂きたい重要事項である。

1 心理的バイアス

人間は極めて心理的な存在である。

プラシーボ効果というのを御存知だろうか。熱があったり胃が痛んでいる人に、医者が「よく効く薬ですよ。」と称して薬剤状のものを与えると、例えばそれがただのメリケン粉であったとしても、実際に熱が引いたり胃痛が止んだりすることが少なからず存在する。これがプラシーボ効果である。「これは特効薬だ。」と心理的に思い込むことによって肉体までがその気になって、病気の症状が消えてしまうのである。

人間はことほど左様に心理によって左右される存在であるから、認識とか解釈とか判断といった精神活動において「心理的バイアス」の影響は極めて大きいのである。

〝認識〟に対する心理的バイアスの影響を示す有名な実験の例を紹介しておこう。

プラナリア（全長二センチメートルくらいの扁形動物）の行動を観察する実験である。観察者の一つのグループには事前に「プラナリアとは、よく頭を回転させたり体を収縮させたりする生物であるので、注意深く観察して下さい。」という指示が与えられており、もう一つのグループには「プラナリアとは、あまり頭を回転させたり、体を収縮させたりしない生物なので、注意深く観察して下さい。」という指示が与えられている。そしてこの二つのグループが水槽の中の同じプラナリアを観察し、頭を回転させた回数と体を収縮させた回数を数えるという実験である。

結果はというと、事前に「プラナリアとは、よく頭を回転させたり体を収縮させたりする。」という情報を与えられていたグループの観察結果は、頭の回転の回数についても体の収縮の回数についても、もう一つのグループの二倍以上だったのである。つまり、プラナリアはよく動く生き物だという先入観があると、ほんの少しでも動いたことを発見すると「あっ、また動いた。」と認識して一回とカウントするのに対し、プラナリアはあまり動かない生き物だという先入観があると、ほんの少し動いたように見えても、「あれくらいでは動いたことにはならない。」と判断してカウントしないのである。

このように同じプラナリアを観察しても先入観の内容によって、動いたか／動かないかという単純な事実観察の結果ですら二倍もの格差が発生してしまうのである。これは「期待効果」と呼ばれる先入観の作用の一つで、〝こうなるであろう〟という期待に沿った偏向した認識を持ってしまいがちであることの証明になっている。

期待効果と並んで、人間の認識や判断の客観性を歪めてしまう「心理的バイアス」の代表が「スキーマ」と呼ばれるものである。これは簡単にいうと、「事象に対するステレオタイプ的な認識」である。例えば、「政治家とは強欲で、裏で汚職に手を染めているもの」とか、「看護婦さんは、白衣の天使で優しく献身的なもの」とか、「ベンツに乗っている人はお金持ちである。」といった、一般的な事象に対する固定概念である。このスキーマというものは多くの観察結果や歴史的評価によって社会的に成立するものであるから、その内容自体は正しいものである蓋然性の高いものである。したがって、社会通念ともいえるスキーマをもとに、日常的に事象を解釈したり判断したりすることは、必ずしも誤ったことではない。

しかし、必要以上にスキーマに強く捉われてしまうと、実践的分析においてどのような情報や事実に接しても、ステレオタイプ的な解釈しかできなくなってしまうという弊害が発生する。例えば、「政治家は強欲に決まっている。」と思い込んでしまうと、どんなに清廉な政治家を見ても、「彼は政治家なのだから本当に清廉であるはずがない。何か裏があるに決まっている。」と決めつけてしまいがちである。その結果、ファクトをファクトとしてストレートに受けとめてものごとを客観的に評価することができなくなり、新しい発見や斬新なアイデアを逸してしまうことになってしまう。

期待効果にせよスキーマにせよ、「心理的バイアス」は、こうした「先入観」や「思い込み」によって発生するのである。

そして心理的バイアスは、プラナリアが動いたか／動かなかったかというような単純な事実の観察ですら、大きく客観性を歪めてしまうほど影響力が強いものである。ましてや複雑な事象の解釈や因果関係の判断が必要とされる実践的分析作業においては、一層多くの心理的バイアスを受けてしまいがちであるということをまず認識しておいて頂きたい。

思考とは収集された情報を思考者の知識や経験と突き合わせて比べ、事象を識別したり、事象間の関係性を把握したりするという情報の加工行為である。したがって、論理的思考といえども必然的に思考者の知識や経験の影響を受けざるを得ない。そして、思考とは思考者の知識や経験に必然的にさらされるものであるということは、「思考は心理的バイアスを免れ得ない」ということでもあるのだ。

ちなみに、知識や経験の属人性および思考者の心理的バイアスの影響を全く受けることなく行える思考は、公理の中だけでの論理展開が成立する数学や記号論理学といった形式論理の世界だけである。現実の事象を分析対象にして現実事象の観察や情報収集を行い、不完全な情報の下でさまざまな仮定と推論を重ね、〝真偽〟ではなく〝確からしさ〟に依拠しながら結論を導き出そうとする実践的分析においては、どうしても心理的バイアスが不可避的に生じてしまうのである。

では、実践的分析において結論《メッセージ》が心理的バイアスによって歪められないようにするには、どうすればよいのか。

答えは、「心理的バイアスが発生する可能性を常に意識して、先入観や思い込みに捉われないように注意深く分析する」しかないのである。

この答えは、事故を起こさないためには安全運転を心がけるしかないというのにも等しい、教条的で無意味なアドバイスに聞こえるかもしれない。しかし、例えば心理的バイアスの素である「スキーマ」とは、表現を変えれば「帰納法的に論証された蓋然性の高い社会的一般化命題」であるということも一面の真理なのである。歴史的にも統計的にも「多くの政治家が強欲であった」ことが帰納法的に確認されてきたからこそ、「政治家は強欲だ。」というスキーマが成立し、多くの人々の心の中にセットされているのである。

こうした一般化命題に依拠して判断することを禁じてしまうと、定説も法則も原理も理論も何一つ使えなくなってしまう。極論すると、公理と記号による演繹法だけで営まれる形式論理の世界でしか正しい思考は存在し得ないということになり、現実事象を扱う思考も分析も成立し得ないということになってしまうのである。

われわれが論理的思考や実践的分析を行う際にまず成さなければならないことは、知識も経験もある意味では先入観であり思い込みであるという自覚を持つことである。そして客観的妥当性を歪めてしまうほどの大きな心理的バイアスを被らないよう、可能な限り注意するしかないのである。細心の注意を払いながら、論理的に識別し、判断し、解釈するのである。

そのとき思考者を助けてくれるのが、本書においてここまで解説してきた論理的思考の技術と分析の手法、そして客観的正しさの根拠たる「ファクト」と「ロジック」なのである。

2 執着心（inquisitive mind）

人間が論理的思考や分析を行おうとする場合、心理的バイアスから完全に解放されることは難しいと説明した。しかしその一方で、人間が持つ心理的側面は、先入観や思い込みといった論理的思考に対する弊害と比べてもはるかに有益な、大きな力を与えてくれるものであることについて言及しておきたい。

本書におけるここまでの説明では、思考や分析において正しい結論を得るために必要な条件は、「ファクト」と「ロジック」であると示してきた。実は、実際の思考や分析において、思考者が正しい結論を得るためにはもう一つ極めて重要な要件が存在するのである。

それは「執着心」である。現実の分析テーマは極めて複雑で、大量の情報を収集・処理したり、錯綜した因果関係を解明していかなければならないことが多い。こうした分析に取り組んだ場合に、有用で的確な結論《メッセージ》を得るために必要なのは、適切なファクトと妥当なロジックはもちろんであるが、それ以上になくてはならないのが「執着心」なのである。

そもそも、必要十分なだけの適切な情報を収集することも、緻密で正確な論理構築を行うことも、執着心がなければとてもやり切れる作業ではないし、さらに、これは正しいと確信できる結論に辿り着くまで決して諦めない執着心がなければ、良質の分析成果を得ることは到底不可能である。

事例で説明しよう。例えば、「Y製品の売り上げが停滞している。」という問題が発生し、どう対策を打てばよいかを立案しなければならないとしよう。

まず、なぜY製品の売り上げが停滞しているのかについて原因を分析しなければならない。調べてみると、市場が縮小しているわけではなく、「自社のシェアが下がっている」ために売り上げが停滞していることが判明したとしよう。もしここで分析を止めてしまうと、打つべき手だてとしては、シェア改善を狙って「広告宣伝費の増額」とか「製品価格の引き下げ」といったものになってしまいがちである。

しかし、「自社のシェアが下がっている」ことが判っただけで分析を止めてしまうのではなく、

「どうしてシェアが下がっているのか。」にまでさらに進んで分析してみると、「地方圏でのシェアが落ちている」ことが判ったとする。ここまで判ると先ほどとは打つべき対策が少し違ってくる。「地方における広告宣伝を強化する」とか「地方圏での店頭販促活動の費用を増額する」という具合に、分析の最初の段階で思いついた単なる広告宣伝の強化や価格の引き下げといった施策よりは、さらに効果的と思われるものが企画できるようになる。

さて、このケースの場合、またさらに分析を進めていったとしよう。「なぜ地方圏でシェアが落ちているの

執着心（inquisitive mind）

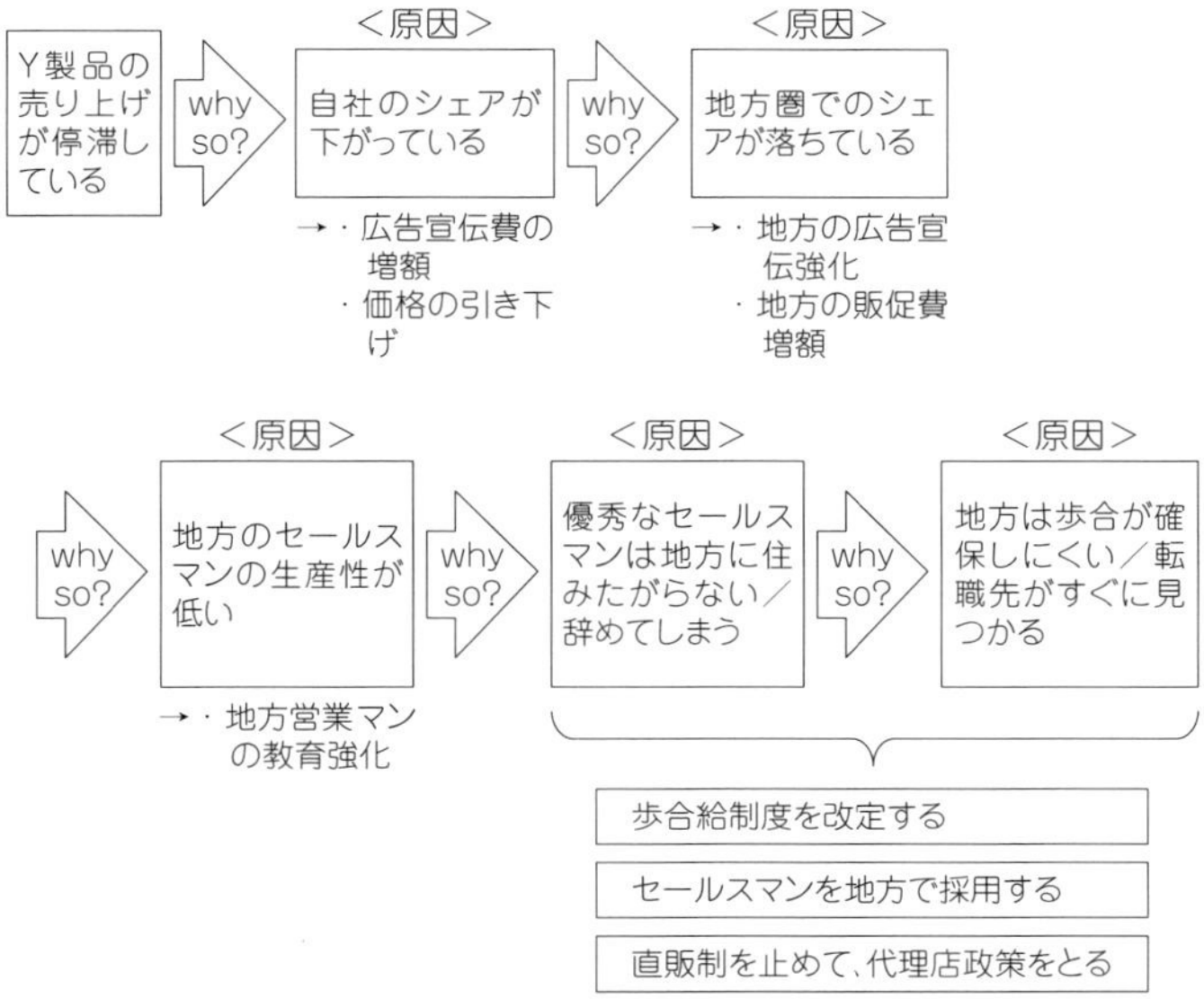

か。」を追求するのである。

するとを「地方のセールスマンの生産性が低いから」と判ったとする。

そしてまたその先を追求してみる。

すると「優秀なセールスマンは地方へ行きたがらないし、転勤させると辞めてしまう。」

それでは「なぜ優秀なセールスマンは地方に住みたがらないのか。」、「なぜ転勤させると辞めてしまうのか。」をさらにまたしつこく追求してみる。

そこで「地方では顧客とチャネルの密度が低く、営業活動が非効率になってしまう。その結果、十分な歩合を確保しにくいので優秀なセールスマンは地方に行きたがらない。」また、「かつてと比べると転職の自由度が拡大し、優秀なセールスマンであればすぐに有利な転職先が見つかるため強引に転勤させるとすぐに辞めてしまう。」ということが判ったとしよう。

ここまで判ったとすると、打つべき手だてはどうあるべきであろうか。「製品価格の引き下げ」などというのはもちろん、「地方圏での広告宣伝の強化」とか「地方圏での店頭販促活動費の増額」などという施策は、すべて的外れなものになってしまう。有効な施策としては、例えば優秀なセールスマンが地方に転勤しても十分な歩合を稼げるように「歩合給の制度を改定する。」とか、「地方圏のセールスマンは地方で採用する。」とか、あるいは「地方では自社セールスマンによる直販制を止めて、代理店政策をとる。」とかの案が検討されるべきであろう。

こうしてみると、しつこく「なぜそうなっているのか。（why so?）」という問いかけをwhy so?, why so?, why so? ……と何度も何度も繰り返し行って、ここまで辿り着くことができたのである。しつこくwhy so?, why so? ……と繰り返し追求したことによって得られた結論としての打つべき手だての案も、冒頭で思いついた「広告宣伝費の増額」というものから、最後に辿り着いた「地方のセールスマンの歩合給の制度改定」という全く違ったものにまでレベルが高められたのである。

この例からも明らかなように、〝なぜそうなっているのか：why so?〟ということについて一つの答えが見つかったら、またその次の段階へと次々と深掘りしていく「執着心」が、有効でレベルの高い分析結果をもたらしてくれるのである。

ここで一点補足しておくと、執着心を持ってしつこくwhy so?を繰り返していく場合、一体どこまで深掘りしていけばよいのか、どれくらいwhy so?を繰り返せばよいのかについての判断の目処を示しておこう。どこまでwhy so?を繰り返せばよいのかというと、分析者が「これでよし！」と確信を持てるまでである。

執着心を持って、原因のそのまた原因を追求し、その都度さまざまな情報を集めて分析していくうちに分析対象群のリアリティーが徐々につかめてくる。そしてある時点で「これでよし！」と確信を持って実感できる段階がある。それがwhy so?のゴールである。確信を持って実感できるというのは感覚的な表現ではあるが、論理的思考と分析の手法を習得しある程度実践的分析の経験を積んだ者であれば、しつこく分析対象の実態と構造を追求していくうちに「これでよし！」と必ず実感することができる段階に到達するはずである。

何事も〝分かる＝判る＝解る〞というのは納得感を持って意味内容を識別し尽くすことであるが、有効で良質な分析結果も、納得感を持って「これでよし！」と思える答え《メッセージ》が分析のゴールだと心得て頂きたい。

以上のように、実際の分析作業において価値ある成果を得るための鍵を握っているものは「執着心」という極めて精神的、心理的なファクターである。科学とは理性と論理の所産であると述べたが、森羅万象の因果を解明し、科学を発達させてきた原動力は、「どうなっているのか知りたい。」、「なぜこうなっているのか知りたい。」、「どうしても知りたい。」という人間の情熱と執着心なのである。

このことは、論理的思考にも、またその実践である分析にも全く同様に当てはまる。論理や分析の技法は正しい答えを得るための極めて有用な道具であるが、その道具を使う人間の心理的エネルギーである執着心こそが、われわれを正しい答えに導いてくれるのである。

おわりに

アリストテレスが論理学の基礎を築いてからデカルトが論理的思考の方法論として演繹法を完成させるまでに、何と約二〇〇〇年もの歳月を要している。このことが何を意味しているかというと、人間が正しくものごとを分かるための技術をいかに欲しがってきたかということと、そしてそれがいかに難しいかということである。

もちろんアリストテレス以前の人間も、いろいろとものは考えていた。どうすれば作物の収穫を増やせるか、どうすれば頑丈で美しい神殿が建てられるか、どうすれば論敵を言い負かすことができるか、どうすれば政治を安定させられるか。さまざまなことを日々真剣に考えていたのは間違いない。俗事雑事に追われ情報のつまみ食いばかりして、一つのことを落ち着いてじっくりと考えることをしなくなった現代のわれわれよりも、ずっと多く考えていたはずである。

有史以来、森羅万象を正しく解りたい、他の誰よりも自分が一番正しいことを解りたいと望み、そのためにはどのようにして考えれば正しく分かることができるのかという思考の方法論を探究することは、人間の本能であり悲願であった。そしてその情熱と探究はもっと正しく解りたい、もっと確かに解りたいと追求する人々によって、いつの時代にも常に途切れることなく引き継がれてきた。知性の暗黒時代と呼ばれる中世の神学理論ですら立派な論理体系を成しているし、コペルニクスの地動説に至っては論理的にも数学的にもたいへん高度で見事なものである。

この間ずっと神学者や科学者や法学者や錬金技師までが、正しいことを解るために正しく考える技術を追求し続けてきたのである。そして一七世紀になってデカルトが登場し、正しくものごとを分かるための思考の方法論である古典的論理学が、ようやく一応の完成を見ることができたのである。

その後も人間は論理の技術を一層高度化する努力を続け、デカルト以降約三世紀の間に記号論理学や述語論理学といった高等数学にも似た高度な方法論へと論理的思考の技術を発展させてきた。そして今もそのあくなき追求は続いている。

このように正しいことを解ろうとするための論理的思考の技術とは、時代を超えて人々が強く追い求めてきたものであり、また一朝一夕に作り上げられるようなものではなかった、たいへんに貴重なものなのである。

にもかかわらず最も基本的な論理的思考の技術ですらも、われわれは十分に習得し使いこなせているとは言い難い。感覚的に分かり、経験的に判断して、生活や仕事をこなしてはいるが、論理的にものを考え、客観的に正しいことを徹底的に追求してみるという行為には、無縁の日常を送る人が大半であろう。論理的にものを考えるための「技術」と、どうしても正しい答えを得たいという「情熱」の両方が欠けているように感じられる。

一方『はじめに』でも指摘したように、さまざまな局面で論理的思考が求められているようになってきているのは時代の要請である。ところが、これまで論理的にものを考えるための「技術」も「情熱」も持ち合わせないできたわれわれは、いかにして論理的思考力を習得すればよいのかについて、その学び方すら見い出せていないように見受けられる。具体的にいうならば、論理的思考力を正しく、そして解りやすく習得するためのテキストやメソッドがわれわれの身近なところに見当たらないのである。これが本書を著そうと考えた発端である。

もちろん論理学や論理的思考について書かれた本は数多いが、そのほとんどは非常に難解な形式論理学の学術書的なものか、さもなければ論理的思考のフォーマットとプロセスを示しただけのマニュアル本の類いである。

この両者の中間の役割と位置付けを狙いとして、本書を構想した。思考と論理の原理について原論的な理解を得て頂いた上で、論理的思考と実践的分析の手法やテクニックについても習得できるような構成を心がけた。いうなれば、論理的思考の〝地力〟をつける話と〝技〟を磨く話である。どちらのパートも、論理的思考の能力を身につけるためには、これだけはどうしても習得しておくべきだと思われるエッセンスに絞り込んで内容を構成したが、納得感を持ってきちんと理解して頂ければ、論理的思考の本質を学ぶにはこれだけで十分な内容でもあるつもりである。

しかしながら、論理的思考も分析も一つの技術であり、本書はテキストである。技術とはすべからく単に知識として理解するだけでなく、手を使って、体を使って、頭を使って、使いこなせるようになってはじめて有効である。ゴルフの理論書や技術解説本を何冊読もうが丸暗記しようが、クラブを振って球が打てるようにならなければ、意味がないのと同様である。そして、どれだけゴルフの腕を上げることができるかは、理論と技術を理解した後は、どれだけ多く練習するかで決まる。論理的思考の能力もまた然りである。

最初は、本書で解説した原理と手法を丁寧にトレースしながら注意深く練習してみて頂きたい。命題構造が妥当かどうかとか、命題の包含関係や共通事項の抽出が適切かどうかについて注意深く考慮しながら、論理的思考の練習を重ねていくうちに、論理的思考や分析の原理と手法にだんだんと慣れてくるはずである。そうなると論理的にものを考えるスピードもクオリティーもどんどん上がっていく。これが論理的思考の能力が向上したという証左となる。

実践を重ねて、論理的思考の能力をある程度わがものにできるようになると、当初は一〇時間以上もかかっていたような事象の構造化やイシューアナリシスが一時間もあればこなせるようになる。さらに論理的にものを考えることに習熟し、論理的思考能力が向上すると、その一時間が一分になる。このように論理的思考の能力差、すなわち生産性の差は百倍以上にも向上するというのが長年さまざまな問題解決を職業にしている筆者の実感であり、同じ努力を続けている筆者の周りの同僚達の感想でもある。

そして、優れた論理的思考力が身につくと、多少オーバーな表現をするならば、〝見える景色が違ってくる〟。論理的思考力は、正しいことが分かるようになることによって、ビジネスをはじめ日常生活においてもさまざまなメリットを与えてくれるが、そのメリットを享受するだけでなく、それ以上に「見える景色が違ってくる」快感を是非経験して頂きたいと切に願うものである。

《著者紹介》　波頭　亮（RYO HATOH）

経営コンサルタント

■プロフィール

1957年生まれ。東京大学経済学部（マクロ経済理論及び経営戦略論専攻）を卒業後、マッキンゼー＆カンパニー入社。

1988年独立、経営コンサルティング会社㈱XEEDを設立。

幅広い分野における戦略系コンサルティングの第一人者として活躍を続ける一方、明快で斬新なヴィジョンを提起するソシオエコノミストとしても注目されている。

■著書

「経営戦略概論－戦略理論の潮流と体系」(産業能率大学出版部刊)〈2016年〉
「リーダーシップ構造論－リーダーシップ発現のしくみと開発施策の体系」(産業能率大学出版部刊)〈2008年〉
「組織設計概論－戦略的組織制度の理論と実際」(産業能率大学出版部刊)〈1999年〉
「戦略策定概論－企業戦略立案の理論と実際」(産業能率大学出版部刊)〈1995年〉
「経営戦略論入門」（PHP研究所刊)〈2013年〉
「突き抜ける人材」（茂木健一郎氏との共著　PHP研究所刊)〈2012年〉
「プロフェッショナルコンサルティング」(冨山和彦氏との共著　東洋経済新報社)〈2011年〉
「成熟日本への進路」(筑摩書房刊)〈2010年〉
「知識人の裏切り」(西部邁氏との共著　筑摩書房刊)〈2010年〉
「就活の法則」(講談社刊)〈2007年〉
「日本人の精神と資本主義の倫理」(茂木健一郎氏との共著　幻冬舎刊)〈2007年〉
「プロフェッショナル原論」(筑摩書房刊)〈2006年〉
「若者のリアル」(日本実業出版社刊)〈2003年〉
「幸福の経済学」(PHP研究所刊)〈1999年〉
「ポスト終身雇用」(PHP研究所刊)〈1994年〉
「ネオ　クライテリア」(ダイアモンド社刊)〈1993年〉
「経済透視鏡」(TBSブリタニカ刊)〈1993年〉
「新行動論」(メディアファクトリー刊)〈1992年〉
「新幸福論」(メディアファクトリー刊)〈1991年〉

思考・論理・分析―「正しく考え、正しく分かること」の理論と実践―　〈検印廃止〉

著　　者　波頭　亮
発 行 者　坂本清隆
発 行 所　産業能率大学出版部
東京都世田谷区等々力6-39-15　〒158-8630
（TEL）03-6432-2536
（FAX）03-6432-2537
（振替口座）00100-2-112912

2004年 7 月28日　初版 1 刷発行
2025年 2 月15日　　26刷発行

印 刷 所　渡辺印刷／製本所　協栄製本

（乱丁・落丁はお取り替えいたします）　ISBN978-4-382-05541-4